배우와       배우가

김신록 인터뷰집

배우와 배우가

두 번의 만남,

두 번의 이야기

프롤로그

# 두 번의 이야기

프롤로그

안녕하세요. 배우 김신록입니다. 2004년에 〈서바이벌 캘린더〉라는 작품으로 대학로 연극 무대에 데뷔한 후로 연극을 하고, 배우고, 가르치는 일을 오래 해왔습니다. 그러다 2020년, tvN의 〈방법〉이라는 드라마에서 무당 석희 역을 연기한 것을 계기로 영상 매체와 인연이 닿았고 2021년 넷플릭스 오리지널 시리즈 〈지옥〉에서 박정자를 연기하면서 여러 매체와 인터뷰할 기회가 늘어났습니다.

〈지옥〉 이후 제게 쏟아졌던 연기에 대한 질문들과 옹색했던 답변들을 곱씹으며 이 책을 엮었습니다. 개별 배우들이 연기에 대해 무엇을 어떻게 사유하는지 더 많은 사람에게 보여주고 싶었습니다. 그리하여 연기를 하는 사람과 보는 사람 모두에게 연기에 대한 더 다양한 시도와 시각이 열리기를, 잘했다 못했다를 넘어 더 풍부한 언어와 감상이 가능해지기를 바랐습니다.

이 책에는 25명의 배우들과 나눈 각각 두 차례에 걸친 대화가 실려 있습니다. 두 번의 대화는 짧게는 1년에서 길게는 3년여의 시간 차를 두고 이루어졌고, 이 대화들을 배우 한 명당 두 편의 인터뷰 글로 정리했습니다.

첫 번째 글들은 2019년에서 2021년에 걸쳐 〈연극in〉이라는 연극 전문 웹진의 '대화' 코너에 '배우가 만난 배우'라는 표제로 연재했던 것을 새로이 손봐 실은 것이고, 두 번째 글들은 2022년에 같은 배우들을 다시 만나 대화한 내용을 제 말을 얹기보다는 상대의 목소리 그대로 정리해 실은 것입니다. 시간과 함께 변화하는 생각과 말을 추적해, 연기에 대한 생각이나 방법은 고정된 것이 아니라 삶과 함께 흘러가고 변화한다는 것을 드러내고 싶기도 했고, 그저 자기 자리에서 자기만의 방식으로 계속해나가고 있는 배우들을 다시 만나보고 싶기도 했습니다.

웹진에 실렸던 인터뷰에는 '배우와 배우가 만나 연기 이야기만 한다'는 기획 의도가 있었습니다. '창작으로서의 연기'와 '창작자로서의 배우'에게 주목하겠다는 뜻이었습니다. 당시 저는 왜 배우에게 연기에 대해 전문적으로 묻지 않고 '어렸을 때 어떤 아이였나요?' 같은 사적인 질문만 할까라는 답답함을 느끼고 있었던 터라, 이 인터뷰에서만큼은 배우들과 연기에 대한 밀도 있고 정밀한 대화를 나누고 싶었습니다. 대화 후에 초고를 정리해서 인터뷰이에게 보내면 해당 배우가 자신의 말을 수정, 삭제, 추가해 제게 돌려보냈고, 제가 그것을 다시 다듬으며, 마치 두 사람이 함께 연기론을 쓰는 것 같은 느낌을 받았습니다. 이미 죽었거나 나이 든 대가의 연기론을 읽는 것이 아니라 지금 살아 역동하고 있는 현장의 배우들과 나눈 연기에 대한 지적인 대화가 얼마나 생생하고 벅찼는지 모릅니다.

두 번째 인터뷰는 2022년, 팬데믹을 거치면서 연기와 세계에 대한 저의 생각이 급전환되는 시기에 이루어졌습니다. 당시 저는 기존 세계에 대한 저의 모든 이해, 연기에 대해 풀어놨던 지난 모든 말이 갑작스럽게 다 낡아버렸다고 느끼고 있었습니다. 새로운 답을 찾지 못한 채 어떻게 다음 사다리에 이를 수 있을지 전혀 가늠할 수 없는 절망과 무기력 속에서 배우들을 다시 만났고, 그들 역시 나름의 방식으로 생각의 전환을 맞고 있음을 알게 된 것만으로도 큰 위안을 받았습니다. 다소 막막한 마음으로 그들과 대화를 나눈 시간은 느슨하지만 자연스럽게, 우리가 함께 새로운 세계로 이행해가고 있음을, 그 이행이 생경하지만 환영할 일임을 받아들이게 했습니다.

'동료들이 나의 이정표다.' 이것은 듣기 좋으라고 하는 번지르르한 말이 아닙니다. 동료들과 대화를 나누고 시간이 지난 인터뷰를 새로이 읽어내며, 그들의 연기에 대한, 인간과 세계와 삶에 대한 생각을 곱씹고 수긍하고 의문을 품고 반박하고 또 생각하며, 저의 사유가 깊어지고 넓어지는 것을 느낍니다. 동료들이 열어주는 말과 길을 통해 저의 연기와 삶에 보이지 않던 웅덩이와 골짜기가 드러나고 그곳에 새로운 하늘이 열리는 것을 느낍니다.

이 책은 배우와 배우가 만나 이야기를 나눈 인터뷰집이지만 제게는 연기 이론서이자 실천서입니다. 배우가 되고 싶은 누군가에게, 배우에게, 세계를 탐색하는 예술가에게, 세상을 딛고 살아가는 당신에게 이 책이 무엇이 될 수 있을지 궁금합니다. 이 책을 읽게 될 당신이, 당신의 경험이, 저의 바람대로라면 새로이 열릴 당신의 하늘이 궁금합니다.

이 책에 자신의 소중한 사유를 실어준, 저와 대화를 나눠준, 저와 독자들에게 영감을 불어넣어준 배우들에게 가슴 깊은 곳에서부터 존경과 감사를 전합니다. 언젠가 연기와 관련된 책을 쓰고 싶다는 마음을 늘 가지고 있었는데, 당신들과 함께 그 마음을 채울 수 있어서 더없이 기쁩니다. 〈연극in〉 웹진을 통해 '배우가 만난 배우'를 함께 기획해준 정진세 편집장과 편집위원들, 웹진에 올렸던 기사들을 책으로 엮을 수 있도록 허락해주신 서울연극센터에 감사를 전합니다. 이 책이 독자들을 만날 수 있도록 성심으로 이끌어주신 안온북스의 이정미, 서효인 대표에게도 진심으로 감사한 마음을 보냅니다. 무엇보다 이 책에 실린 모든 글의 첫 독자가 되어준 남편 박경찬 배우에게 감사한 마음입니다.

마지막으로, 이 책을 마주하고 앉아 있는 모든 분들, 고맙습니다.

2023년을 열며,
김신록

차례

| | | | |
|---|---|---|---|
| 프롤로그 | | 두 번의 이야기 | 004 |
| 황혜란 | ACT 1 | SCENE 1<br>배우라는 빈 그릇 | 014 |
| | | SCENE 2<br>무한히 쪼개지는 가능성의 세계 | 022 |
| 양종욱 | ACT 2 | SCENE 1<br>새로운 몸-문화를 위한 정거장, 사츠 | 028 |
| | | SCENE 2<br>도대체 우리 극장에서 뭐하고 있는 거야? | 038 |
| 김석주 | ACT 3 | SCENE 1<br>주체와 세계의 전복, '되어지는 몸' | 046 |
| | | SCENE 2<br>그걸 해보고 싶어 | 060 |
| 김석영 | ACT 4 | SCENE 1<br>나만의 드라마를 따라, 플라스틱 리버 | 064 |
| | | SCENE 2<br>망한 이야기, 마음의 곡예사 | 076 |
| 김은한 | ACT 5 | SCENE 1<br>뿌리까지 씹어 먹는 식이요법 | 080 |
| | | SCENE 2<br>이항을 뒤집어쓰고 우주로 떠난 사람 | 093 |

차례

| | | | |
|---|---|---|---|
| 이리 | ACT 6 | SCENE 1<br>사회와의 접점을 통해 확보되는 '다중 현존' | 100 |
| | | SCENE 2<br>제 꿈은 당사자의 강력함을 넘어서는 거예요 | 112 |
| 안재현 | ACT 7 | SCENE 1<br>일상 속에 세워지고 스러지는 헤테로토피아 | 118 |
| | | SCENE 2<br>한 동작을 천 번 한 사람의 마음가짐 | 128 |
| 사막별의 오로라<br>황은후·김정 | ACT 8 | SCENE 1<br>나와 인물의 '고유감각'이 만날 때 | 132 |
| | | SCENE 2<br>나라는 생명이 너무 귀하다 | 141 |
| 배선희 | ACT 9 | SCENE 1<br>이상하고 생경한 이미지, 인서트 | 148 |
| | | SCENE 2<br>취약함과 용기 | 157 |
| 이자람 | ACT 10 | SCENE 1<br>익히고 부수고 새로 세우는 '형' | 164 |
| | | SCENE 2<br>시간이 너무 없어요오오오 | 173 |
| 최희진 | ACT 11 | SCENE 1<br>도달해야 할 이상향은 없으므로, 자유롭게 | 176 |
| | | SCENE 2<br>못된 할머니가 되고 싶지 않아 | 185 |

| | | | |
|---|---|---|---|
| 김진영 | ACT 12 | SCENE 1<br>고립의 시대 연결의 경험, 소리동조 | 188 |
| | | SCENE 2<br>움직여봐야 균형을 잡지 않을까 | 197 |
| 조연희 | ACT 13 | SCENE 1<br>역동적인 거리 두기 | 200 |
| | | SCENE 2<br>이번 생은 배우로 사는 것으로 | 209 |
| 강말금 | ACT 14 | SCENE 1<br>나만의 비밀, 나만의 꽃, 나만의 고유명사 | 216 |
| | | SCENE 2<br>서쪽 숲 나라 공주 | 225 |
| 이종무 | ACT 15 | SCENE 1<br>자기에 대한 성실한 발견으로 | 232 |
| | | SCENE 2<br>연극은 즐겁게 | 241 |
| 황순미 | ACT 16 | SCENE 1<br>내가 나를 놀라게 하는 | 244 |
| | | SCENE 2<br>만났다 | 252 |
| 이형훈 | ACT 17 | SCENE 1<br>정확하게 그러나 살아 있게 | 258 |
| | | SCENE 2<br>삶의 사고 | 268 |

차례

| | | | |
|---|---|---|---|
| 강보람 | ACT 18 | SCENE 1<br>내가 한다 | 272 |
| | | SCENE 2<br>경로 이탈 | 280 |
| 이봉련 | ACT 19 | SCENE 1<br>거기 있다 | 284 |
| | | SCENE 2<br>연기가 더 나의 '일'이었으면 좋겠어 | 293 |
| 강명주 | ACT 20 | SCENE 1<br>악보가 먼저, 해석은 그 위에 온다 | 298 |
| | | SCENE 2<br>아주 행복한 기분을 느껴 | 306 |
| 어린이 배우들<br>김소원·백송시원<br>이도원·조인 | ACT 21 | SCENE 1<br>다 같이 긴 줄넘기를 해요 | 310 |
| | | SCENE 2<br>잘 지냈어 아주 잘 지냈어 | 322 |
| 에필로그 | | 다음 이야기 | 326 |

# 황혜란

2001년부터 2020년까지 공연창작집단 '뛰다'의 배우로 활동했다.
2021년부터 '궁리소 묻다'의 책임궁리원으로 20년간의 창작활동을 바탕으로
배우와 공연예술을 다시 들여다보며 이런저런 궁리를 하고 있다.

| A |
|---|
| 1 |

# 배우라는 빈 그릇

2019.3.14.

이 글을 읽는 독자님, 먼저 왼쪽 새끼손가락을
인식해보세요. 오른쪽 무릎도 인식해보세요.
혹시 그곳을 눈으로 직접 보셨나요?
그렇다면 이번엔 당신의 혀가 어디에 어떤 상태로
놓여 있는지 인식의 눈으로 바라봐보세요.
인식의 눈, 배우의 인식. 연기에서 인식이라는 건 뭘까요.
극단 '뛰다'와 19년을 함께해온 황혜란 배우를 만나
이야기를 나누어보았습니다.

"연극은 맑은 눈으로, 차가운 눈으로
냉정하게 대천세계 중생의 모습을
관조하는 것이다."
— 가오싱젠, 《연극을 논하다(論戲劇)》

| A | | |
|---|---|---|
| 1 | S | 1 |

**김신록**　연기와 관련해 아주 오랫동안 '인식'을 화두로 삼고 있다고 들었다.

**황혜란**　내 안에서 생겨나는 것과 내 바깥에서 일어나는 것을 동시에 바라보는 것이 인식이라고 생각한다. 몸의 움직임, 생각의 생겨남과 사라짐, 감정의 생겨남과 사라짐을 계속 바라보는 것. 동시에 내 몸을 둘러싼 외부의 움직임을 바라보는 것이 곧 인식 아닐까.

**김신록**　연기에서 인식이 왜 중요한가.

**황혜란**　연기가 무엇인지부터 이야기해보자. 나에게 연기란, 내 몸을 통해 세계의 상태나 리듬을 드러내는 것이다. 그러려면 세계를 봐야 하고, 나를 통해 무엇이 드러나고 있는지 봐야 한다. 보는 것이 곧 인식이다. 이 세계가 고정된 것이 아니라 끊임없이 변화하는 성질과 리듬의 연속이라고 할 때, 인식한다는 것은 그 변화하는 흐름을 동시에, 계속 따라가는 것이다. 고정된 것을 한발 늦게 따라가는 행위가 아니다. 그런 점에서 인식은 역동적이다.

**김신록**　외부로 향하는 인식은 무대 위 다른 요소들과의 조화를 고민하는 앙상블 훈련과 직결되겠다. 인식이 내 안과 밖 두 방향으로 작동한다고 할 때, 황배우님의 경우, 극단 생활을 오래 해서인지 인식이 안보다는 바깥으로 더 많이 작동하면서 그룹을 위한 선택에 집중한다는 생각이 들었다.

**황혜란**　혼자 훈련할 때의 쾌감과 여럿이 훈련할 때의 쾌감은 다른 것 같다. 포커스를 나한테 두기도 하고 남한테 두기도 하면서 더 다양한 가능성을 찾아내는 것, 그것이 앙상블 훈련이라고 생각한다. 예전에 신록 배우와 함께 훈련하면서, 인식의 눈을 내 쪽으로 더 가까이 옮겨올 수도 있겠다는 생각을 했다. 내가 '맞는 감각'이라고 느끼는 인식의 눈의 위치를 내 안으로, 밖으로 조절해볼 수 있겠다 싶었다.

**김신록** 개인적으로, 앙상블 훈련에서 서로가 각자의 욕구를 더 분명히 한 채로 버티면서 부딪힐 때 더 흥미로운 순간이 발생한다고 생각했다.

**황혜란** 나는 배우는 '빈 그릇'이라고 생각한다. 나를 수동적인 리시버receiver의 상태로 만드는 것, 내 몸을 통해 어떤 성질, 특성이 드러나도록 내버려두는 것, 그것이 배우이고 연기가 아닐까. 내가 없어지는 것 말이다. 굳이 버티지 않아도 되는 것 같다.

**김신록** 근래에 무용 공연을 보면서 너무 쿨하고 재밌다고 생각했다. 몸에 대한 직접적인 탐구도 흥미롭고. 그러면서 동시에 연극에는 그와 다른 할 일, 배우의 몸이 할 수 있는 탐구가 분명히 있다는 확신이 들었다. '인간을 보여주는 일'이 그것이라고 생각한다. 난 매 순간 모든 개인의 욕구가 더 드러났으면 좋겠다.

**황혜란** 앞서 이야기한 '빈 그릇'은 당연히 백지나 텅 빈 상태를 의미하지 않는다. 우리는 각자 몸의 특성, 신체 사이즈, 살아온 역사가 다르기 때문에 굳이 주장하지 않아도 부정할 수 없는 차이가 드러나기 마련이다. 그릇 자체가 이미 한 개인이다.

나는 전체 중 일부가 될 때 쾌감이 크다. 나는 이기적인 사람인데 즉흥 상황에서 그룹의 욕구를 잘 따라가는 걸 보면 그때 느끼는 쾌감이 나를 고집할 때의 쾌감보다 더 큰 것 같다. 여러 사람과 하나가 되려는 욕구를 만들어준다는 점에서 굉장히 윤리적인 순간이라고도 생각한다.

**김신록** '빈 그릇' 훈련의 핵심은 뭔가.

**황혜란** 뭔가를 배워서 쌓는 동시에 그것을 해체할 수 있는 인식을 같이 가져야만 '빈 그릇'이 된다. 해체 없이 쌓기만 하면 기술만 있고 다른 것은 없는 몸이 되어버린다. 무엇을 받아들일 때 동시에 그것을 사라질 수도 있게 하는 것이 '빈 그릇' 훈련의 핵심인 것 같다. 배우는 이런 것, 저런 것을 계속 담아야 하니까.

**김신록** 그래도 가끔 정교한 '형'을 가진, 혹은 잘 정제된 기술을 가진 몸을 보면 부럽다.

**황혜란** 배우의 몸은 두 가지가 같이 가야 한다. 인식이 수행해내는 몸, 즉 표현력을 확장하는 몸과 기술 쌓기가 같이 가야 한다. 그러나 때로 기술의 극단에서 나오는 적확함, 그 전통이 뿜어내는 엄청난 힘을 만날 때 '빈 그릇'이어야 하는 배우의 존재에 허무함을 느끼기도 한다.

**김신록** 한 선배는 한성대입구역 근처에 연습실을 열고 3년 동안 주 5일씩 예지 그로토프스키의 플라스티크plastique **1**와 스즈키 다다시領木忠志의 신체 훈련 메소드**2**를 바탕으로 자신만의 훈련을 이어오고 있다.

**황혜란** 훌륭하다. 배우라는 건 '직'이다. '업'과 '직'은 다르다. 주어진 달란트가 업, 실제로 어떤 일로 업을 풀어낼 것인가가 직, 합쳐서 직업. 그래서 '직'은 실제로 매일매일 수행하는 것이 굉장히 중요한 것 같다. 수행을 다양하게 정의할 수 있지만, '실제로 함'으로써 그 행위가 다른 가능성을 열어젖힌다고 생각한다. 무대에서의 즉흥도, 일상도.

**김신록** 맞다. 연극의 핵심 중의 핵심은, 그날 그 시간에 배우가 그 자리에 등장해야 한다는 것 아닌가. 등장해야 하는 것. 거기에 가야 하는 것. 결국 '해야 하는 것' 아닌가. 나는 요새 말보다 실천이 한참 뒤처진다. 반성한다. 다시 배우라는 삶의 수행성을 되살려야겠다.

---

**1** 예지 그로토프스키(Jerzy Marian Grotowski, 1933-1999)는 1950년대부터 활동했던 폴란드 출신의 연극 혁신가로, 한국에는 《가난한 연극》이라는 저서를 통해서 처음 소개되었다. 플라스티크는 그로토프스키와 그의 극단원들이 창안한 신체 훈련 방법론 중 하나로 위 책에 '조형 훈련'으로 번역되어 소개되어 있다. 신체의 조형성과 거기에 깃드는 인간의 의식을 탐색하는 데 유용하다.

**2** 20세기 일본의 가장 중요한 연극인으로 평가받는 스즈키 다다시는 1960년대부터 지금까지 일본 및 세계 연극 현장에서 연출가, 예술감독으로 왕성하게 활동하고 있다. 그와 극단원들이 만든 도가 연극촌(Suzuki Company of Toga, 일본의 도가 마을에 세워진 연극공동체, 1972- )에서는 공연 형식이자 훈련 방법론으로서 '스즈키 메소드' 혹은 '스즈키 트레이닝'이 행해지고 있으며, 강한 신체성을 바탕으로 한 연극성을 추구하는 그들의 훈련 방법론은 한국을 비롯한 아시아 국가 및 미국을 비롯한 서구 국가의 공연예술 현장에 크게 영향을 미쳤다.

**황혜란**　모두 자기만의 방식으로 세상과 만난다. 사람은 누구나 '내가 왜 여기 있지', '여긴 어디지', '나와 여기의 관계는 뭐지'를 알고 싶어 하는 것 같다. 그걸 찾는 과정을 '직'으로 삼는 것이 배우인 거고. 세상을 대하는 배우의 방식이 있는 것 같다.

　　**김신록**　나는 비어 있으나 동시에 세계의 성질을 드러낸다는 점에서 '빈 그릇' 개념은 유제니오 바르바 Eugenio Barba 가 말한 '투명성' 개념과도 맞닿는 것 같다.

**황혜란**　어쩌면 '투명성'이라는 개념에는 그릇에 대한 초점이 빠져 있는 것 같다. 나한테는 인형이나 오브제도 그릇이다. 가오싱젠 高行健 이 "만능배우를 제약하는 것은 신체적 제약밖에 없다"라고 했다. 신체적 제약을 벗어나 뭔가를 드러내고 싶을 때, 이용할 수 있는 것이 내 몸의 연장으로서의 오브제인 것 같다.

　　**김신록**　가오싱젠과 인식에 대해 더 설명해달라.

**황혜란**　가오싱젠의 '중성배우론'을 이야기해보자. 가오싱젠은 관찰자의 시선으로 자신을 인식하고 있는 배우를 '중성배우'라고 이야기했고, 그 '중성배우'가 냉정하게 깨어 있으면서 신체와 의식 상태를 자유자재로 조정할 수 있게 되면 '만능배우'라고 이야기했다.

　　이런 이야기에 동의하면서도 중성배우의 상태가 마치 해탈의 상태처럼 다른 느낌과 연결되지 않은 상태를 말하는 것은 아니라고 생각한다. 나에게 인식이란 여전히 나와의 끈이 연결되면서도 외부를 감각해낸다, 수신해낸다는 느낌이 강하다. 동시에 관찰하는 눈, 인식하는 눈, 이를 위해 필요한 거리에는 동의하지만 '조종한다'는 것은 또 아니라는 생각이 든다.

**김신록** '중성'이라는 표현의 핵심은 뭔가.

**황혜란** 무엇이든 될 수 있어야 한다는 게 아닐까? 그러기 위해서는 개성이 아닌 중성에 있어야 한다는 의미인 것 같다. 여성과 남성, 동물과 인간 같은 이런 구분이 없어진, 무엇으로든 변할 수 있는 준비된 상태.

**김신록** '요가를 오래 하면 해탈해서 연기를 못한다'는 어느 교수님의 말이 생각난다.

**황혜란** 오히려 인식이 촘촘해질수록 어디로든 갈 수 있는 힘, 충동이 생긴다. 찰나까지 인식해낼 때, 뭉텅이가 아니라 세밀한 부분부분까지, 듬성듬성이 아니라 지속적으로 매 순간을 인식해낼 때 무슨 일이든 일어날 수 있다……. 무슨 일이든.

## 무한히 쪼개지는
## 가능성의 세계

앞선 인터뷰를 다시 읽어보니 '나도 생각이 많이
바뀌었구나' 싶어요. 요새 저는 연기를 '인간을 보여주는
일'이라기보다는 '인간과 세계의 관계를 배우의 몸으로
탐색하는 일'이라고 생각합니다.
인간을, 인물을, 나를 중심에 두었던 생각이, 무엇과
무엇 사이의 '관계'에 중심을 두는 방식으로 바뀌었다고
할까요? 이 생각 역시 언젠가 또 바뀌겠지요.
2022년 5월 16일에 다시 만난 황혜란 배우 역시
3년 전과는 달라진 생각과 경험을 들려주었습니다.
그러나 그 속에서도 인식에 대한 실천적 사유가 지속되어
왔음을 느낄 수 있었습니다. 말로 표현할 수 없는
경험 속에서 '인식의 미분'이라는 영감 어린 말을
건져 올려주어 고맙습니다.

2022.5.16.

| A | | |
|---|---|---|
| 1 | S | 2 |

**황혜란**　첫 인터뷰 때 나는 말을 찾아내는 시기였던 것 같아. 그때는 내가 몸으로 아는 것을 말로, 언어로 찾아내는 게 너무 재밌었는데 시간이 지나면서 지금은 피로감 내지는 허무함이 느껴지는 것 같아. 말로 하는 데 지쳤다고 할까. | 뒤 베란다의 붉은 장미꽃들을 가리키며 | 저런 풍경을 마주했을 때 내게 어떤 일이 일어나잖아. 그걸 어떻게 말로 표현할 수 있겠어. 어제까지 진행했던 워크숍이 '어둠 속에, 풍경'이라고 비시각인들과 함께하는 것이었는데, 3일 내내 거기 있었더니 더 그런 것 같아. 시각은 말, 판단 그 자체니까.

　　나이가 들어서 그런가……. 내가 사람에 대한 애정이 그렇게 많은 편이 아닌데 2박 3일 동안의 워크숍이 끝났는데도 자꾸 그 사람들이 생각나고, 좋은 풍경을 보면 자꾸 눈을 감게 되는 거야. 며칠 전 밤에는 예상치 못하게 갑작스레 어둠 속에 갇혀버렸는데, 그 순간 너무 절망적이고 무섭고 막막해서 주저앉아 울었어. 그분들 생각이 막 나면서…… 하루이틀도 아니고 평생을 어둠 속에 있는 분들을 생각하니까 너무 괴로운 거야. 그런데 어떤 분에게 이 이야기를 했더니 '나는 반댄데?' 하면서 자기도 눈을 자주 감는데, 눈을 감으면 이 세상 영혼들과 만나는 느낌이라고 하더라. 시각적 판단이 제거된 영혼과 만나는 느낌이라면서. 그 이야기를 듣고 계속 '영혼'에 대해 생각하게 됐어. 나는 누군가의 영혼과 과연 만날 수 있을까. 그런데 오늘 아침에 심보선의 《그쪽의 풍경은 환한가》 | 문학동네, 2019 | 라는 책을 우연히 펼쳤는데 첫 장이 영혼에 대한 글인 거야! 어떤 계시 같았어.

　　지금 나는 내가 다른 시기로 가고 있다는 것을 알아. 저 뒤 베란다에 핀 장미꽃들을 보며 떠오르는 무언가를 말로 하기 싫어지는 어떤 경험을 하고 있어. "인식은 역동적이다"라고 지난 인터뷰에서 말했는데, 최근에는 '인식의 미분'에 대해 생각해. 예전에는 인식을 세분해서 촘촘하게 한다고 말했다면 요즘에는 미분한다고 해. 미분한다는 것은 무한히 쪼개서 0에 수렴하게 하려는 것인데, 목표는 0이지만 0이 되기 직전까지, 없어지기 직전까지 계속 쪼개는 거야. 예전에도 이렇게 하고 있다고 느꼈는데 지금 생각해보면 그때는 그 인식의 방향이 주로 외부를 향했었다는 느낌이 들어. 지금은 외부와 내부가 서로 흐르고 통하는 느낌이랄까. 시공간이 한없이 0에 수렴할 때 벌어지는 일들을 경험하게 됐어. 한없이 쪼개진 여러 개의 세계가 동시에 존재하는 것 같은 그런 느낌 있잖아. 실제로 다중우주가 존재하는 것 같은, 접힌 세계가 있는데 접혔던 것들이 꽃처럼 퍼지는 것 같은, 시간이 점점 사라지는 것 같은 경험이랄까.

  몇 달 전에 있었던 '뛰다 아카이빙 주간'[3]에 사흘 동안 매일 짧은 즉흥 공연을 했어. '뛰다'의 20년을 정리하기 위해 준비한 물리적 환경, 멀리까지 찾아와 '뛰다'의 마지막을 함께해준 소중한 관객들, 내 안에 소용돌이치는 20년의 시간이 뒤섞이면서 둘째 날 나의 촉수가 사상 최대로 온몸에 돋은 거지. 나는 보통 내가 뭘 하고 있는지, 나의 말과 몸의 형

---

3 '뛰다 아카이빙 주간' 〈뛰다, 멈추다, 묻다〉는 2022년 화천의 '예술텃밭'이라는 공간에서 벌어진 전시·공연이다. 여러 가지 형식의 전시와 발표, 워크 데몬스트레이션을 통해 '뛰다'의 지난 20년간의 질문들을 나누고 경험하는 시간이었다. 2001년 시작된 공연창작집단 '뛰다'는 20년이 지난 2020년에 극단의 일몰을 선언하고 그간의 작업들과 방법론들을 워크숍·책·전시·영상·사진 등 다양한 형태로 아카이빙해왔으며, 2022년에 있었던 '뛰다 아카이빙 주간'은 지난 아카이빙의 결과물을 외부에 적극적으로 오픈하는 시간이었다. '뛰다'는 현재 '궁리소 묻다'(2021- )로 전향해, 공연창작집단으로서의 정체성을 내려놓고 다양한 예술 장르와 예술 작업을 연구하고 실험해가는 리서치그룹으로 운영 중이다.

태, 역동성과 리듬 같은 것들을 인식하지 못하는 순간이 거의 없는데 그날은 갑자기 너무 많은 채널이 초고속으로 열리니까 내가 뭘 어떻게 하고 있는지 다 따라갈 수가 없게 됐어. 공연 중에 그렇게 인식이 사라지는 순간이 거의 없었는데, 그때는 어떤 순간이 점프 점프 하면서 비어버리더라.

이렇게 인식이 더 미분되면 진짜 마치 시간이 없어지는 것처럼 내가 따라갈 수 없는 다른 시간이 열리는 거라고 느꼈어. 어떤 사람이 자유로운 순간에 대해 '자아와 세계의 구분이 없어진다'라는 식으로 말했던 게 기억나. 나는 그것을 '세계가 나를 관통하는 감각'이라고 표현하는데, 혹시 그 관통의 감각이 영혼일까? 영혼에 꽂혀서 그런 생각도 막 해보고 있어.

'어둠 속에, 풍경' 워크숍에 참여했을 때 눈을 감고 걸어다니면서 감각을 느끼는데 진행자가 "주변 사람들을 느끼세요. 접촉하지는 말고 그냥 있다는 것을 느끼세요"라고 얘기하는 순간, 〈휴먼 푸가〉 | 2019; 2020 | 공연이 즉각 떠올랐어. 그 공연에서 자기 주위에 다른 혼들이 있다는 건 알지만 서로 대화하거나 만질 수 없는 장면이 있거든, '있구나······' 하면서 따뜻함과 위로를 느낄 뿐인 거지. 근데 이번 워크숍에서 공간을 걸어다니면서, 다른 존재들을 눈으로 보지도 귀로 듣지도 손으로 만지지도 않고 느끼는 그 순간에, 마치 그 사람들의 영혼과 접촉하고 있는 것 같다고 여겨졌어. 게다가 오늘 아침에는 심보선의 책에서 영혼에 대한 내용을 읽은 거야. 몇 줄 읽어줄게.

> 영혼은 행복의 문제와 연결된다. 그러나 영혼은 행복을 귀중한 선물처럼 안절부절 다루지 않는다. 영혼은 불행에게도 손을 건넨다. 그리하여 영혼은 불행과 행복의 차이를 지우고 그 둘을 동등하게 만든다. 그것은 또한 삶의 의미의 문제와도 연결된다. 마찬가지다

영혼은 의미와 무의미를 같은 장소로 데려온다. [……] 영혼은
오늘 속으로 과거와 미래를 수렴시켜서 새로운 시간을 창조한다.

    이 말이 엄청 가슴에 와닿았어. 비시각인들의 불행이 있잖아. 하지만 그 불행에도 불구하고 삶이 존재하고 그 삶이 내게 손을 내밀고 있잖아. 내게 영혼이 있다면 그것은 이성이나 논리, 행복과 불행 같은 세상의 잣대로 경계 지을 수 없는 어딘가, 무한히 쪼개어지는 가능성의 세계에 존재하고 있을 거야. 배우로서 거기에 가닿고 싶은 욕망이 지금 내게 가득한 것 같아.

# 양종욱

연극팀 '양손프로젝트'에서 활동. 〈여직공〉(2015), 〈데미안〉(2021),
〈기존의 인형들〉(2022) 등에 출연했다.

A
2

# 새로운
# 몸-문화를 위한
# 정거장,
# 사츠

2019.4.11.

지금 위치에서 일어나거나 앉거나 눕거나
돌아서는 등의 동작을 몸으로 결정해보세요.
수많은 몸의 가능성 안에서 무엇인가
결정되기까지 긴장감이 느껴지나요? 연기에서는
이와 같은 잠재태와 현실태 사이의
길항하는 힘, 어디로든 다음으로 갈 수 있는
선택의 순간에 경험되는 역동적인 가능성의
상태를 '사츠Sats'라고 명명합니다.
연극팀 '양손프로젝트'에서 활동 중인
양종욱 배우를 만나 '사츠'에 대한 이야기를
나누어보았습니다.

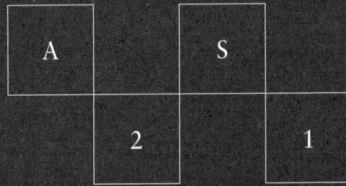

**김신록**　사츠에 대해 이야기를 나눠보자. 알다시피, '사츠'라는 노르웨이 언어를 연기 용어로 처음 제시한 사람은 덴마크의 연출가 바르바. 그의 책 《연극 인류학》|안치운·이준재 옮김, 문학과지성사, 2001|을 보면 사츠에 대해 "행동보다 앞서는 순간에, 필요한 모든 힘이 공간 속에 펼쳐질 준비가 되어 있지만, 보류되어 아직 고삐가 묶여 있을 때, 배우는 자기의 에너지를 사츠의 형태로, 즉 역동적인 준비의 형태로 체험한다"라고 적혀 있다.

**양종욱**　일단, 사츠라는 말을 처음 접했을 때, 준비되고 고양된 에너지의 퀄러티를 사츠라고 '명명한다'는 사실 자체가 대단히 충격적이었다. 당시 나에게 '배우의 에너지'라는 건 관념적이었는데, 그걸 어떤 식으로든 구체적으로 개념화시키고 명명할 수 있다는 것이 놀라웠고, 경험의 개념화와 명명에서 연기에 대한 탐구를 출발할 수 있다는 점에서 중요한 발견이었다. 용어의 힘, 개념의 힘이랄까.

**김신록**　배우로서의 경험을 통해 사츠를 어떻게 정의하고 있는지 개인적인 정의를 들려달라. 공인되지는 않았더라도 개인적으로 사용하고 있는 개념이나 명명이 있다면 그것도.

**양종욱**　훈련할 때 늘 사츠를 인식하려고 한다. 사츠의 두께를 인식해보고, 어떻게 운용할지 인식해본다. 사츠를 공간의 사츠, 시간의 사츠로 분리해 훈련할 수도 있고, 배우의 사츠, 인물의 사츠, 드라마의 사츠로 분리해서 이해하고 훈련할 수도 있다고 생각한다. 바르바는 사츠를 근육적 사츠, 신경학적 사츠, 정신적 사츠로 구분하기도 했다.

**김신록** 근육적 사츠, 신경학적 사츠, 정신적 사츠에 대해 부연해달라.

**양종욱** 예를 들어 사츠를 시험하기 위해 나는 에스컬레이터를 타고 올라가거나 내려갈 때 이 에스컬레이터가 멈추는 상상을 한다. 버스정류장에 서 있을 때는 버스가 정류장을 덮치는 가능성을 염두에 둔다. 그것만으로도 내 몸의 근육, 호르몬, 긴장감 등이 미세하게 조정된다. 부동성 안에서 내 근육과 정신과 신경이 기민하게 준비되어 있고 어디로든 갈 수 있는 퀄리티로 채워지는 것을 인식하는 것이다. 이것은 신체를 잠재적이고 숨겨져 있는 높은 갈등의 직전으로 위치시키는 걸 의미한다. 좋은 역할을 많이 해본 배우는 이런 극적인 순간을 많이 연기해봤을 테니 사츠를 구현하는 능력이 높을 수밖에 없는 것 같다.

**김신록** 배우의 사츠, 인물의 사츠, 드라마의 사츠에 대해 이야기해보자. 인물의 사츠라는 말이 내겐 아이러니하다. 왜냐하면 사츠는 그것을 인식하는 힘이 없다면 운용할 수 없기 때문이다. 예를 들어, 어떤 인물이 짝사랑하는 사람 앞에서 고백을 할지 말지 망설인다고 치자. 분명 그 인물은 고백을 할 수도 있고, 하지 않을 수도 있는 여러 가지 결정의 가능성, 잠재적인 이행의 상태, 보류된 에너지를 경험한다. 배우는 그 인물의 상태를 이해하고 배우의 근육으로, 신경으로, 심리로 그 사츠의 상태를 발생시키고 운용할 수 있다고 본다. 하지만 인물은 자신이 그런 사츠의 상태에 놓여 있음을 알지 못한다. 인물은, 혹은 인간은 많은 순간 자신의 상태를 인식하기보다는 상황이나 정념에 휩싸여 있기 때문이다. 이렇게 인식은 없지만 사츠의 다른 요건을 모두 갖추고 있는 상태의 인물의 에너지를 아이러니하지만 인물의 사츠라고 부를 수 있을 것도 같다. 그리고 배우의 사츠를 통해 인물의 사츠를 구현할 수 있고, 구현된 인물의 사츠를 통해 드라마의 사츠가 구축된다고 이해하면 될까.

**양종욱** 더 근본적으로 이해해보자. 인물의 사츠를 생각하면서 깨달은 것인데, 사츠란 중요한 것과 맞닥뜨릴 때 신체의 활성화 상태인 듯하다. 중요한 것과 마주하거나 그 안에 들어갔을 때 나의 신체 상태를 얼마나 잘 사용할 수 있는가. 진짜 중요한 것과 맞닥뜨렸을 때 진짜 내 감각을 얼마나 이용할 수 있는가. ㅣ일어나서ㅣ 어마어마한 것과 만나면 동공이 커지고, 몸이 이렇게 ㅣ지금의 내 몸처럼ㅣ 된다. 그것은 저게 ㅣ상상 속의 무엇인가를 가리키며ㅣ 내게 뭔가를 주기 때문이다. 이때 내 몸이 일상보다 살아 있는, 생명력 있는 몸으로 조정되는 것 같다. 내게 뭔가를 요청하는 것과 맞닥뜨렸을 때 내 몸은 생명력을 높이는 일을 한다. 호르몬ㅣ신경ㅣ, 근육, 심리 상태를 조정하게 된다. 최적의 생명력을 갖고 있는 상태, 그것이 사츠가 아닐까.

**김신록** 자칫 사츠가 중요한 순간, 극적인 순간에만 존재하거나 필요하다고 오해할 수 있을 것 같다. 자크 코포 Jacques Copeau가 '모든 움직임은 매 순간의 중립을 갖는다'고 이야기했던 것처럼, 무대 위의 모든 순간은 매 순간의 사츠를 갖는다고 봐야 하지 않나.

**양종욱**  동의한다. 나의 주된 테마 중 하나는 내적인 흐름, 즉 충동, 느낌, 생각, 기억 등이 외적인 움직임, 소리, 말과 어떻게 상호작용하는지, 즉 나의 신체적인 행동이 내면과 어떻게 유기적으로 상호작용하면서 타인 혹은 세계와 잘 만날 수 있는지다. 이 테마를 탐구하기 위해 나는 충동, 느낌, 생각, 기억과 연결된 근육의 움직임을 분리해보려고 한다. 움직여보다가 얽히면 다시 사츠, 즉 최적화된 신체의 상태로 돌아간다. 코포가 이야기한 중립, 더 정확히는 사츠로 돌아간다. 앞서 등장했던 황혜란 배우의 '빈 그릇' 역시 내게는 사츠다. 나는 원형의 상태로 돌아갈 수 있다. 모든 것의 출발점, 나의 기반. 그런 의미에서 사츠는 내게 원형, 정거장, 통로다. 그 원점에 대한 근육적·신경적·심리적 감각이 단단하고 정확하게 내 안에 위치해 있고, 그것이 내적이고 외적인 상태의 상관관계를 유기적으로 연결시켜주면 나는 나를 운용할 수 있게 된다.

> **김신록**  동의한다. 다만 '최적화된 신체의 상태로 돌아간다'라는 표현이 독자들에게 단순한 차렷 자세, 무표정한 얼굴의 무개성, 모든 경험을 털어내고 다시 시작하려는 기계적인 0점으로 오해받지 않기를 바란다. 많은 신체 훈련에서 '중립'이라는 개념이 이런 식으로 오용되고 있는 것 같아서 덧붙이는 사족이다. 훈련의 장에서 사츠 역시 오해받는 측면이 있는 것 같은데, 강도 높은 에너지를 발산하면서 대기하는 상태로 버티는 순간을 사츠로 여기는 경우가 그렇다.

**양종욱**  맞다. 어떻게 보면 그것은 진짜 사츠가 아닐 수 있다. 근육적 사츠와 정신적 사츠가 어떤 비율을 가지고 만나는지에 대한 퀄리티가 중요하다고 본다.

**김신록** 　내게 사츠의 감각은 인식과 몸이라는 두 개의 원이 정확하게 그 궤를 일치시키는 순간, | 양손 엄지와 검지로 원을 만들어 교차시키다 두 원을 정확히 포개며 | 시야가 밝아지는 순간, 잡음이 사라지는 순간이다. 요즘은 오히려 강력하고 큰 순간의 사츠보다, 작고 섬세한 순간의 사츠에 더 관심이 많다.

**양종욱** 　그것은 어느 정도 훈련이 된 이후에야 탐구할 수 있는 부분인 것 같다. 심리, 정신, 근육 혹은 사츠나 중립, 센터라는 개념 모두 실제적으로 손에 잡혀야 하므로 더 큰 순간을 염두에 두며 몸을 훈련하게 되는 것 같다. 훈련을 시작할 때 반드시 거쳐야 하는 단계가 아닐까. 근육의 양, 에너지 소모가 많은 사츠를 경험해야 섬세한 탐구로 넘어갈 수 있다고 본다.

**김신록** 　동의한다. 그러나 동시에, '훈련'에 대한 이해를 전환해야 한다고 생각한다. 어떤 연기 방법론이든 연기 훈련 과제든 나를 확장하고 발견하기 위한 것이기에 반대로 그것들을 위해 나를 도구화할 필요는 없다고 본다. 그렇다면 초기 단계의 훈련에도 더 개성 있는 몸, 살아 있는 개인의 감각을 포함할 수 있으리라고 본다.

**양종욱** 　맞다. 어떤 훈련의 역사나 경험에서 배우는 절대 이상을 구현하거나 증명하거나 발생시키기 위한 도구처럼 보이기도 한다. 내게 중요한 것은 각 개인이 유니크한 자아를 개발하는 일이다. 나는 그것이 이루어졌을 때 각자의 몸이 동시대성을 갖게 된다고 생각한다. 그러나 배우의 훈련이란, 바르바의 말을 빌리자면, 나의 몸-문화를 버리고, 그 몸에 새로운 문화를 입고, 그 위에 다시 내 몸-문화를 세우는 것 자체라고 믿는다. 그런 의미에서 일상의 개성이 지워진 몸을 거쳐가는 훈련의 과정도 이해가 된다. 그런 후에 그 몸 너머 진정한 개성을 장착한 몸으로 회귀하는 것이 순서가 아닐까 싶다.

**김신록** 일상적인 몸-문화를 버리고 새로운 몸-문화를 입는 것, 그 위에 나의 진정한 개성이 드러나게 한다는 것이 아주 멋진 표현인 것 같다.

**양종욱** 관객과 무대가 새로운 몸-문화로 만나는 것이 중요하다고 본다. 그리고 이러한 새로운 몸-문화를 위한 정거장이 바로 사츠가 아닐까. 그런데 이런 몸으로부터 출발하는 작업, 몸 연극이 많지 않은 것 같다.

**김신록** 과연 그런가. 나는 몸 연극에 대한 생각을 확장할 필요가 있다고 본다. 소위 말하는 '피지컬 시어터'의 몸만 몸이라고 부르는 것, 혹은 허구가 거세된 퍼포먼스의 몸만 몸이라고 부르고 훈련하는 것은 편협하다고 본다. 반대로 소위 '역할 창조'를 위해 허구 속 인물의 몸을 구축하는 것에만 머무르는 몸 이해 역시 편협하다. 나는 허구 안의 몸, 인물의 몸, 일상을 재현하는 몸, 그리고 그 몸과 배우의 몸이 뒤섞여 있는 몸에서도 몸이라고 부를 수 있는 가능성이 발견되고 탐구되어야 한다고 본다.

**양종욱** 맞다. 나는 개인적으로 상황이나 인물을 연기하는 배우를 넘어서 몸으로부터 출발하는 퍼포머로서 작업해나가려고 하고 있지만, 아이러니하게도 '양손프로젝트'의 다음 작업은 해롤드 핀터Harold Pinter의 〈배신〉이다. 이런 심리적 사실주의를 하면서도 몸 연극을 할 수 있는 가능성, 심리적인 작업이나 역할에 대한 작업에서 어떻게 확장된 몸의 가능성을 발견할 수 있을 것인가가 숙제다. 존재의 방식에 대한 가능성을 확장하는 것 말이다.

**김신록** 그런 확장된 방식의 탐구와 이해가 이루어져야만 몸 훈련이 실제적인 것이 될 수 있다고 본다. 주로 프로덕션 체제로 흘러가는 한국 연극 현장에서, 배우에게 중요한 것은 어떤 장르와 어떤 양식의 작품에서 연기하든, 몸에 대한 자신만의 화두를 가지는 일이라고 생각한다. 어떤 작품에서든 자신의 화두를 가지고 몸을, 존재를 탐구할 수 있다는 생각이 없다면 몸에 대한 훈련은 현장과 계속 괴리될 수밖에 없다.

**양종욱** 맞다. 이미 규정되거나 낡아버린 것을 새롭게 만들거나, 관객과 배우가 새로운 관계를 발견해내기 위해서는 몸에서만 답을 찾을 수 있다. 몸을 중심에 둔 화두로 뭔가를 감행하지 않으면 답이 없다고 생각한다. 어떤 그룹이든 예술가든 자신의 철학과 개성을 담은 '몸-문화'를 발전해가지 못하고 '아이디어'에만 머무르는 것은 사상누각이 될 수 있다고 본다. 배우가 출연하지 않는 연극이 아니라면, 물론 그런 연극이 있을 수도 있지만, 무대 위에 존재하는 것은 결국 배우의 몸이기 때문이다.

**김신록** "관객과 배우가 새로운 관계를 발견"한다는 표현을 들으니 '말해진 말과 말하는 말'이라는 철학적 화두가 생각난다. 이미 규정되고 사용된 '말해진 말' 말고 지금 이 순간 새롭게 생성하고 관계 맺는 '말하는 말'을 발견하는 것이 예술의 몫이라고 생각한다.

**양종욱** 동의한다. 동시대, 현재 스코어, 지금, 현재를 첨예하게 붙들고 있는 힘, 그 역시 사츠 아닐까. 우리 집 현관문에 이런 문구를 붙여 놓고 들고날 때마다 읽어본다. "우리는 지나버린 과거의 대표자들인가, 아니면 저물어가는 시대의 극단적인 경계에서 거의 식별되지 않는 미래의 선구자들인가 Are we the representatives of a lost past? Are we, on the contrary, the precursors of a future which can hardly be discerned at the extreme limit of an ending era?." 나의 스승님의 스승님인 코포의 말이다.

**김신록** 스승님은 누군가.

**양종욱** 에티엔느 드쿠르 Etienne Decroux 를 나의 스승으로 삼고 있다.

도대체
우리 극장에서
뭐하고
있는 거야?

양종욱 배우와 만나서 연기에 대해,
사츠에 대해 정밀하고 격렬하게 이야기를 나눴던
그때 그 순간이 떠오릅니다. 사실 2019년
인터뷰 당시 저는 사츠를 '의자에서 일어나지
않으면서 일어나려고 하는' 혹은 '실제로
앉지 않고 앉으려고 애쓰는' 순간에 느껴지는
'전-표현단계의 유예된 에너지'로 이해하고
있었습니다. 일어나거나 앉으려고 결정하는
순간과 실제로 그 행동이 수행되기 전까지 사이에
보류된 상태의 에너지 말입니다.

2022.5.17.

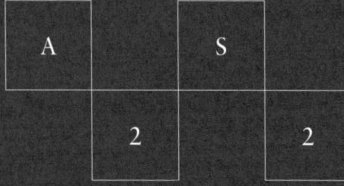

하지만 지금의 저는 이런 생각에서 벗어났습니다.
왜냐하면 미리 결정하고 행동만 유예된다는 것은
사실 갈 길이 정해져 있는 고착된 상태와
다르지 않기 때문입니다. 연극이나 연기에 플랜,
즉 약속하고 정해진 길이 존재하더라도 어떻게
매 순간을 사전에 결정하지 않고 지금 이 순간에
새롭게 선택하는 방식으로 살아 있을 수 있을까가
모든 배우의 숙제라면, 저는 이 숙제를 풀기 위한
힌트로 '잠재태', '실시간 생성', '실시간 구성',
'창발' 등의 단어를 품고 있습니다. 사츠에 대한
새로운 이해라고도 할 수 있겠습니다.

2022년 5월 17일, 3년 만에 다시 만난
양종욱 배우는 사츠에 대한 이야기를 넘어
또 앞선 길에서 수풀을 헤쳐나가고 있었습니다.
이 배우 덕에 새로 열린 오솔길을 따라
울창한 숲속으로 따라 들어가봅니다.

**양종욱** 나는 어쨌든 연기, 배우, 연극, 드라마, 관객, 무대, 뭐 이런 키워드들 때문에 이 세계에 들어왔고 이 키워드 안에서 종사하며 살아왔는데, 요즘 들어 부쩍 과연 이것들의 정체는 무엇인가, 하는 생각을 해. 난 드라마에 복무하고 싶지 않고, 인물 말고 다른 것에 더 관심이 있기에 거기서 벗어나고 싶은데, 그 다른 것은 무엇일까. 최근 찾게 된 답은 '이미지와 이야기'인 것 같거든. 무용수가 되거나 음악가가 되는 게 아닌 배우로서 내 몸이 하고 있는 일은, 이야기와 이미지와 접속하는 것, 그것들을 내게 삽입하는 거야.

그래서 이야기와 이미지가 나라는 사람을 더 활성화시키고 내 속에 있는 성질과 힘을 발현하게 만들어주고. 이것보다 더 작은 개념은 다른 사람의 삶, 그러니까 인물의 삶을 나한테 삽입하는 거잖아, 보통 인물 연기라는 건. 예를 들어 햄릿이나 니나를 나에게 삽입하면 일상에서는 발현되거나 드러나지 않는 나의 생명력이 드러나고, 관객들은 그 햄릿이나 니나라는 타인의 삶을 삽입해 생명력이 뻗치는 한 인간을 목격하는데 이것은 모두에게 좋은 일인 것 같아. 그래서 배우들은 배우를 하고 관객들은 연기를 보는 것 같아. 드라마도 이야기도 좋지만 어쨌든 무대에서 목격하는 건 몸뚱이잖아, 정신을 포함한. 어떤 사람이 생명력을 이리저리 뻗치고 있는 그 현장. 그래서 드라마가 아무리 시간이 지나도 존속한다고 느껴져. 배우들은 그 드라마를 삽입해 나를 뻗치기 위해 이 일에 종사하는 것이고. 어떻게 보면 이야기는 수단, 도구인 거지. 배우의 몸뚱이를 작동시키기 위한.

그런데 사실 관객들은 드라마를 보고 가지. 웃고 울고 그 이야기와 그 인물을 품고. 그런데 핵심적으로 더 귀하게 여겨져야 하는 건 그 이야기를 삽입시킨 그 사람이거든. 이야기 안에는 이미지가 있고, 이미지 안에는 이야기가 있는

데, 그 이야기와 이미지는 굉장히 힘이 세. 힘이 세다는 건 그 정도를 가늠하기 어렵다는 거야. 굉장히 다의적이고 거대하다고 느껴져. 보는 사람에 따라 다 다르게 해석되고, 각 개인의 사적인 기억에 의해 다르게 접속되지. 그래서 이야기와 이미지와 접속하고, 접촉하고, 그것을 삽입해서 내 안의 생명력을 끄집어내는 일은 굉장히 무한하고 멋지다고 느껴져.

흔히 드라마는 인물을 통해 인물이 속한 세계를 경험시킨다고 하지. 인물은 혹은 인물을 맡은 배우는 관객이 드라마 안으로 들어갈 수 있도록 하는 통로고. 그랬을 때 포커스는 그 세계에 가 있게 되잖아. 그런데 내가 〈데미안〉을 공연했을 때는 그 '통로'가 더 중요했어. 물론 그 통로가 중요하기 위해서는 그 세계도 중요하지, 거의 동급으로. 나, 양종욱은 나를 〈데미안〉으로 들어가는 통로로 삼는 동시에 그냥 나인 거야. 흔히 배우를 무당에 비유할 때 무당은 통로일 뿐 그 너머 세계가 중요하지 무당 자체가 중요한 게 아니잖아. 기존의 배우에 대한 이해나 요구도 그쪽이고. 근데 지금의 나에게는 이 무당이 중요해.

내가 〈데미안〉 공연 전에 〈양종욱×황혜란〉에서 소리 작업을 발표했을 때는 52가지 장면의 이미지들이, 그 장면에서 들릴 법한 소리들이, 그 이미지를 경험했을 때 나에게서 나올 수 있는 소리들이 중요했어. 마치 문을 열고 그림책을 통과하듯이 나는 이야기와 이미지의 세계에 속해 있었어. 〈데미안〉이라는 허구 세계가 나를 작동시키는 거야, 무한하고 강력하게. 내가 〈신데렐라〉의 세계를 삽입하는 것과 〈데미안〉의 세계를 삽입하는 것은 다르잖아. 어떤 이미지를, 이야기를 삽입하는 일은 흥미롭고 매혹적이야. '아, 배우인 양종욱은 어떤 세계와 접속할지 찾는 일을 하고 있구나.'

처음에는 인물을 만나는 드라마 연기를 좇았는데 나

에게 맞는 옷이 아니었어. 그럼 나는 드라마를 벗어나고 싶은 걸까 고민했는데 결국 나는 이야기를 좋아하는구나, 어떤 이미지와 함께 작업하고 있구나, 그게 핵심이구나, 하고 알게 됐어. 나는 이야기와 이미지를 다루는 사람이야. 그러니까 나는 계속 이야기가 중요하고, 인물이 중요하다는 인식에 염증을 느껴. 나한테는 그게 별로 안 중요하거든. 계속 이야기, 인물에 포커스가 맞춰지는 것이 썩 마음에 들지 않고 불편해. 영상 매체는 더더욱 이야기가 중요하고 인물이 중요하고. 인물을 잘 해내고, 이야기를 잘 해내는 걸 중요하게 여기잖아, 지금 내가 말한 모든 것들 말고.

내가 말한 이 일렁거림, 이 출렁거림, 배우의 경험, 역동적으로 은밀하게 내밀하게 상호작용 하고 결국 함께 어디로 가고……. 이게 존재하기 때문에 사람들이 극장에 온다고 생각해. 그게 나에게 중요한 것 같아. 중요하다고 믿어보려고. 그런 경험이 우리 모두에게 좋은 게 아닐까? 그래서 극장이 있는 게 아닐까?

관객들은 뭘까. 왜 여기 와 있을까. 저 사람들은 뭘 기대하는 걸까, 이런 생각을 해봐. 〈데미안〉을 보러 관객들이 극장에 오잖아. 나는 관객이 둘러앉아 있는 것을 보면서 '저들은 누굴까, 아니다 내 할 일을 하자, 나는 왜 저 사람들 앞에서 이걸 해야 하지, 그럼 관객 없이 할까, 관객이 없으면 나는 뭐고 있으면 나는 또 뭔데' 같은 생각을 계속 해야만 하는 것 같아. 결론을 내릴 수 있는 간단한 문제는 아니지만. 사실 일차원적인 결론은 내릴 수 있지. '이러이러 해서 극장에 가요.' 그런데 과연 그럴까?

생각해보면 왜 극장에 가는가, 왜 무대에 서는가, 왜 우리는 반복해서 공연을 하는가, 왜 한 번 하지 않고 열 번 스무 번 하는가, 본질적으로 왜 그런가. 이런 것들을 계속 질문하게 되는 거야. 배우가 한 명, 관객이 한 명이더라도 두 명이 모이는 거잖아. 왜 모여? 난 이게 너무 궁금한 거야. 극장이라는 것이 이 세상에 있는데 뭘 하겠다고 하니까 거기 와서 사람들이 앉아 있잖아. 왜 앉아 있어? 거기서 뭘 해? 왜 해? 왜 봐? 거기 어떤 비밀이 작동하고 있는 거잖아. 근데 그런 것들을 생각할 여유나 틈이 없으면 루틴이 돼버리는 거지. 열심히 하고 박수 치고 받고. 인터파크 별점 주고 리뷰 읽고. 납작해져버리는 거야.

물론 일단 어떤 결론이라도 내려야 그걸 또 갱신해나갈 수 있겠지만, 계속 나는 무얼 하는 사람일까, 나는 이걸 왜 하는 걸까, 이게 나에게 도대체 무슨 의미가 있는 걸까 생각해. 배부른 질문일 수도 있지만 무척 중요하다고 생각해.

'양손프로젝트'의 지난 시간을 돌이켜보면 좋고 재밌고 가슴 뛰고 창작욕이 불타는 듯했던 기억이 있어. 신기할 정도로 어떤 힘에 휩쓸렸던 건데 이제 그 힘이 유효함을 잃어서 올라탔던 것에서 내려온 거야. 다시 중요한 질문들에 대한 모종의 임시 답을 마련해야 또 어딘가에 올라탈 것 아니야. 계속 이런 생각만 하고 있을 수는 없고, 또 어딘가 올라타야지. 모든 작업자가 이런 과정을 거치지 않나 싶어. 어디 올라탔다가 떨궈졌다가 다시 다른 무언가에 올라타는.

그래서 궁금해. 왜냐면 관객이 중요한데, 중요하다는 것은 사실 좀 이론적인 거였잖아. 관객이 뭔데? 진짜 중요해? 진짜 생각해봤어? 관객에 대한 귀족주의와 노예근성이 공존하고 있는 것 같거든. 관객보다 내가 더 우월해. 관객에게 알려줘야 해. 내가 더 오래 고민해왔고 내가 더 깊어. 그러니 내가 공유해줄게. 〈데미안〉에 대해 내가 더 많이 알아야 할 의무감이 있잖아. 그러면서도 잘하고 싶다, 상 받고 싶다, 인정받고 싶다, 관객 평을 사냥 다니고 관객이 내가 하는 것을 알

아주면 성공이고 몰라주면 실패. 관객이 내가 한 걸 몰라주면, 이것도 몰라주고 흥, 보는 눈이 없네 하면서 마음으로 멱살잡이하고. 결국 관객은 나를 우월하게 만드는 존재거나 혹은 내 자존감을 좌지우지하는 존재 아니면 뭔데. 연극은 관객이 완성시킨다고 하는데 진짜 그렇게 생각해?

요즘은 관객에 대해 더 많이 사유해야 한다고 생각해. 관객을 대중, 대상, 하나의 덩어리로 규정짓잖아. 관객에 대해 선입견을 갖고. 그런데 사실 관객은 한 명 한 명의 개개인이고 미스터리한 존재들이고 이 무대를 어떻게 받아들이고 있는지 우리는 짐작조차 할 수 없지. 그렇다면 배우 역시 연극하는, 연기하는 행위가 뭔지 알 수 없는 거야. 저들은 다 집에 돌아갔는데, 나는 내가 성찰한 어떤 것을 공유하고 그들에게 선한 영향을 끼친다는 아름다운 이야기야? 그것도 아닌 것 같고. 관객이 정말 같은 위치의 원을 점유하고 있느냐고 묻는다면 쉽게 답할 수 없어. 관객 앞에서 뭘 하고 있는지, 관객이 얼마나 중요한지는 직관적으로 알겠는데 거기에 대한 고민이 너무 얕았어. 그 고민이 아주 핵심인데 이제까지 너무 핵심적으로 다루지 않았다고 반성해. 그 누구도 빗겨갈 수 없는 핵심적인 질문이야.

러시아 쉬킨 연극 대학 연기과와 경기대학교 스타니슬랍스키 연기원에서 공부했다. 〈내가 죽어 있을 때〉(2009), 〈테레즈라캥〉(2009), 〈비밀경찰〉(2010), 〈세월호―게공선〉(2015), 〈그믐, 또는 당신이 세계를 기억하는 방식〉(2018), 〈순교〉(2022) 등 다수의 공연에서 연기했다.

| A | 3 |

## 주체와 세계의 전복, '되어지는 몸'

2019.4.15.

독자님은 자신의 '의지'로 이 글을 읽고 계신가요?
아니면 서점에서 이 책 저 책을 뒤적이다
우연히 발견하고 읽게 되신 건가요? 혹시 이 책이
출판되기를 기다렸다가 적극적으로 읽고 계신 거라면,
이 경우엔 '주체의 의지'가 발동했다고 말할 수
있을까요? 우리는 매 순간 주체로서 무엇인가를 '하면서'
살아갈까요, 아니면 외부 세계의 자극에 의해
'되어지며' 살아갈까요?

주체와 세계의 작용과 반작용에 대한 치밀한 탐구를
이어가며 동시대인을 이해하는 데 가장 적합한 몸의
메커니즘을 찾아가는 극단이 있습니다.
극단 '동'에서 활동 중인 김석주 배우를 만나 '되어지는
몸'에 대한 이야기를 나누어보았습니다.

| A | 3 |
|---|---|

| S | 1 |
|---|---|

**김신록**  극단 '동'의 배우와 연기에 관해 이야기하면서 강량원이라는 연출가를 언급하지 않을 수 없을 것 같다. '동'은 배우와 연출가가 함께 연기 방법론에 대한 실제적인 탐구를 이어가고 이 치열한 탐구의 결과물을 바탕으로 작품을 창작하는 집단이기 때문이다.

**김석주**  인터뷰는 내가 하지만 앞으로 내가 할 이야기는 모두 강량원 연출가의 방법론이라고 해도 과언이 아니다. 나는 다만 그 방법론을 연습실과 무대에서 실행하는 '실천자'의 입장에서 내가 경험하고 이해한 바를 이야기할 수 있을 것 같다.

**김신록**  나의 경우 강량원 연출가의 워크숍에 참여하면서, 그리고 〈저편의 영원〉 | 2018 | 공연을 함께하면서 연출가로부터 '주체는 없고 세계만 있을 뿐'이라는 이야기를 들었던 기억이 있다. 주체가 의지적으로 행동하는 것이 아니라, 세계가 주체에게 영향을 미쳐 주체는 '되어질 뿐'이며 결과적으로 고정되고 닫힌 실체로서의 주체는 없다는 이야기였던 것 같다.

**김석주**  세계가 주체가 되고 오히려 나라는 주체가 대상이 되는 것이라고 할 수 있겠다.

**김신록**  그렇다면 '주체와 대상의 전복'에 대한 이야기를 나눠보자. 사실주의 연기의 뿌리라고 할 수 있는 스타니슬랍스키 시스템[1]에서는 '주체가 목표를 성취하기 위해 대상을 다뤄내는 것'을 액션, 즉 '행동'이라고 했다. 예를 들어, 내가 | 주체 | 내 오른쪽에 있

는 이 종이컵을|대상| 타자 치는 데 걸리적거리지 않도록|목표| 내 왼쪽으로 옮긴다|행동|고 해보자. 이때 주체와 대상의 전복이 어떻게 이루어지는가.

**김석주**  내가 종이컵을 옮긴다기보다는 종이컵이 나로 하여금 옮겨내게 하는 것이다. 내가 아니라, 내 의지가 아니라, 종이컵이 나를 불러서 그것을 옮기게 되는 것이다. 이렇게 주체와 대상을 전복시켜 이해하는 것은 단순한 연기술이 아니라 세계를 바라보는 시각을 뒤집는 일이다. 그래서인지 극단 내에서는 의지를 전제한 '행동'이라는 말을 전보다 덜 쓰는 것 같다. 대신 어떤 세계를 만났는가, 어떤 세계의 작용이 내게 영향을 미쳤는가라는 표현을 사용한다.

**김신록**  방금 종이컵을 옮기는 행동에서는 어떤 세계를 만났다고 할 수 있나.

**김석주**  종이컵의 무게, 마찰 같은 직접적인 물리성 혹은 설계에 따라서는 종이컵이 속한 일회용품의 세계, 소비사회, 자

---

1  콘스탄틴 세르게예비치 스타니슬랍스키(Konstantin Sergeevich Stanislavskii, 1863-1938)는 러시아의 배우이자 연출가이자 연극 이론가다. 연기를 가르치고 배울 수 있는 학문의 영역, 실험하고 규명할 수 있는 과학의 영역으로 편입시킨 최초의 인물이다. 자신이 개발한 체계적인 연기 방법론을 '시스템'이라고 명명했으며, 현대 사실주의 연기에서 사용하고 있는 거의 모든 용어—목표, 행동, 장애, 비트, 스코어, 주의 집중, 정서 기억 등—를 창안하기도 했다. 그의 초기 방법론을 배운 제자들이 제1차 세계대전 당시 러시아에서 미국으로 망명해 초기 버전의 시스템을 전파했으며, 이것이 정서와 감정에 치우친 방식으로 발전하면서 소위 미국식 연기 방법론의 대명사인 '메소드'가 되었다.

본주의 등도 포함될 수 있다. 사실 이건 아주 심플한 이야기인데 '세계'라는 말이 들어가니까 너무 거창하게 느껴질까 봐 걱정이다. 세계는 단순하게 생각하면 내 외부에 있는 모든 것, 즉 내가 만나는 사람들, 사물들, 생각 속의 사람이나 사물 혹은 근육의 통증이나 속 쓰림 같은 내 몸까지도 포함될 수 있다. 내 외부에 있는 모든 것을 그냥 세계라고 지칭할 뿐이다.

**김신록** 그러니까 '내'가 '외부'를 움직이게 하는 것이 아니라 '세계'라고 지칭되는 외부가 나를 움직여 낸다는 관점인가?

**김석주** 맞다. '무엇이 나를 움직이게 하는가'라는 실천적인 질문에서 출발해, '주체의 의지보다는 외부의 자극에 의해 움직이게 되는 몸'에 대한 발견에 이른 것이다. 나로부터 출발하는 게 아니라 세계로부터 출발하는 관점의 전환이다.

보통 극 행동 위주로 전개되는 일반적인 드라마 연극에서 배우는 '나로부터 출발하는 연기'를 한다. 그러나 우리 방법론에서 배우는 '완전히 비어 있는 몸'으로 자신이 설계한 인물의 세계를 물리적으로 만나내는 일을 한다. 전자의 경우 인물이 극 행동 속에서 자신의 내면과 싸우면서 결국 깨달음에 도달하는 식으로 연기가 진행된다면, 후자의 방법론에서는 '내'가 아닌 '나와 연결된 세계가 드러나도록' 하는 방식으로 연기가 진행된다. 이런 다른 방식의 세상 보기가 현대인을 표현하는 데 더 적합한 방식이라고 생각한다.

**김신록** 현대인을 표현한다는 게 뭘까.

**김석주**  '내일부터 운동할 거야'라는 계획이 온전하게 나의 의지, 나의 선택이라고 할 수 있나. 이 사회의 건강 열풍, 몸매에 대한 외부의 시선, 헬스장의 프로모션 같은 것이 나를 움직인다고 볼 수 있지 않을까. 현대 자본주의사회의 사람들이 이런 메커니즘, 이런 질서 속에서 움직이고 살아간다고 이해하고 있다.

내 삶을 돌이켜봐도 내 의지로 되는 일이 뭐가 있냐는 의문이 든다. 오늘 이 인터뷰 약속을 위해 나는 어제 하루 동안 〈연극in〉[2]에 실린 지난 인터뷰를 검색해보고, 연기에 대한 생각도 정리하며 시간을 보냈다. 이것은 나의 의지인가, 아니면 이 인터뷰 약속이 그렇게 만든 것인가. 현대사회에서는 주체가 세계를 변화시킨다기보다는 세계가 주체를 변화시킨다. 어쩌면 세계가 주체고 내가 대상일 수도 있겠다 싶을 정도로 우리는 세계에 의해 '되어진다'.

**김신록**  연기에서 '되어진다'는 것이 어떤 감각인지 이야기해보자.

**김석주**  나보다는 대상 쪽으로 에너지가 더 많이 가는 것, 나보다는 대상에 주의를 더 많이 내어주는 것이라고 생각한다. 내가 의지적으로 대상을 짚어가는 것이 아니라 대상들이 이끄는 대로 다음 단계로 넘어가는 것이다. 예를 들어 밧줄을 당긴다고 할 때, '내가 당기면' 내 몸에 주의가 머무른다. 그러면 관객은 내 몸이나 나의 의지를 보게 된다. 그런데 배우

---

[2] 서울문화재단 산하 서울연극센터에서 발행하는 연극 전문 웹진.
www.sfac.or.kr/theater/main.do

가 주의를 밧줄이라는 대상으로 다 옮겨내면 밧줄 저 끝까지, 밧줄 저 끝에 있는 돌까지 주의를 보내면 관객 역시 저 밧줄 끝까지, 어쩌면 밧줄 너머 극장 밖까지 감지하게 된다. 이 과정에서 배우의 몸은 그냥 '되어질' 뿐이다.

> **김신록** '물체 없는 행동 훈련'의 일환으로, '냉장고 문을 연다'를 수행한 적이 있다. 수행 단계에서 내 손에 닿는 손잡이의 느낌, 내가 느끼는 문의 무게감 등을 상상하거나 염두에 두면, 즉 '내 몸의 경험에 주의를 보내면', 냉장고를 만나내는 일이 아니라 문을 여는 것처럼 보이도록 내 몸을 조형하거나 내 손끝에서 감각을 발동시켜내는 데 에너지를 쓰게 됐던 것 같다.

**김석주** 반대로 내 몸이 아니라 냉장고에 더 많은 주의를 보내려고 했을 때, 이미 존재하고 있는 냉장고의 물리성에 반응할 때 의지가 덜 개입하고 우리 몸은 '자신도 모르게 되어진다'. 냉장고 문의 무게가 이미 작용으로 존재하고 나는 그 작용에 반작용할 뿐이다.

> **김신록** '자신도 모르게 되어진다'는 말이 흥미롭다. 요새 대학에서 무용·음악·영화 전공 학생들을 대상으로 연기 수업을 진행하고 있는데, 한 학생이 다각형의 자신의 좁은 방을 묘사하면서 자기도 모르게 한 손으로 목을 감싸 쥐고 있었다. 계획하지 않은 그 몸이 그 학생이 발화하고 있는 말의 내용과 그 말이 묘사하는 방과 지금 그 사람이 느끼고 있는 어떤 정서와 너무나 잘 매치된다고 느꼈다.

**김석주**  맞다. 배우가 자기만 아는 아주 개인적인 감각으로, 자신만의 아주 구체적인 몸의 경험으로 세계를 만나낼 때, 관객은 그것이 익숙한 연기 기호가 아님에도 불구하고 직관적으로 '맞다', '뭔지 알겠다'고 느낀다. 일종의 무의식 영역이라고도 할 수 있다.

다만, 무대에서 일어나는 일은 결코 즉흥이 아니라는 점을 짚고 갈 필요가 있겠다. 순차적으로 말해보자면, 배우는 대본 분석 단계에서 '인물이 만나는 세계의 배열을 설계'한다. 그리고 실행 단계에서 그 배열된 세계의 힘의 작용을 만난다. 매 공연은 스코어대로, 고정된 설계대로 진행된다. 다만 실행에서 중요한 것은 이 순간, 배우가 정말로 세계의 힘을 만나내느냐 하는 점이다. 힘의 작용을 정말로 만날 때 배우의 몸은 인물의 조형이나 상태를 표현하는 것이 아니라, 배우 자신도 모르는 상태로 되어진다. 그 몸을 통해 관객은 배우와 연결된, 혹은 배우가 설계한 인물과 연결된, 나아가 관객 자신과도 연결되어 있을지 모를 세계를 감지하게 된다. 반대로 반작용의 결과만을 재현하거나 되어지기보다 뭔가를 '표현'하려고 하는 순간, 나는 세계의 힘에 대한 '반작용자'에서 '작용자'로 바뀌어버린다. 이럴 때 배우는 기계적이 된다.

**김신록**  보통 '플랜'이라는 말을 많이 쓰는데 '설계'라고 표현하는 특별한 이유가 있나.

**김석주**  플랜은 일종의 '행동 계획표'인데, 우리 방법론에서는 해석 단계의 배우가 행동을 계획하는 대신 인물이 만나는 세계를 배치하고 조립하는 일을 한다. 배우는 장면의 풍경이나 인물의 삶을 드러내기에 적합한 외부 세계를 찾아내고 이를 배열해낸다. 우리는 이것을 '설계'라고 부른다. 마치 한 인물을 세우는, 한 사람의 삶의 구조를 세우는 건물 설계도와 같다. 인물은 캐릭터나 성격으로 규정되기보다는 그 사람이 만나는 세계의 총합으로 이해될 수 있기 때문이다.

**김신록** '인물은 캐릭터나 성격이 아니라, 그 사람이 만나는 세계의 총합'이라고 말했는데, 인물을 이렇게 이해하고 있나.

**김석주** 우리는 그 사람을 둘러싼 외부를 통해 그 사람을 추측할 뿐이다. 외부의 조합이 그 사람이기 때문이다. 그 사람 자체는 사실 없고 수많은 세계의 조합만 있을 뿐이다. 마치 모자이크처럼. 세계와 진짜 잘 만나지면 나는 사라지고 세계만 남는다. 설명하려니까 복잡하다…….

인물을 그냥 드라마적으로 해석하면 인물의 한 성격을 부각해서 그것만 밀고 나가기 쉽다. 혹은 검사·의사·교수 등 계층이나 직업에 대한 고정관념으로 캐릭터를 규정하기도 한다. 하지만 실생활에서 인간은 정말 다채롭다. 회사에서는 무뚝뚝하다가도 가정에서는 따뜻하기도 하고, 친구를 만나면 또 다르기도 하고. 어떤 외부 세계를, 어떤 외부의 힘을 배치하느냐에 따라 인물의 다채로운 모습이 나올 수 있다. 내게 인물을 연기한다는 것은 그 사람처럼 보이거나, 그 사람이 되는 것이 아니다. 오히려 '비어 있는 몸으로 인물이 만나는 세계의 배열을 드러내는 것'이다.

우리 극단에서는 '몸이 있다/없다'는 말을 쓰는데 사람, 배우는 온몸으로, 전면적으로 세계와 접속되어 있다. 몸으로, 감각으로 존재하지 않고 인물의 감정이나 심리만 드러내는 일은 인물을 총체적으로 보게 하기보다는 인물의 마음만 따라가게 하는 것 같다. 배우가 온몸으로 뭔가를 뚫고 나가면 관객의 몸이 반응한다. 그렇다고 감정이 없다는 건 아니다. 감정 역시 함께 소용돌이칠 수 있다.

> **김신록** 개인적으로는, 연기할 때 '주체는 없다'는 생각으로 접근하면 온통 외부의 자극에 휩싸이는 것 같다. '사로잡힌다'. 물론 현대인이 무언가에 사로잡힌 채 삶을 살고 있다고 해도 그 휩싸인 인간을 표현하는 것이 어딘가 마뜩잖았다. '세계의 노예'로서의 인간을 무대 위에 올려놓는 잔혹한 기분이랄까.

**김석주** 나는 지금 신록이 하는 말을 이해하려고 정신을 다 잡고, 눈을 똑바로 뜨고, 단단하게 생각을 이어가고 있다. 하지만 내가 의지적으로 신록의 말을 잘 들으려고 하는 것이라기보다는, 신록의 말이 나로 하여금 이렇게 이성적인 방식으로 대응하도록 만드는 것이다. 만나는 세계에 따라 더 명료해지거나 더 강해지기도 한다. 그저 휘청휘청하는 게 아니다. 세계의 힘과 격렬하게 맞서고, 받아들이는 모든 과정이 세계와 만나는 과정이라고 생각한다. 그것을 잘 인식하고 잘 만나내는 것이 무대에서 배우가 하는 일인 것 같다.

외부 때문에 움직이게 되고 외부 때문에 말하게 되면 주의가 다 외부로 나가 있어서, 관객은 결국 그 외부의 힘까지, 어쩌면 이 사회의 시스템과 이데올로기까지 볼 수 있게 된다. 무대 위에서 펼쳐지는 두 사람의 사적인 대화 속에서 관객이 권력관계, 힘의 관계, 사회적인 관계까지 읽어낼 수 있다면, 그 말 뒤의 이념·권력·정치·폭력 같은 것을 감지할 수 있다면, 물리적 세계를 넘어 전체 사회구조 안에서의 힘, 계급적인 힘을 느낄 수 있다면 좋겠다.

**김신록**  상당히 급진적인 비전인 것 같다. 관객이 우리 삶의 아주 바깥 테두리를 읽어내도록 하는 일이라는 점에서 그렇게 느껴진다.

**김석주**  급진적인가……. 우리는 말 그대로 수많은 욕망이 혼재된 현대사회 속에서 '우리가 무엇에 의해 이렇게 움직이고 있나'에 관해 묻고 있을 뿐이다. 어쩌면 지금 사회에서는 그 질문 자체가 정치적인 것이 될 수도 있겠다.

**김신록**  앞서 여러 차례 언급했던, '비어 있는 몸으로 인물이 만나는 세계의 배열을 드러내는 것'에 대해 부연해달라.

**김석주**  〈게공선〉|2015|을 공연했을 때, 바람·비·추위 등 나에게 밀려오는 세계들을 나열해놓고 그 세계의 작용을 만나내고자 했다. 하지만 '세계는 총체적으로 오는 것'이라서, 동시적으로 두세 가지가 나를 덮칠 수도 있다. 이 순간 나에게 밀려오는 것과 만나는, '세계를 향해 열려 있는 몸'이 중요하다. 세계는 서로 겹쳐 있고, 걸쳐 있고, '몸은 되어지는 것들의 연쇄 속에서 세계를 향해 열린다'. 온몸으로 세계를 만나내면서 총체적으로 가면 한 사람의 몸을 매체로 그 사람이 속한 세계와 이데올로기가 드러날 수도 있다고 생각한다.

이런 방식을 탐구하면서 몸에 대해 다시 고민하게 됐다. 근육·근력·유용성 등의 측면에서 긴장과 이완을 섬세하게 조직해내는 몸이 좋다고 생각했는데, 요새는 그런 몸은 수려하고 아름다울 수는 있지만 내가 고민하는 방식과는 맞지 않다는 생각이 들었다. 우리의 몸은 일상에서도 세계에 반응하기 때문에 세계를 드러내기 위해서는 그냥 그 사람 몸

그 자체여도 상관없을 것 같다는 생각이 든다. 오히려 '표현하려고 안달 나 있는 몸'은 세계를 받아들일 때 약간 가공하는 성향이 있는 것 같다. 어떤 면에서는 단점일 수도 있겠다는 생각이 들었다.

**김신록** '세계는 총체적으로 온다'는 말을 들으니, 일본 연출가 오카다 도시키岡田利規가 '이미지는 총체적이다'라고 했던 표현이 떠오른다. 그 연출가의 워크숍에 참여한 적이 있었는데, 참가자들에게 각자 자기 방을 설명해보라고 했다. 처음에 참가자들 대부분이 '문을 열고 들어가면 왼쪽에 뭐가 있고, 오른쪽에 뭐가 있고……'라고 설명했는데, 연출가가 방의 부분부분이 아닌 '방 전체에 대한 이미지를 총체적으로 떠올려라'라고 주문했다. 그리고 참가자들이 다시 방을 묘사하기 시작하자 객관적이고 순차적인 정보 이상의, 말하는 사람이 자신의 방에 대해 느끼는 혹은 그 방의 이미지를 통해 지금 자신이 느끼는 정서·기분·느낌 그리고 그 공간에 대한 개인적인 역사와 관점이 담긴 말하기가 가능해졌다. 아울러 그 말에 어울리는 아주 개성적이고 개인적인 몸의 제스처와 포스처가 살아나는 것을 경험했다.

**김석주** 인간은 총체적으로 존재한다는 것을 이해해야 한다. 그에 대한 인정이 필요하다. 결과적으로 모든 인간은 일상에서 비논리적이다. 무대에서 개연만을 연결해놓으면 사실 삶과는 다른 모습이 펼쳐진다. 격렬하게 세계를 만나기 위해서는 관념적으로 세계를 설정하는 것이 아니라, 배우를 발동시켜낼 수 있는 실제적이고 구체적인 세계를 찾아내는 것이 아주 중요하다. 무대에서는 모든 것을 물리적으로 환원해내야 한다. 나를 발동시킬 수 있는, 내가 아는 감각을 찾아내야 한다. 굉장히 사적으로 내가 이해한 감각 속에서 무엇이 되어지면 핍진성을 가지게 되는 것 같다. 관객 역시 그 감각이 뭔가 낯설지만 그럼에도 적확하다고 느끼게 되는 것이다. 낯설고 앞뒤 맥락이 안 맞는데 감각적으로는 동의가 되는 이상한 순간을 무대와 객석이 공유하게 된다.

그래서 이 방법론에서는 삶의 풍성한 경험이 중요한 것 같다. 예전에 나는 기술에 많이 의존하고 있어서 삶의 경험이 연기에 도움이 된다는 것을 그다지 신뢰하지 않았는데, 요새는 내 삶의 폭이 너무 좁은 탓에 내 경험 안에서 길어 올릴 수 있는 다채로운 감각에 한계가 있다는 생각이 든다. 한마디로 내가 몸으로 상상할 수 있는 게 좁다. 그러니까 아는 감각을 만나내기보다는 모르는 감각을 자꾸 흉내 내려 애쓰게 되고, 내가 아는 감각으로 설계를 못 하니까 내가 잘 발동이 안 될 때가 있다. 이럴 때는 무대에 오르기가 무섭다.

**김신록** '무대에서 개연만 연결해놓는 것은 삶과는 다른 모습'이라고 했다. 어떤 대안이 있나.

**김석주** 일상에서 우리를 관찰해보면 하나의 목표를 지향하는 게 아니라 가려우면 긁고, 잠시 딴생각도 했다가, 밖에서 소리 나면 보고, 어깨도 주무르고, 다시 이야기하는 등 여러 맥락의 결이 직조되어 있다. 삶에는 이런 돌발성이 있다. 배우는 한 사람이 만나는 외부 세계를 잘 직조해서 심리나 감정이 아니라 한 사람의 몸·의식·무의식의 저변을 만나냄으로써 한 인물의 삶을 무대에 세우는 일을 한다. 실행 단계에서 이 설계된 외부 세계를 하나하나 진짜로 만나지 못하면, 힘의 차이, 질감의 차이가 사라지면서 심리적 근거나 내적 정당성에만 매달리게 된다.

그러므로 실행 단계의 배우는 무대에서 '인물을 산다'기보다 '수행하는 감각'을 가져야 한다. 수행의 감각을 잃어버리는 순간, 배우는 감정이나 심리의 흐름을 타게 되기 쉽다. 그러면 비이성적이고, 이상하게 충돌하고, 다채롭고, 여러 결들이 중첩되어 있는 스코어가 그 차별성을 잃어버리고 하나의 선 안으로 수렴해버린다. 삶의 돌발성이 사라지고 심리적 개연, 논리적 개연만 타고 가게 되는 것이다. 배우는 강한 힘, 차가운 힘, 따뜻한 힘 등이 변모하는 외부에 매 순간 자신을 내맡기고 가야 한다.

**김신록** '수행의 감각'에 대해 더 이야기해보자. 앞서 '격렬하게 세계를 만난다'는 표현도 썼는데 이 역시 수행의 감각이 있을 때 가능하리라는 생각이 든다.

**김석주** 격렬하게 세계를 만날수록 연기는 가벼워진다. 그러기 위해서는 수행의 감각이 필요하다. 분석 단계에서 충실한 설계도를 만들고, 실행 단계에서는 설계도에 배치된 세계 하나하나를 애쓰지 않고, 비어 있는 몸으로 무심하게 만나내는 것이다. 그러면 몸의 조형, 리듬과 템포, 감정 등은 그 결과가 되어진다. 무대에서 배우는 자칫 잘못하면 세계를 만나는 게 아니라 결과를 짚어가는 일을 하게 된다. 그러면 배우는 기계와 같아진다. 결과로 빠지는 것이 아니라, 심리적인 흐름을 타고 가는 것이 아니라, 설계된 세계 하나하나와 집요하고 격렬하게 만나내는 것이 중요하다. 그럴수록 배우는 자유로워지고 관객은 배우 너머를 보게 된다. 어쩌면 이것은 구도와 같다.

## 그걸 해보고 싶어

'되어진다'는 표현은 제게 'Acting is doing'이라는
전통적인 연기의 명제, 즉 '액션한다'로 정의되는
능동의 연기론에 대한 짜릿한 전복이었습니다.
'주고받고'라는 단선적인 능동/수동의 연기론이 아닌,
총체적인 외부 세계의 에너지와 물성이
의도 너머에서 덮쳐온다는 피동으로서의 연기론은
'나'에 대한 집중과 자의식으로부터
저를 해방시켜주었습니다.
그러나 시간이 지날수록 '나와 외부'를 분리하는
방식에 대한 한계와 의문을 느꼈고,
팬데믹을 헤쳐나가던 2022년 초, 극단 '동'과 함께했던
생태연극 스터디 혹은 리서치에 참여한 것을 계기로
지금은 주체와 대상의 경계가 모호한,
나와 외부라는 것이 따로 존재하지 않는,

2022.4.27.

| A | 3 |

| S | 2 |

모든 것이 범벅으로 뒤섞인 미생물의 세계를
상상하고 있습니다. 사실 지금이야 '내가 어떤 세계를
상상하고 있구나' 어렴풋이나마 더듬을 수 있지만
스터디를 하던 당시에는 저도, 극단 '동' 단원들도,
강량원 연출가도 김석주 배우도, 모두 약간은 멘붕 상태였던
것 같습니다. 스터디 구성원들 사이에는 지난 시절의
세계에 대한 이해, 연기에 대한 접근 방법이
모두 낡고 틀렸다는 감각이 지배적이었습니다.
마치 지구가 네모난 줄 알았던 사람들이 느낀 충격과
절망이 이러했을까 싶었습니다.
2022년 4월 27일에 다시 만난 김석주 배우는
지구가 네모가 아니라면 도대체 어떤 모양일까,
지구가 네모가 아니라면 도대체 어떻게 연기하고 어떻게
살아야 할까를 고민하는 사람처럼 보였습니다.

**김석주**  올해가 2022년이니까, 2006년에 극단에 들어간 후로 16년 만에 외부 작업을 하는 거거든. 사실 이런저런 이유로 올 한 해 극단이 안식년을 갖기로 했어. 번아웃은 아니지만 계속 똑같은 방식으로 반복하는 데 좀 한계가 오기도 했고……. "1년 쉬겠습니다" 했는데, 마침 다른 곳에서 연락이 와서 외부 작업을 하게 됐지.[3] 작업하면서 든 생각은 '대학로에 똑똑한 사람 진짜 많다!'는 거야. 16년 만에 외부 작업을 해보니까 내가 너무 말을 못 알아듣더라고.

강량원 선생님이 공연 보러 오신 날엔 대상이고 뭐고 다 놓치고, 무슨 정신으로 공연했는지 모르겠어. 선생님이 책을 한 권 주고 가셨는데, 집에 가서 보니까 포스트잇이 하나 붙어 있더라고. "석주야, 니 공연 보러 간다는 생각에 아침부터 설렜다." 그 문장 읽고 책 내려놓고 한참을 울었잖아.

8월에는 태용이 형이랑 은숙 누나[4]랑 공연 한 편 만들어보자고 했고, 겨울에는 금배섭이랑 무용 공연 하나 더 하기로 해서 그거 할 거고…….

요즘 연기적인 화두? 음……. 재현은 어떤 상이 있는 거잖아. 그 반대에는 잘 만들어진 이상향으로서의 상 없이, 그냥 어떤 존재가 되고 그 자체를 겪어내는 일이 있는 것 같아. 그걸 해보고 싶어.

---

[3] 인터뷰 당시 김석주 배우는 극단 '돌파구'의 〈순교〉(2022) 공연에 출연 중이었다.
[4] 극단 '동'의 최태용과 유은숙 배우. 2022년 8월 김석주 배우는 〈들뜬〉이라는 2인극을 연출해 무대에 올렸고 극단 '동'의 최태용, 김정아 배우가 연기했다.

석영

스즈키 다다시가 연출한 〈엘렉트라〉(2008)에 배우로 참여하며 스즈키 트레이닝에 해당하는 구체적인 훈련을 했다. 〈이광수의 꿈, 그리고 꽃〉(2021) 등으로 무대에 섰다.

| A |
|---|
| 4 |

나만의
드라마를 따라,
플라스틱
리버

2019.6.13.

지금 머릿속에 떠도는 많은 생각 혹은 이미지 중에서
하나를 잡아 의식의 흐름을 좇아가보세요.
혹시 생각이 다른 곳으로 점프한다면
그 새로운 이미지나 생각을 따라가보세요.
혹시 방금 눈동자를 움직이셨나요?
미간을 찌푸리셨나요? 아니면 다른 어떤 방식으로라도
의식의 흐름에 따라 몸의 세부가 움직였나요?
의식과 몸이 서로에게 깃들어 함께 흐르고
있지는 않았나요? 한성대입구역 근처에서
3년째 연습실을 운영하며 훈련을 이어가고 있는
김석영 배우를 만나 '몸과 의식의 흐름'에 관해
이야기를 나누어보았습니다.

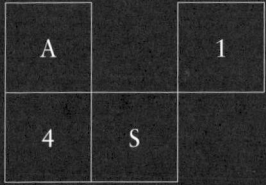

**김신록** 2016년부터 연습실을 운영하며 3년 동안 주 5일 두 시간씩 훈련을 이어왔다고 알고 있다. 어떤 계기로 시작하게 됐나.

**김석영** 2008년에 스즈키 다다시가 연출한 〈엘렉트라〉에 배우로 참여하면서, 일본의 도가 연극촌에 가서 두 달 가까이 체류했다. 당시 배우들이 매일 아침 9시부터 12시까지 흔히 말하는 '스즈키 트레이닝'을 하고, 오후에는 리허설이나 다른 업무를 봤다. 굉장히 충격을 받았다. 우리나라 배우나 극단들은 왜 훈련을 안 할까, 왜 이런 특화된 방법론이나 문화를 가지고 있는 개인이나 단체가 없을까, 라는 의문이 들었다. 그때 매일 아침 훈련을 하면서 구체적인 훈련 프로그램도 경험하고, 매일 훈련하는 것의 유용성 같은 것도 느꼈다. 한국에 돌아와서 〈신체감각 개발 훈련을 통한 배우의 '말할 수 있는 상태' 구축과정 연구: 스즈키 메소드Suzuki Method를 활용하여〉라는 실기 논문도 썼다. 이후 나도 나서서 지속적으로 훈련하는 문화를 만들고 싶었고, 이런 방식으로 동료들을 만나 작업도 하고 싶었다. 3년 가까이 해오고 있는데 아직 그룹을 만들지는 못했다. 함께 훈련하는 사람들이 들쭉날쭉한다.

**김신록** 그때 경험한 스즈키 트레이닝을 훈련에 이용하고 있나.

**김석영** 스즈키 트레이닝의 일부와 그로토프스키 트레이닝 중 플라스티크를 이용한다. 스즈키 극단의 경우, 훈련에서 익히는 움직임의 형태가 그대로 공연 양식으로 이어지지만, 나의 경우는 그걸 원하는 게 아니기 때문에 스즈키 트레이닝의 일부만 필요에 따라 이용하고 있다. 예를 들면, 스탬핑 stamping 혹은 stomping을 이용한다. 스탬핑 역시 그 폼 자체가 중요하기보다는 스탬핑을 끝냈을 때 내 몸 안에서 흐르는 에너지의 흐름을 중시한다. 어디로든 갈 수 있는 '장전된 총알과 같은 상태' 역시 스탬핑을 통해 얻을 수 있는 중요한 감각이다. 거기에 연기의 시작점이 있다고 생각한다. 어디론가 갈 수 있는 어떤 기분 같은 것이 내 몸에 찾아온다. 스즈키의 경우는 그 훈련 자체를 공연에 이용하지만 나는 오히려 그 훈련 후에 찾아오는 몸의 자유, 변용 능력을 위해 스즈키 훈련을 이용한다고 할 수 있다. 플라스티크의 경우는 '조형과 의식의 흐름'을 훈련하는 데 유용하다. 스즈키 트레이닝이 고정된 형식을 익히는 데서 출발한다면 플라스티크는 지금 자신의 마음이 시키는 대로 몸의 흐름과 의식을 함께 탐구하는 것이다. 그럼에도 불구하고 최근에는 두 훈련법이 자연스럽게 서로 연결되는 것 같다. 결국 둘 다 '쪼그려 앉아 있는 몸에 어떤 충동이 오고 그래서 어디로 가느냐'의 문제다.

**김신록** 2000년대 이후로 스즈키와 한국 연극계가 긴밀히 교류하면서 짧든 길든 제법 많은 한국 배우들이 스즈키 트레이닝을 경험한 것으로 알고 있다. 또 미국의 시티 컴퍼니 SITI Company에서도 스즈키 트레이닝으로 워크숍을 하고 있고 이 워크숍에 참여한 배우들도 점점 늘고 있다. 이 배우들을 주축으로 국내에서 열리는 스즈키 트레이닝 워크숍이 종종 있다. 그에 비해 플라스티크를 훈련해봤다는 배우는 만난 적이 없다. 나 역시 책에서만 접했다. 어떤 계기로 접하게 됐나.

**김석영** 플라스티크의 경우, 칼아츠CalArts, California Institute of the Arts에서 유학하고 온 동료를 통해 그 학교 학생들의 필독서라는 《마음의 곡예사An Acrobat of the Heart: A Physical Approach to Acting Inspired by the Work of Jerzy Grotowski》| Stephen Wangh, 2000 |를 소개받고, 함께 스터디를 했다. 그 책에 보면 플라스티크에 대한 방법론이 세세히 묘사되어 있다. 1967년에 그로토프스키가 NYU 대학원생들을 대상으로 워크숍을 했는데, 그 워크숍 참여 학생이자 콘스탄틴 스타니슬랍스키에 경도되어 있던 스테판 웽이 충격을 받고 그로토프스키의 방법론을 탐구하기 시작했다고 한다. 후에 그가 그로토프스키를 기반으로 자신이 발전시킨 훈련들을 정리해 책을 썼는데, 나는 그 책을 본 거다. 그러니까 내가 훈련하는 방법이 그로토프스키와 같다는 혹은 스테판 웽의 것과 같다는 보장은 없다. 그냥 책을 통해 내가 이해한 대로 훈련해보고 있는 거다.

**김신록** 그로토프스키의 플라스티크 훈련의 경우 국내에는 '조형 훈련'이라고 번역되는 경우가 많다. 본인이 훈련하고 있는 플라스티크는 어떤 방식이고 어떤 효용이 있는가.

**김석영** 일단, 이것은 내가 이해한 방식이기 때문에 그로토프스키의 원전과 얼마나 가까운지 혹은 얼마나 멀어져 있는지는 보장할 수 없다. 다만 내가 훈련하는 방식을 소개해보겠다. '의식이 담겨 있는 모든 움직임의 형태'를 플라스티크라고 한다. 신체의 모든 부분은 신체 조형에 기여하기 때문에 처음에는 신체의 부분 부분을 나눠서 신체 부위별로 '조형과 의식의 연결'을 실험한다. 이를 '플라스티크 아이솔레이션isolation'이라고 한다. 눈꺼풀 혹은 눈동자에서 출발해서

코, 귀, 입, 고개, 목, 어깨, 팔, 손가락, 척추, 다리, 발가락까지, 이름 붙일 수 있는 모든 신체 부위를 각각 조형하면서 그 세부적인 조형에 어떤 의식이 깃드는지 경험하고 관찰하는 것이다.

**김신록**  '의식'을 어떻게 정의하는가.

**김석영**  내적으로 일어나는 모든 작용을 의식에 포함시킬 수 있을 것 같다. 상상과 이미지와 생각, 충동, 정서, 기분, 해석, 호르몬의 작용, 화학작용 등이 될 수 있겠다.

**김신록**  훈련의 예를 들어줄 수 있나.

**김석영**  예를 들어, 지금 내가 눈동자를 오른쪽 끝까지 보냈더니 내 오른쪽에 있는 커피 컵이 눈에 들어온다. 곧이어 저 커피가 마시고 싶다는 생각이 들어온다. 커피의 맛, 향기도 느껴진다. 그런데 여기서 턱을 반대쪽으로 살짝 당기면, 그 반대 방향이 주는 에너지로 인해서, 커피는 마시고 싶지만 마실 수 없는 상황이라거나 마시면 안 된다는 해석이 내게 생겨난다. 여기에 다른 신체 부위 활동을 계속 추가할 수도 있다.

**김신록**  추가해보자. 예를 들면 가슴.

**김석영**  내가 어느 쪽으로 가슴을 움직이면 좋겠는가. 제시해보라.

**김신록**  글쎄. 뒤쪽으로 당겨보자.

**김석영** 눈동자를 오른쪽 끝까지 보내고, 턱을 왼쪽으로 살짝 보낸 상태에서 가슴을 뒤로 살짝 당기니까 순간 장난스러운 기분이 들어온다. 저걸 마시면 안 되는데 마실까? 말까? 장난스러운 느낌. 심지어 나는 계획에도 없이 혀를 낼름 내밀게 됐다. 이처럼 조형은 의식을 불러오고 의식의 흐름은 다시 |날름거리는 혀와 같은| 몸을 불러온다. 이렇게 조형과 의식의 흐름을 계속 따라가면서 훈련하는 것을 '플라스틱 리버river'라고 한다.

**김신록** 스타니슬랍스키의 제자 소냐 무어가 심리신체적 행동에 대해 설명하면서 '모든 근육에는 일대일로 연결된 감정이 있다'는 표현을 썼던 것과 연결할 수도 있겠다.

**김석영** 사실 나는 감정이라는 단어를 될 수 있으면 쓰지 않으려고 한다. 감정보다는 '정서'나 '의식'이라고 표현하고 싶다.

**김신록** 위 예시에서 눈동자와 턱과 가슴 등 신체 각 부위가 각각 다른 방향으로 향하는 것이 흥미롭다. 《가난한 연극》|그로토프스키, 고승길 옮김, 교보문고, 1987| 이라는 번역서에도 조형 훈련에 대한 소개가 간단히 나와 있는데, 거기 보면 '역향적인 동작'에 대한 지시가 계속 나온다. 말 그대로 서로 어긋나는 방향으로 신체를 운용하는 방식인데 예를 들면, '머리는 오른쪽으로, 척추는 왼쪽으로, 엉덩이는 오른쪽으로, 허벅지는 왼쪽으로, 발목은 오른쪽으로 각각 회전한다' 이런 식이다. 어깨와 팔과 손목과 손가락을 각각 다른 방향으로 움직이는 흑백의 훈련 영상을 봤던 기

억도 떠오른다. 조금 전에 플라스티크를 설명하면서도 눈동자, 턱, 가슴을 모두 다른 방향으로 움직였는데 이렇게 '역향적인' 동작을 훈련하는 이유가 있나.

**김석영** 일종의 저항, '애씀'을 훈련하기 위함 같다. 어느 책에선가 '저항이 곧 표현이다'라는 문장을 읽은 적이 있다. 저항이 뭘까. 너와 내가 마주 앉아 있는 것, 맞대고 앉아 있는 것 역시 저항일 수 있다. 내 몸과 마음 사이에도 저항이 있을 수 있지 않나. 저항하기 위해서는 에너지를 써야 하고, 이 저항, 애씀, 에너지의 낭비를 통해 표현이 발현된다. 드라마가 생겨난다.

**김신록** 언젠가 워크숍에서 만난 세르게이 코발예비치라는 러시아 연출가가 '문제가 있는 곳에 예술이 있다'고 말했는데, 상통하는 부분이 있는 것 같다. 이 '애씀'을 통해 무엇을 탐구하고 있나.

**김석영** '나만의 드라마를 쓰는 것'이 화두다. 플라스티크 리버 훈련을 통해 '의식과 몸의 연결을 계속 따라가다' 보면, 나만의 드라마가 만들어지는 것을 경험하고 훈련할 수 있다. 대본을 받으면 대본을 따라가기 바쁜데, 대본을 따라가는 게 아니라 내 몸과 마음에 이는 것에 대본을 가져올 수는 없을까. '텍스트를 어떻게 몸으로 끌어당길 수 있을까.' 순간순간 내가 해석하는 방향으로 텍스트의 방향을 틀 수도 있다. 결국 텍스트에 제시된 드라마가 아니라 내 몸으로 끌어들인 나만의 드라마를 쓰는 것이다.

**김신록** '의식과 몸의 연결을 계속 따라가다'라는 표현에 대해 부연해달라.

**김석영**  우리 머릿속에는 수없이 많은 생각의 줄기가 있다. 이것을 이미지라고 하자. 이 이미지 하나만 계속 따라가보자. 그것이 나에게 어떤 사유를 가져다주는지 의식의 흐름을 따라가보는 거다. 의식은 감각을, 행위를 동반한다. 흐를 수 있을 때까지 흘러가보자. 그러다 다른 생각의 줄기를 만나면 또 그것을 따라간다. 이미지는 파생되고 파생된다. 논리적이지 않아도 된다. 흐름이 끊이지 않게 된다.

**김신록**  여기 있는 자몽주스를 따라가보겠다. 그제 분장실에서 분장 선생님이 시원한 자몽에이드를 마시고 있었는데, 그게 너무 시원하고 신선해 보여서 한 모금만 달라고 해서 마셔봤다. 너무 상큼해서 어디서 샀냐고 했더니, 요 앞 카페에서 샀다며 거기 가면 자몽 하나를 그 자리에서 짜서 에이드를 만들어준다고 했다. 어제 연습실 가는 길에 다른 카페에서 자몽에이드를 시켰는데 자몽청에 사이다를 섞었는지 인공적인 맛이 나고 너무 맛이 없어서 버리고 싶었는데 그냥 다 마셨다. 대실패. 오늘도 여기 인터뷰하러 오면서 근처 카페에서 이 자몽주스를 사왔는데 이건 그냥 그렇다.

**김석영**  방금 자몽주스를 따라가면서 지었던 표정, 말했던 입 모양, 손의 제스처, 몸의 포즈 등 그 모든 것이 방금 따라갔던 그 의식과 연결된 몸의 조형이다. 그 의식과 몸의 조형 안에는, 자몽주스의 맛, 향기, 마셨을 때의 기분 같은 것들이 다 포함되어 있다. 그리고 의식을 따라가다가 어느 순간에는 몸으로 집중이 넘어가서 몸을 따라갈 수도 있다. 예를 들어 의식을 따라가다가 어느 부분에서 내 눈동자가 움직이는 걸 인식했다면, 이번에는 눈동자의 움직임을 따라가는 식으로 역으로 의식이 몸을 따라갈 수도 있는 거다. 그러다가 다시 눈동자의 움직임이 어떤 충동, 정서, 사유, 이미지 등을 불러오면 다시 의식을 따라가기도 한다. 사실 이것은 아주 동시적이다.

**김신록** 그로토프스키가 말한 '몸-기억body-memory'이 이런 것이었을까. 방금 짧은 순간에 3일 치 자몽 주스 다 마신 기분이다. |웃음| 아까 '텍스트를 몸으로 끌어당긴다'는 표현도 썼는데 거기에 대해서도 부연해달라.

**김석영** 내 몸에 명칭이 붙어 있는 부분들에 상상의 끈을 매달아보자. 각 부위를 당기면 거기서 사건이 벌어지고 있는 거다. 신체 각 부위에 매달린 욕망들이 충돌하고 있는 거다. 그 욕망을, 그 사건을 뭐라고 해석할까. 텍스트에서 그런 걸 읽어내는 거다. 드라마란 무엇인가. 연극에서 드라마란 단순히 서사가 아니라고 생각한다. 나에게 드라마란 무엇인가. '배우의 몸 안에 있는 드라마'를 어떻게 구성해내고 드러내야 하는가. 이것이 내 화두다.

**김신록** '배우의 몸 안에 있는 드라마'가 뭘까. 텍스트가 있는 이런 장면을 예로 들어보자. 요새 공연하고 있는 〈녹천에는 똥이 많다〉|2019|의 한 장면이다. 아내가 아침에 출근하는 남편에게 넥타이를 매주면서, 남편이 어젯밤에 사전 통보도 없이 데리고 들어

온 시동생이 날이 밝았는데도 왜 갈 생각을 하지 않느냐고 묻는 장면이다.

"도대체 저 작은 방에 있는 사람 누구야?"
"누구긴 누구야 내 동생이라니까."
"그런데 저 사람이 왜 우리 집에 와 있어?"
"동생이 형 집에 오는데 이유가 필요한가?"
"그래, 그건 그렇다고 쳐. 근데 저 사람 우리 집에 완전히 눌어붙으러 온 거 아니지?"
"눌어붙다니 무슨 말을 그렇게 해? 나 늦었어.
 가봐야 해."
"날이 밝았는데 왜 갈 생각을 안 하고 저러고 있는데."
"듣겠어. 왜 큰 소리를 내고 그래."
"들으라지 뭐."

**김석영** 넥타이를 매주고 있으니, 화난 것을 완전히 드러내고 싶은 건 아닐 것이다. 그러면서도 원하는 것은 시동생이 이 집을 나가는 것이다. 그렇다면 나의 의식 저편에는 시동생을 밀어내고 있는 내가 있다. 그것을 몸과 연결해보자. 나는 남편을 마주 보고 넥타이를 매주고 있다. 넥타이를 매주는 손에 밀어냄이라는 애씀을 집어넣는다면 어떨까? 눈과 턱으로는 남편을 바라보면서 역시 밀어냄이라는 저항의 에너지를 담을 수도 있다. 그리고 등으로는 다른 방에 있는 시동생을 밀어낼 수도 있겠다. 그런 식으로 눈, 코, 귀, 턱, 목, 어깨, 팔, 손, 가슴, 등, 허리, 골반, 허벅지, 무릎, 발 등 신체 각 부위에 각기 다른 끈을 매달아 그것을 당기는 애씀에 동반되는 의식으로 연결할 수 있을 것이다. 우리의 의식은 모두 몸과 연결되어 있고 형태가 없어 보이는 의식도 몸과 만나면 결국 형태 혹은 뉘앙스를 갖게 된다.

**김신록** 《배우훈련》|앨리슨 호지 엮음, 김민채 옮김, 동인, 2017| 중 〈그로토프스키의 배우를 향한 비전〉에 등장하는 다음 문장을 인용하고 싶다. "많은 연출가와 배우가 행하는 실수는 움직임의 상황에서 단순히 나타나는 작은 행동들의 모든 순환|행동들, 반응들, 접촉의 지점들 points of contact| 대신 움직임만을 결정하려 한다는 것입니다."

# 망한 이야기,
# 마음의 곡예사

이 인터뷰를 하고 난 후 실제로 공연에서
인용 장면을 연기하면서 등으로는
작은 방의 시동생을 밀어내고 손으로는
남편 목이 졸릴 정도로 넥타이 매듭을 힘껏 밀어
올렸던 기억이 남니다. 카페에서 이 글을
다시 읽고 있는 지금도 눈을 굴려 오른쪽의
커피잔을 보고 턱을 반대로 보내보고
가슴을 뒤로 밀어내면서 내 몸의 조형에 어떤 의식이
깃드는지 따라가보았습니다. 구체적인 방법론은
언제나 실천 가능한 힘이 있습니다.
2022년 4월 25일에 다시 만난 김석영 배우는
'망했지만' 또 다른 실천을 통해 새로운 힘을
길러내고 있었습니다.

2022.4.25.

| A | 2 |
|---|---|
| 4 | S |

**김석영** 논문을 괜히 쓴 것 같아. 논문을 쓰지 말았어야 했어. 논문을 안 썼으면 연기를 계속했을 것 같아. 근데 논문을 쓰고 생각이 달라진 거야. 몸에 대한 탐구가 계속 이어지면서 《마음의 곡예사》를 만난 거야. 내가 논문에서 완결 짓지 못한 부분이 있는데 그 부분에 대한 해결책을 제시해주는 이 책을 발견한 거지.

이걸 계속 탐구해야겠다, 그렇다면 내 공간이 필요하겠다 싶어서 공간을 마련했지. 할 거면 제대로, 안 할 거면 말자 싶어서 제대로 투자해서 연습실 시설을 빵빵하게 만들고 마루 깔고 벽체도 붙였어. 연습실치고는 굉장히 비싼 사용료를 내면서도 거기서 수익을 얻으리라는 생각은 전혀 하지 않았어. '이 공간은 내 작업 공간이고 내가 생각하는 개념을 펼칠 수 있는 공간이다.' 사람이 많이 모이든 그렇지 않든 나한테 중요하지 않았어. 매일매일 훈련할 수 있는 인원만 있으면 되니까 최소 세 명 데리고도 훈련을 해봤어. 근데 문제는 이 친구들이 금방 나가떨어져. 아직 자신이 발견하지 못한 부분들이 굉장히 많은데, 훈련 단계마다 하루아침에 바로 '오케이 이거야'라고 알게 되는 게 아니잖아, 그러다 보니 오래 버텨야 6개월이더라고. 제일 오래 한 친구가 한 3년이었는데, 하여튼……. 그래도 그때는 되게 재밌었어. 그렇게 한 게 너무나 행복했으니 그게 내 정체성이었던 거야. 그 공간 자체가, 배우도장이라는 공간 자체가 나한테는 정체성이었어.

근데 왜 망했냐면, 내 열정이 점점 떨어지더라고. 밤에 알바하고, 음식물쓰레기차 모니까 몸은 죽어나가지, 따로 집도 없고 연습실에서 먹고 자니까 누가 대관하면 나가 있어야지. 그러다 진짜 한순간 흔들리기 시작하더라고, 그냥 하루아침에. 어느 날 자고 딱 일어났는데, '내가 이걸 왜 하고 있지?', '난 지금 여기서 뭐 하고 있지?', 내가 사람들한테 얼마만큼의 연기적인 가르침을 준다고 여기서 혼자 고생하고 스트레스 받고 이러고 있나 싶었어. 그래서 점사를 한번 치고 싶었어. 그때까지 한 번도 점을 본 적이 없었거든.

　　　근데 막상 점집에 가려니까 자신이 없는 거야. 그런 공간에 가는 것도 쪽팔린 거야. 한 번도 가본 적 없고 믿어본 적도 없고. 그런데, 진짜 내가 너무, 힘들었나 봐. 찾아갔어. 5만 원 내고. 누구한테 그만두라는 이야기를 듣고 싶었나 봐. 안 그러면 내가 계속 부여잡고 있을 테니까. 힘겹게, 끙끙거리면서. 근데 점쟁이가 나한테, 그만두래. 이건 아니래. 그럼 저는 이제 정읍으로 내려가야 합니까, 그랬더니, 아니 너는 이쪽 일을 계속할 거래. 하지만 지금 이건 밑 빠진 독에 물 붓기야, 그만둬 그러더라고. 나는 그 말을 정말 듣고 싶었나 봐. 듣고 나니 마음이 되게 편해지는 거야. 그래서 진짜 바로 실행했어. 그게 12월이었어. 1월 월세 나가기 전에 딱 12월 31일에 거기를 뺐어. 그게 2019년 12월이니까 그러고 나서 코로나가 막 터졌던 거지. 내가 계속 잡고 있었어도 안 됐던 거야. 할 수가 없었던 거야. 그렇게 접고 나서 너무 마음 편하게 3개월 동안 그냥 놀았어. 너무 행복한 거야. 그러다가 '아, 내가 마무리 짓지 못한 일이 있구나' 싶었지.

　　　그게 이 책이었던 것 같아. 영어로 쓰인 책이니까 나를 위해서라도 이 책을 번역하고 싶었어. 앞으로 어떤 수업을 하게 될지는 잘 모르겠지만, 나를 위해서 내가 보기 위해, 다른 사람들에게 설명해주기 위해 번역을 해야겠다 생각했어. 그리고 이제 막 끝낸 거야 번역을, 겨우.

　　　망한 이야기 재밌습니까? 하하하. 친구한테도 이 얘기는 털어놓지 못했어. 자존심 상하니까. 근데 이제 이렇게 책에 실리겠네? 하하하.

# 김은한

1인 극장 매머드머메이드/불가 명의로 서울프린지페스티벌,
신촌극장 등에서 신작 연극을 발표하고 있다. 낯선 즐거움을 만나고 싶은
관객을 위한 엔터테인먼트를 만든다.

A

5

## 뿌리까지 씹어 먹는 식이요법

이 글을 읽는 독자님, 빌 클린턴, 마돈나, 톰 크루즈 등 해외 셀럽들이 실천하는 자연 식이요법으로 알려진 매크로바이오틱 macrobiotic[1]을 아시나요? 이 용어는 '보다 큰 시야로 생명을 바라보는 방식'으로 확장되어 이해되기도 하는데요. '매머드머메이드'라는 1인 극단에서 활동하고 있는 김은한 배우를 만나 '매크로바이오틱'을 연기적으로 어떻게 이해하고 있는지 들어봤습니다.

2019.7.25.

|  | A | S |
|---|---|---|
| 5 | 1 |  |

**김신록**  신촌극장에서 〈성 알마의 비즉흥극 리믹스〉|2019| 공연을 하고 난 후에 본인이 연기를 대하는 태도 혹은 연기 접근법을 '뿌리까지 씹어 먹는 식이요법, 매크로바이오틱'[1]에 비유한 적이 있었잖아요.

**김은한**  아! 저는 단순히 나한테는 있는데 남들이 버리는 걸 생각하는 거죠. 나한테 뭐가 있나, 내가 뭘 가지고 있나, 남들이 뭘 버리는가를 보고 그런 걸 다 가져오면 좋지 않을까 생각했어요. '양손프로젝트'의 〈죽음과 소녀〉|2012| 공연에서 양조아 배우가 실수는 아닌 것 같은데, 사레가 들렸는지 아무튼 공연 중에 이상한 호흡을 한번 하는 거예요. 쿨럭쿨럭. 근데 그게 그 순간에 너무 절묘했어요. 이게 실수인가 아닌가 생각하다가 문득 깨달았죠. '아! 버릴 게 아무것도 없구나. 저 호흡마저 쓸모가 있구나.' 매크로바이오틱은 재료를 잎·뿌리·껍질까지 남김없이 다 먹는 거라고 하잖아요. 연기에, 작업에 그런 방식을 잘 쓸 수 있으면 좋겠다고 생각했어요. 예를 들면 최근 작품들이 신체성을 강조하니까, 저는 반대로 몸을 안 쓰고 말로 하는 게 제 경쟁력이랄까 블루오션이랄까 그렇게 생각하는 거죠. 실은 스스로 부족하다 느끼는 부분에서 도망쳐서 도달한 어떤 지점이 있거든요. 저도 신

---

[1] macro(큰) + bio(생명) + tic(기술, 학문)의 합성어로, 건강을 위한 식생활법, 식이요법 또는 식사를 뜻한다. 씨앗·뿌리·줄기·잎·열매·껍질 등 식재료 모두를 먹는 일물전체(一物全體), 음과 양의 균형을 이루는 식사법을 지향하는 음양조화(陰陽調和), 태어나고 자란 땅과 그곳의 계절에 맞게 수확된 채소·과일·곡식 등을 먹는다는 신토불이, 자연생활 등을 원칙으로 삼는다.

록 배우, '양손프로젝트' 좋아해요. 연극인들이 좋아하는 연극인, 군더더기 없다, 빈틈없다, 이런 이야기들 하잖아요? 그래서 동경하고 스타일을 모방하고……. 그런데 그런다고 거기 도달할 수 있는 건 아니잖아요. 제가 손상규 배우가 될 수는 없어요. 그래서 도달하지 못할 바에는 다른 걸 찾아보자고 했던 거죠. 비슷한 맥락에서, 많은 공연이 앙상블에 중점을 두면서 창작자와 관객에게 흥미로운 지점을 찾는 와중에, 전반대로 관객을 지루하게 만드는 포인트를 찾는 거예요. 일단 앙상블을 만든다고 다 합을 맞추는 것이 과연 옳은 방향인지도 모르겠고, 특수부대처럼 모든 게 연결되고 일사불란한 것보다 고립되고 어설픈 게 제 작품의 메인이 되면 재미있겠다고 생각하는 거죠. 이런 작업은 흔치 않으니까요. 물론 혼자 작업을 하니까 가능한 것이긴 하겠지만요.

**김신록** 합의된 미감이 아닌 새로운 미감을 발견하는 일은 중요하죠. 그런데 이게 그냥 '하지 않음', '어설픔'에 머물지 않고 퀄리티를 확보할 수 있으려면 무엇이 담보되어야 할까요?

**김은한** 저는 기본적으로 메타픽션이나 메타연극을 좋아하지만, 그 시도가 성공하려면 관객들에게 즐겁게 다가가야 한다고 생각해요. '관객들이 재미있어 할 거야!'라는 관점에서 작업을 하고 있어요. 잘하는 배우들은 절대 틀리지 않아요. 흐트러지지 않아요. 그런데 훈련이나 추구하는 것들이 완벽하게 갖춰진 채로 무대에 오를 때 느껴지는 즐거움도 있겠지만, 배우가 무대에서 틀리거나 무너지는 지점을 관객들이 재미있어 하지 않을까 생각했어요. 웃음을 줄 수 있지 않을까. 그런데 이 웃음이 상업극에서 보여주는 웃음과는 다른 방향

의 웃음, 다른 방향의 즐거움이면 좋겠다고 생각해요. 남산 서치라이트에서 〈구구구절절절하다〉|2019|를 공연할 때도 얘기한 게, '무대와 관객이 함께 훈련되어야 한다'는 것이었어요. 코미디 연극을 한다고 할 때, 공연자도 관객도 코미디의 방식을 협소하게 이해하고 있다는 생각이 들어요. 어린 시절의 경험이 우리의 웃음 취향을 결정해버린 거죠. 〈개그콘서트〉나 〈웃찾사〉, 지금은 넷플릭스의 스탠드업 등으로 분화되고는 있지만……. 조심스럽게 말하자면, 잘 훈련된 배우들이 이런 '개콘식 콩트'의 전통을 재현하고 싶어 안달 낼 때 아쉬워요. 우리가 만들어낼 수 있는 다양한 방식의 웃음이 있을 텐데……. 창작자도 관객도 웃음에 대한 취향, 코미디의 영역을 확장해야 한다고 생각해요. 확장할 수 있는 방식을 찾아야죠.

**김신록** 일본의 만담 같은 것에서 새로운 웃음의 방식이나 소스를 찾고 있는 건가요?

**김은한** 일본의 만담이나 라쿠고라는 전통에서 영향을 많이 받았어요. 일본에는 '슈르'라는 웃음의 종류가 있어요. '쉬르레알리슴 초현실주의surrealism'의 '쉬르sur'에서 온 건데, '맥락을 알 수 없는 웃음' 같은 의미예요. 이게 다양한 상상력으로 작용하는 것 같아요. 일본에서는 친숙하지만 한국에서는 아직 익숙하지 않은데, 다양한 웃음을 만들어내는 기법이 만들어지면 좋겠다고 생각했어요. 또 최근 몇 년간 호평을 받은 부분이 있다면, 제가 '전환이 빠르다'는 점이에요. 무대 위에서 배우는 다양한 결로, '다양한 나'로 서 있을 수 있잖아요. 그냥 나, 공연을 하는 나, 서술자로서의 나, 역할 연기를 하는 나 등. 보통 큰 극장에서 하는 공연들은 무대에 이미 세계가 완성되어 있고 배우는 그 안에서 인물로서의 역할만 수행하죠. 그런데 저는 공연에 인물이 아닌 나 자신으로 들어가 공연 안에서 점점 혹은 갑자기 인물이 되는 식의 전환을 많이 하는데, 이렇게 '경계를 넘나드는 것'을 좋아하는 분들이 있더라고요. 이것도 혼자 공연을 하다 보니, '어떻게 1인극을 만들 것인가' 하는 고민에서 발현된 것 같아요. 안내도 내가 해야 하고, 매표 매수도 내가 해야 하는데, 어떻게 관객을 이 세계로 잘 끌어들여서 이야기를 들려줄 수 있을까 고민한 거죠.

**김신록** 배우님 작품 보면서 '패러디의 미학'이라는 말을 떠올렸어요. 텍스트도 연기도 구성도 어떤 원전을 패러디함으로써 생경함과 웃음을 유발하는 힘이 있었어요. 무대 위 배우의 존재 양태의 '전환' 역시 고전적인 방식의 인물 연기를 패러디하는 방식에 적합하다고 여겨졌고요.

**김은한** 저는 제 작업을 소개할 때 '작고作故 작가와 같이 공동 창작을 합니다'라고 말해요. 〈성 알마의 비즉흥극 리믹스〉 같은 경우도 이오네스코와 공동 창작을 한 셈이죠. 내가 느낀 작품의 재미를 어떻게 전달할지가 주된 고민이에요. 최근에 공동 창작을 하는 팀들, 신체를 많이 사용하는 팀들은 배우 자신의 언저리에 대한 이야기로 텍스트가 한정되어버리는 경우가 많아요. 저는 이 방식이 자칫하면 얄팍해질 수 있다고 느꼈어요. 그래서 저는 오히려 나와 비슷한 상황, 같은 고민이 담긴 작품에 내 이야기를 얹어서 작품을 다시 만들어 나가는 방향을 취하고 있죠. 그러니까 작품 자체에 대한 풍자라기보다는 그 안에서 내가 가지고 있는 것에 대해 풍자를 한다고 볼 수 있어요.

**김신록**  〈성 알마의 비즉흥극 리믹스〉 공연 때 짧은 타령 같은 걸 한 소절 부르기도 하셨죠. 가사가 뭐였죠?

**김은한**  "카멜레온이— 인생인 거죠—."

**김신록**  지금 판소리를 흉내 내신 건가요? 아니면 타령? 아니면 그냥 느낌을 재현하신 건가요?

**김은한**  흉내 내는 거랑은 다른 것 같아요. 느낌을 재현한다는 것에 더 가깝기는 하지만…… 오히려, 국적 불명이지만 공통적으로 느껴지는 흥, 가락을 재현한 것이랄까요? 일본의 엔카도 타령 느낌이 있긴 한데, 사실 즉흥에 가깝고 연습은 그다지 안 했어요. ǀ 머리 위 허공에 두 손을 들었다가 두 손을 머리 쪽으로 훅 가져오며 ǀ 일단 받아들이는 거죠. 일단 집어넣는 거예요.

**김신록**  ǀ 같은 동작으로 움직이며 ǀ '일단 받아들인다'는 표현이 많은 걸 시사해주는 것 같아요. 배우가 뭔가를 애써 만들어내는 것이 아니라, 이미 있는 것을 몸과 마음을 열어 그냥 흠뻑 받아들이는 느낌이랄까요.

**김은한**  자신의 근원적인 달란트의 힘으로 해야 하는 것 같아요.

**김신록**  근원적인 달란트라……. 자신이 가진 재능에 대한 신뢰가 필요하겠네요. 내 안에 있는 것, 내 뿌리·잎·껍질 모두 영양가가 있다는 그런 신뢰랄까요.

**김은한**  그렇죠. 제가 조금 경쟁력이 있겠다 생각한 부분이 있다면, 한국 배우들은 자세가 너무 좋잖아요. 유연하고. 그렇다 보니 무대에서 저를 보면 '그렇지 않은 신체를 보는 즐거움'도 있지 않을까요. 학교 후배들은 '선배, 그렇게까지 흉하지는 않아요'라고 하는데, 결은 다르죠 확실히. 그러니 보는 사람들도 좀더 릴렉스할 수 있지 않을까 생각해요.

**김신록** 공연을 준비할 때 어떤 연습 과정을 거치나요?

**김은한** 기본적으로 스토리 기반의 재미를 전달해주고 싶다는 생각을 합니다. 내 나름의 방식으로 이야기를 잘 전달할 수 있는 기법을 빠르게 찾는 것이 연습 과정이에요. 저한테서 끝까지 다듬어진 움직임을 보러 오는 사람은 없을 거예요. 제 움직임의 기본은 그냥 마음 내키는 대로 움직이면서 뭉치거나 걸리는 부분을 푸는 거예요. 결국 무대에서 하는 모든 것은 이야기를 잘 전하기 위해 나오는 움직임과 말인 거죠. 텍스트나 구성을 위해서는 보통 제 광기의 메소드, '아무 말 쏟아내기'를 이용합니다. 현재의 고민, 문제 등을 말로 쏟아내다가 재밌는 걸 캐치해서 사용해요. 그런 혼돈 속에서 아이디어를 얻는 편이에요. 정말 궁지에 몰리면 '광기의 아무 말 쏟아내기 메소드'를 하루 종일 합니다. 거울은 안 봐요. 정말 좋은 것, 재미있는 것은 거울을 보지 않아도 '좋다'는 것을 알 수 있으니까요.

**김신록** 1인이 창작하고 연기하는 경우 '연기'에 대한 이야기만 나누기란 사실 불가능한 것 같아요. 창작의 주제와 내용, 형식, 그것의 구현으로서의 연기가 하나로 맞물려 돌아가기 때문이죠. 연기는 그냥 본인의 작품을 잘 전달하기 위한 하나의 유연한 도구인 것이고요. 그래서 어떤 방식이든 가능하죠. 연극의 형식과 방식, 경계가 확장되고 있는 지금, 연기에 대해서도 좀더 열린 이해와 접근이 필요한 것 같아요.

**김은한**  저는 고전적인 의미에서의 연기를 잘하지는 못하지만, 무대에서는 자유로워요. 무대에서의 규범을 생각하지 않아서 그런 것 같아요. 어떤 인물이 이건 하고 저건 하지 않을 거라는 제약이 없다고 할까요. 2019년에 삼일로 창고극장 '24시간 연극제'에 팀을 꾸려 참여했는데, 그때 우리 팀은 연기에 대한 부분은 서로 전혀 이야기하지 않았어요. 앞으로 누군가와 협업을 하더라도, 혹은 '매머드머메이드와 함께하는 연극 만들기 워크숍' 같은 것을 한다면 연기에 대한 이야기는 하지 않을 것 같아요. 배우들이 자기만의 방식으로, 몇 가지 버전으로 텍스트를 연기해준다면, 그중 하나를 선택할 수는 있을 것 같지만요.

**김신록**  은한 배우는 스스로 창작자이기 때문에 연기에 대한 이런 발상이나 방식이 가능한 것 같아요. 하지만 프로덕션에 고용되는 배우들의 경우는 사정이 달라요. 고전적인 방식의 연기에 대한 이해와 훈련도 필요하고, 새롭게 확장되고 있는 연극 문법에 대한 적응도 필요하죠.

**김은한**  맞아요. 사실 전 아직 공동 작업에 취약해요. '쿵짝프로젝트', '丙소사이어티'와 함께 작업한 적이 있어요. 연출자들이 힘들어하셨어요. 오케이 받은 장면이 거의 없었죠.

나도 '플레이업 아카데미'[2]라도 들어야 하나 고민도 했어요. 하지만 지금으로선 그런 필요를 느끼지는 않아요. 오히려 나만의 스타일을 찾는 것이 중요하다고 생각해요. 필요한 건 스스로 찾아가면 되니까요. '내가 너무 오만한가?' 생각도 해보지만, 그 오만함으로 5년간 해온 거니까. '난 괜찮은 것이 있다. 정련된 아름다움은 아니지만 내가 만든 새로운 아름다움을 관객들이 즐길 수 있어'라는 어느 정도의 오만이 있는 거죠. 기본적으로 스승을 두지 않는다는 게 제 모토이긴 한데, 사실 전 '열어놓은 상태 자체가 스승'이라 느껴요. 그래서 혼자 있으면 고립되니까 공연 중에도 계속 책을 읽고, 공연도 보고, 사람도 만나고, 무엇이든 찾으려고 노력해요.

**김신록** 열어놓고 레이더에 걸리는 건 무엇이든 자신만의 방식으로 섭취하려는 거군요.

**김은한** 맞아요. 요즘도 그런 사람들이 있다면서요? 작가나 연출 지망생, 배우 훈련하는 사람 중에 '다른 작품 안 본다, 물든다'고 생각하는 사람들이요. 저는 정말 많이 보는 게 중요하다고 생각해요. 그들이 내가 가지 못한 길에서 어떤 실험을 하는지, 무엇을 탐구하는지, 혹은 나와 같은 고민을 해서 어디에 도달했는지 참고하는 거죠. 〈성 알마의 비즉흥극 리믹스〉 이전에 카프카의 변신을 바탕으로 〈변신하지 않음〉 |2018| 이라는 작품을 만들었는데, 그건 사실 극단 '창세'의

---

2   서울문화재단 산하 서울연극센터에서 운영하는 배우 재교육 프로그램. 현장 예술인들이 강사로 참여한다. 필자는 2015-2022년에 '시간과 공간과 몸의 연결_뷰포인트', '관계의 방식들'이라는 워크숍을 진행했다.

작품을 보고 느낀 걸 바탕에 둔 거였어요. '잘 훈련된 배우만 벌레를 연기할 수 있나? 그리드에 매달릴 정도로 훈련해야 〈변신〉을 연기할 수 있나?' 저는 계속 도망 다니는 방식으로 작업하고 있다고 생각해요. 이게 안 되니까 다른 방법으로 하는 거죠. 사실은 계속 편한 방식으로 작업하는 거예요. 내가 잘하는 것만. 연기 도전 따위는 없는 거죠.

**김신록** "연기 도전 따위는 없"다는 말이 도전적이네요. 스스로 창작하고 구성하고 실연하는 입장에서, 연기가 본인 작업에서 특별히 두드러진 독보적인 영역이 아니라고 보는 거잖아요.

**김은한** 맞아요. 고도의 연기술을 탐구하는 대신, 내가 하고자 하는 이야기나 작업 스타일에 어울리는 여러 가지 기법 같은 것을 여기저기서 차용하고 나만의 방식으로 이용하는 거죠. 이번 프린지 때부터 포스트 블랙메탈에 대한 리서치를 시작하려고 해요. 포스트 블랙메탈은 다른 장르와 혼합해 탄생한 블랙메탈인데, 사악함을 갖지만 동시에 거기에는 좀 익숙한 아름다움도 있어요. 기승전결이 있다는 점에서 연극과 비슷하고요. 소리의 전개를 쌓아서 팍 터뜨리는 거죠. 작품 할 때 이런 흐름을 만들기 위해 신경 쓰고 있어요. 그리고 힙합이라는 장르가 매력 있고 연극이랑 비슷하다고 생각해요. 아무리 잘해도 다 탈락한다는 점이? 하하. 짧은 시간 안에 많은 서사를 전달하고, 즐겁고 흥이 난다는 점도요.

**김신록** 이런 아이디어나 리서치가 텍스트 창작이나 구성, 연기 등의 측면에 두루 적용된다는 점이 재밌네요. 고전적인 방식의 연기에 대한 이해나 접근에서는 확실히 멀어져 있지만, 자신이 하고 싶은 이야기를 가장 효과적으로 제시하기 위한 수단으로서 어떤 방식의 연기적 시도도 가능하다는 점이 파격적이에요. 뭔가 더 파격적인 연기도 보고 싶네요. 아직 점유되지 않은 독자적인 방식과 영역을 발견한다는 점이 의미 있는 것 같아요.

**김은한** 결국 '계속하는 것의 문제' 같아요. 예를 들어 국내의 모던 록 밴드인 '넬' 같은 경우 처음에 '포스트 라디오헤드'란 말을 들었단 말이죠. 그런데 쭉 하니까 언제부턴가 자기들만의 그루브가 생겼어요. 결국 좋아하는 것에 영향을 받아 시작하는 건 좋다고 생각해요. 저도 영국의 '포스드 엔터테인먼트' 팀의 〈스펙타큘라〉라는 작품이 한국에 왔을 때 |2009| 그 작품이 인상 깊었고, 2012년까지 극단 '성북동 비둘기'를 좋아해서 그로부터 좋은 영향을 받았어요. '저렇게 해도 되는구나'를 넘어 '저렇게 해도 재밌구나'라는 걸 느꼈죠. 관객을 즐겁게 하기 위해서 사실 뭘 못하고, 뭘 하면 안 되고 그런 건 없는 거죠, 제 생각엔. 그런 태도들에 관심이 있어요.

**김신록** 마지막으로 더 하고 싶은 말이 있으신가요?

**김은한** 전 이게 좀 이상한 고민이라고 생각하지만, 작품이 선택되지 않은 작가도 많고, 좋은 배우를 만나지 못한 연출자도 많고, 좋은 프로덕션을 만나지 못하는 배우도 많잖아요. 다들 분리되어 있는 거죠. 잘 만나야 하는데 '네트워킹 파티' 같은 것은 답이 아닌 것 같고······. 그래서 전 다들 많이 읽고 많이 봐야 한다고 생각해요. 저도 2017년부터 간신히 사람들을 만나가고 있는데, 내가 잘 본 작품, 내 작품을 잘 보는 사람들하고만 가까워지는 것 같아요. 결국엔 그래야 좋은 관계가 만들어진다고 생각해요. 서로의 공연을 안 보고 만났으면 다소 의미가 없다고 봐요. 선언이나 주장보다 그 사람이 어떤 작품을 만드는지 보고 교류할 수 있으면 좋겠어요. 신록 배우께서도 제 작업을 보러 와주셨기 때문에, 저희도 간신히 가까워질 기회가 생겼다고 생각해요. 어느 한쪽이라도 서로 보지 못한 창작자라면 친해지기 어렵지 않을까요? 인터뷰를 끝내기는 아쉽지만, 더 아는 게 없어서…… 하하하.

**김신록** 집에 가면 또 생각날 거예요. 다들 인터뷰 끝나면 진짜 할 말이 생각난다고 하더라고요.

**김은한** 맞아요. 이게 기도 같은 거죠. 마치고 나면 떠오르는.

# 어항을 뒤집어쓰고
# 우주로 떠난 사람

2022.5.11.

당시 이 인터뷰는, 배우들 중 거의 유일하게 해당 배우의 말투와 화법을 그대로 살리는 방식으로 정리했었습니다. 김은한님은 정말 '형식 자체가 곧 내용'인 배우라고 할까요? 지금 카페에서 그때의 인터뷰를 다시 읽는데 미소가 지어지고 몸이 풀리는 느낌입니다.

지금 내가 겪고 있는 모든 상황이나 마음에 대해 '그렇게 해도 돼. 그런 마음이 들어도 돼'라고 말해주는 것 같아 위안이 되기도 하고, '그런 상황이라니! 그런 마음이 들다니! 너무 재밌군!'이라고 말해줄 것 같아 '슈르'가 피어나기도 합니다. 누군가에게는 이 글이 '이 상황이나 마음을 공연으로 만들어서 이렇게 연기를 해보자'라는 아이디어와 용기까지 줄지도 모릅니다. 2022년 5월 11일에 대학로에서 다시 만난 김은한 배우는 장어덮밥 한 그릇을 비워내면서 우주까지 닿는 이야기를 담아냈습니다.

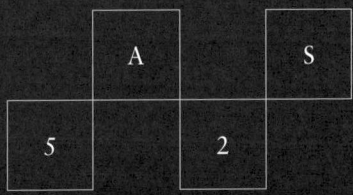

**김은한**　예전에는 내가 극작한 작품들, 가령 〈10분 희곡〉 같은 것이나 다른 작품들을 가지고 학교 공연을 한다고 연락 오면, '제작비가 있다면 원고료도 책정되면 좋겠다'고 이야기했는데, 이제는 '그냥 하시라'고 하고 싶어요. 포기했다기보다는 연극에 관객이 영입되기가 어려우니까요. 짧은 분량의 작품들은 써도 좋지만 나의 행보에 조금 더 관심을 가져달라고 하고 싶은 거죠.

최근 관심 있는 일본의 대학생 극단이 있는데, 일본이나 한국이나 코미디 신과 연극 신이 나눠져 있잖아요. 그런데 이 극단은 짧은 콩트도 공연하고 한 시간 정도의 연극도 공연한다고 하더라고요. 콩트는 연극 공연으로 관객을 이끌기 위한 작품이래요. 코미디는 즉각적으로 웃기지만 연극은 끝까지 봐야 얻는 게 있으니까.

2019년에 인터뷰를 하고 저도 작품이 점점 짧아졌어요. 최근에는 소품 모음집 같은 작품을 많이 했죠. 관심 있었던 소설이나 짧은 괴담 같은 것들, 관객들과 하고 싶은 게임 같은 것들, 예를 들면 즉석으로 괴담 만들기 같은 것들이요. 그런데 이런 것들은 실패해요. 실패를 전제로 하고 있으니까 괜찮아요. 이제는 연극이라고 생각하지 않고 그냥 엔터테인먼트화가 되는 것 같아요. 요즘에는 혼자 초-낭독이라는 것을 실험해보고 있는데, 이게 진짜 그냥 연기를 의식하지 않고 막 읽는 거거든요. 텍스트를 즉각적으로 이해하려고 한다? 조금 더 몸을 쓴다고 해야 하나? 과장되게? 예를 들어 어쩌다 손을 막 이렇게 흔들면서 하게 되면 그냥 해버리고. 재밌더라고요.. 제게만 몰두한 낭독이라고 할까요? 오만이죠? 하하. 슈게이징 같은. 록에서 발끝만 보고 연주한다고 해서 슈게이징이라고 하는데, 뭐 거의 뒤돌아서 연기하는 것 같은? 예전부터 사람들에게 '은한 씨는 무대에서 자신에게 빠져 있다' 같은 말을 종종 들어서 '좋아, 제대로 빠져보자' 하는 마음으로, 재밌게 해보고 있어요.

  물론 긴 것도 하고 싶은 게 있어요. 이제는 장막 희곡을 쓰고 싶다는 욕망도 있고 여전히 일본 라쿠고에 관심이 있고요. 일본에서도 너무 길어서 안 하는 5-7시간짜리 괴담류 공연을 해보고 싶어요. 2021년에 신촌극장에서 100년 전 라쿠고 작품인 〈모란등롱〉이라는 작품을 90분 정도 선보이기도 했어요. 모듈형 공연도 관심이 있어요. 각 이야기가 따로따로 굴러가는데 연기의 편의성? 공연의 편의성? 일부만 보여주고 '나중에 풀 버전을 보러 와주세요' 같은 거죠.

  제 나름대로 재밌게 하고 있는 게 있는데요. 매년 11월 정도에, 1년에 한 번씩 주주총회를 해보려고 해요. 이것도 일종의 매크로바이오틱의 일환이라고 할까요? 한 해 동안 작업을 하다 보면 시원치 않고 의문이 좀 남는다거나, 열심히 했는데 잘렸거나, 재밌지만 스스로 설득이 안 돼서 빼버렸다거나 하는 장면들이 있는데 이것들을 연말에 모두 관객에게 보여주는 거예요. 창작자가 하고 싶은 것을 다 한다는 마음으로. 오는 사람들은 다 제 주주니까 제가 하고 싶은 것을 해도 좀 봐주지 않을까. 평소에 사람들이 '너 하고 싶은 거 다 해'라고 말해도 제가 그렇게 했을 때 사실 관객이 아쉬워할 것 같거든요. 예를 들어 내가 전혀 말을 안 하거나 웃음기를 다 빼고 공연한다면 '흥미로운 지점이 있다' 정도로만 보지 정말 괜찮을까? 그런데 주주총회에서는 그냥 진짜 하고 싶은 걸 다 하는 거예요. 작년까지 2회를 했는데 너무 재밌었어요.

  팬데믹 이후에 극장에서 진짜 뭘 보여줘야 하나 많이 생각하고 있어요. 〈코미디캠프: 어린 시절〉|2021| 보러 오셨잖아요. 그때 진짜 기예를 준비해야 하나 이런 생각도 들었

고. 코로나 시절은 진짜 제 취향을 알게 되는 시기였던 것 같아요. 그러니까 앞으로 작업할 때 어떻게 좀더 내 멋대로 할 수 있을까 이런 것을 생각하게 된 계기였어요. 이를테면 최근에는 이런 생각도 하거든요. 이제 우리가 안전하고 건강한 공연 만들기에 대한 논의를 몇 년간 이어왔으니까 그걸 인지한 상황에서 어떻게 또 불안하고 괴로운 걸 만들 수 있나. 정말 우리가 어떤 아름다움을 향해 달려가지만 이게 너무너무 무모한 일이고, 근데 나는 사실 마음의 준비도 안 되어 있어, 근데 그냥 그걸 하고 싶어, 막 이런 마음으로 달려가는 거야 아무 준비도 없이 막 진짜. 그래서 저번에 일기에 "어항을 뒤집어쓰고 우주로 떠난 사람 같다, 별이 예쁘다는 이유로" 이렇게 썼어요. 제 일기 읽는 친구들이 좀 있어서.

그리고 이제 그런 생각도 조금 드는 거예요. 이를테면 최근 수행성 얘기를 하는 사람들도 많은데, 여전히 언제나 많지만, 제가 그걸 잘 구별 못 하더라고요. 그러니까 배우의 내면에서 일어나는 어떤 연기술이나 감정이나 고민 같은 것들을 표현적인 면에서 관객이 접하기는 조금 어렵다고 느끼거든요. 이게 그러니까 거의 무용의 영역인 거예요. 이 장면은 무용수가 가만히 있기로 결정했어. 내 안의 모든 세포가 움직이니까. 근데 저같이 무지한 관객 입장에서는 그 사람의 몸 안에 있는 흐름 같은 것을 전혀 이해 못 하는 거죠. 그러니까 최근에는 이것들이 확실히 전달이 되는가에 대해 생각하고 있어요.

요새는 수수께끼에 끌려요. 미스터리나 장르소설이 갖고 오는 방식에 그런 것들이 있잖아요, 서브컬처처럼. 결국 수수께끼를 만들어야 하는구나 싶어요. 극작적으로도 연극적으로도. 그래서 2021년 프린지 때는 아예 재밌게 읽은 수수께끼나 답이 없는 이야기 같은 것들을 공연화해봤어요.

모므로살롱에서 공연한 적이 있거든요. 뚝섬 쪽에 있는, 무용인들이 운영하고 주로 공연하시는 멋진 카페인데, 공연 제안을 받아서 무용인들을 즐겁게 할 수 있는 연극 공연을 해보려고 해요. 조금은 멋대로 생각하고 있는데, 현대무용 문헌을 좀 찾아봐야 할 것 같아요. 말로 춤을 출 수 있나? 말로 무용의 전경을? 괴담 좋아하니까 귀신의 춤을 출 수 있나? 춤추는 귀신 이야기 많잖아요? 그건 보통 공포를 위함인데, 귀신은 어떻게 춤추고 있나 어떻게 움직이고 있을까 이런 생각이 들어서 그런 걸 공연하면 좋지 않을까, 생각해요. 가족이 막 이렇게 춤추고 있었는데 알고 보니 귀신이 마리오네트 인형 다루듯이 실을 움직이고 있었다. 이런 이야기도 안무적인 관점에서 어떻게 해볼 수 있지 않을까. 제의적인 의미가 아니라 재미로, 쾌락적으로. 항상 발상은 재밌죠?

　앞으로는 오래할 수 있는 전략을 짜야겠다는 생각을 해요. 건강 챙기고 창작의 루틴 같은 것도 확고히 해서 다양한 장르를 만나고 싶다. 계속 이렇게 빠르게 빠르게 엣지 있게 뭔가 해보려고 하니까 국립극단과는 점점 멀어지고 있는 거예요. 점점 협업이 어려운 창작자가 되고 있는 게 아닌가 싶어 마음이 좀 복잡해요. 지금 외부 작업으로 '창작 살롱 나비꼬리'나 '지금아카이브'와 협업을 계속하는데, 거기서도 창작이 가능한 배우들을 모아놓고 '각자 해봐라' 사실 이런 거라서, 배우로서 앙상블을 이루는 작업 경험은 희박하니까 그런 기회를 좀 찾아보려고 해요. 사실 내 작업해서 먹고살 만하면 그런 욕망이 없을 것 같은데, 아직은 아니니까. 그리고 어떻게 하면 연극 밖에 있는 관객들과 소통할 수 있을지도 고민해야 할 것 같아요. 일주일에 3일은 달리기도, 매일은 아니지만 하고 있고요. 앱에서 권장하고 있기 때문에.ㅣ웃음ㅣ

**김신록**  은한 배우님, 별이 아름답다고 어항 쓰고 우주로 가는 이야기 좋은데, 그 단락을 이번 인터뷰집에 싣는 거 어때요?

**김은한**  앗! 다른 말들도 다 실어주세요. 그 단락만 실으면 오늘 제가 한 이야기 중에 그 이야기가 가장 중요하게 보일 것 같아서요. 다른 말들도 다 중요하답니다.

# 이리

극단 '여기는 당연히, 극장' 소속 배우. 〈데스데모나는 오지 않아〉(2013),
〈일회공연〉(2014), 〈치킨게임〉(2015), 〈commercial, definitely〉(2016),
〈사물함〉(2018), 〈7번국도〉(2019), 〈로드킬 인 더 씨어터〉(2021),
〈앨리스 인 베드〉(2022) 등 다수의 무대에서 연기했다.

# 사회와의
# 접점을 통해
# 확보되는

# '다중 현존'

2019.8.22.

공연예술에 사용되는 '현존'이라는 용어를
들어보셨나요? 영어로는 presence, 어원으로는
'누구 앞에 내가 있음/내 앞에 누가 있음'
혹은 '누군가 나를 보고 있음'이라는 뜻을 지닙니다.[1]
특히 연극에서 현존은 '배우의 현존'이라는 익숙한
문구가 드러내듯 주로 '배우의 연기술' 측면에서
논의되어왔으나, 퍼포먼스와 포스트드라마에서도
언급되면서 현재는 좀더 다층적으로 논의 중입니다.
극단 '여기는 당연히, 극장'의 이리 배우를 만나
다양한 층위에서 '현존'에 대한 이야기를
나누어보았습니다.

| A | 6 |
|---|---|

| S | 1 |
|---|---|

**김신록**  '여기는 당연히, 극장'｜이하 '여당극'｜의 작품들을 평할 때 '현존'이라는 단어가 자주 등장한다. 여당극 공연과 관련해 '현존'이 언급될 때 이를 어떤 의미로 이해하고 있나.

**이리**  우리 작품에 대해서는 '재현적 현존'이 아닌 다른 현존을 이야기하는 것 같다. 재현적 드라마에서 현존이라는 것이 있다. 그런데 여당극 작품들, 특히 가장 최근 작인 〈21세기 연극…… 말이다〉｜2019｜[2] 같은 경우는 허구의 재현 없이 배우가 바로 보이는 것에 대해, '배우가 물질적으로 존재하는 현존'에 대해 많은 이야기를 하는 것 같다. 드라마가 주는 환상성 없이, 배우가 그냥 무대 위에 서 있고, 크게 발화하고, 그게 바로 관객을 타격할 때 오는 소리의 물질성, 움직이는 배우의 물질성, 그 물질성 자체를 '현존'이라고 이야기하는 것 같다.

**김신록**  〈21세기 연극…… 말이다〉의 경우, 공연이 장광설로 가득 차 있는 동시에 신체적이어서 놀랐다. '한 명의 관객'이라고 설정된 한 인물의 말을 다섯 명

---

[1] 김방옥, 〈연극에서의 현존〉, 《한국연극학》 57권, 2015, 26쪽 참조.
[2] 원제는 '21세기 어느 날 코트니 심슨 박사는 미아리고개예술극장에 앉아 생각한다. 제4의 벽을 뚫으려 했던 여당극의 연극 만들기 전략이란 무엇인가. 개가 사라졌다. 개를 찾는 연극을 할 것인가, 개를 찾기 위한 연극을 할 것인가? 이 연극의 부제는, 나는 퇴장했지만 보고 들으며 무대 위에 있었다, 가 될 것이며 영업 전략 노출의 리스크, 가 디렉터스컷이 될 것이다. 클라이막스템포갈등이 없는데도 바삐 달려가는 이 연극에서 우리는 어떻게 되는 걸까? 너를 사랑하는 것만으론 견딜 수 없을 텐데, 우린 무얼 향해 달려가는 걸까. 2014년 이후의 연극 말이다'.

의 배우가 나눠서 각자 또 함께 발화하는 걸 보면서 어떤 방식으로 장면을 구축했는지 궁금했다.

**이리**  각 배우가 '대사를 발화하는 기하학적인 구조'를 먼저 발전시켰다. 극장에 들어갈 때까지 소위 '동선'은 하나도 안 나와 있었다. 극장에 들어가서, 어쨌든 한 사람 대사를 다섯 명이 나눠서 한다는 콘셉트는 있으니까 '한 명처럼 해보자. 그러니까 일렬로 서보자. 우리도 관객인데 관객 보면서 하면 이상하니까 무대 구석을 보면서 하자' 하면서 빈 무대에서 대사를 발화했고, 연출이 밖에서 보면서 그 발화 구조에 기대어 전체 움직임을 조율하고 지시했다.

**김신록**  배우들의 말이나 몸이 갖는 기하학적 구조의 완성도나 에너지의 밀도가 높아서 바르바가 현존의 요건으로 제시한 '탈일상성 extra-daily', '전 표현성 pre-expressivity' 등이 떠올랐다. 이런 요건들을 성취하기 위해 특별히 어떤 훈련이나 연습을 한 건가?

**이리**  이 공연을 준비하는 동안에는 도움받을 만한 엑서사이즈ㅣ몸으로 수행하고 탐색할 수 있는 연기 훈련 과제ㅣ를 한두 번 정도밖에 안 했다. 대신 이야기를 많이 나눴고 그 결론으로 '감각을 인식하고, 인식을 감각하고자' 했다. 이 극 자체가 한 사람의 머릿속에서 펼쳐지는 생각이다 보니 배우와 관객의 '뇌 to 뇌'로 직접 전달하고 싶은데 그럴 수는 없으니까 생각을 감각하는 것을 보여주고, 그 감각을 표현할 수 있는 발화방식을 찾았다. 거기에 더해 연출이 '~하는 듯', '~적인 것' 식으로 발화할 때는 특징적인 포인트를 살려달라고 주문했다. 그런 힌트를 받고 나니까 말이 해체되기 시작했다. 관객'들', 배우 사람'들'처럼. 이렇게 하면 가만히 서 있지만 말에 따라 몸이 같이 움직이게 된다. 몸이 곧 말이고, 말이 곧 몸이다. 서로의 말을 몸으로 감각하기도 했다.

> **김신록** 말을 해체한다는 것, 말의 '의미'만큼이나 말의 '형식'에 집중하는 것 자체가, 배우에게 큰 표현의 자유와 물질적 현존의 가능성을 열어주는 일 같다.

**이리** 맞다. 하지만 반대로, 배우가 할 일이 아주 많을 수도 있고, 그 양식 안에 갇혀야 한다는 점에서 어려울 수도 있다. 일례로 배우가 인물이 아니라면, 나는 무엇인가. 한 명만 계속 이야기할 때 퇴장할 수가 없다면, 과연 나는 무엇으로 존재할 것인가. 이런 경우 여당극 배우들은 현타가 오지 않도록 자기만의 논리를 만들어 무대 위에 잘 존재하면서, '다른 사람이 뭐 하는지' 잘 듣고 있는 것 같다. 그때 또 다른 의미에서 현존이 발생하는 것이다.

> **김신록** 잘 듣고 있는 순간 현존이 발생한다는 말에 동감한다. 식스 뷰포인츠[3]의 창시자 메리 오벌리 역시 '자기인식 self-awareness이 곧 현존'이라는 표현을 썼는데, 자기인식은 자기 내부에 대한 인식과 외부에 대한 인식을 모두 포함한다. 안팎에서 일어나는 일을 잘 들을 때 현존하게 된다는 이야기인 것 같다. 여당극 공연처럼 말 그대로 상대방이 말하는 동안 그냥 가만히 잘 듣고 있어야 하는 그 순간, 본인은 배우 자신으로 존재한다고 생각하나?

**이리** 작품마다 다르다. 이번 〈21세기 연극······ 말이다〉에

'나는 누구냐. 여긴 어디냐. 배우와 인물 사이다'라는 대사가 있다. 이런 '배우와 인물 사이의 존재 방식'은 다큐멘터리 연극을 주로 하는 '크리에이티브 바키'의 존재 방식과 또 다르다. '관객'이라는 한 인물을 다섯 명의 배우가 함께 연기하고 있지만, 사실 이 관객은 구체적인 인물도 아니고 나라는 배우도 아니다. 다섯 명이 하나의 인물이면서 동시에 그 인물은 일종의 '보편 인간'이다. 우리 극단 내에서 '인물 연기'라고 부를 때 인물은 부조리극의 보편 인간에 더 가까운 것 같다. 공연이 시작될 때부터 존재하고 공연이 끝날 때까지만 존재하는, 공연 상황에서 어떻게든 영향을 받는 인물 말이다. 인물을 연기한다기보다는 그 인물의 생각이나 말을 연기하거나 감정을 연기하기도 한다.

**김신록** 말, 생각, 감정을 분리하고 배우가 떨어져 나와 그걸 선택적으로 연기한다는 말인가?

**이리** 〈7번국도〉|2019| 같은 경우에는 감정이라는 요소를 더 많이 연기했다. '감정을 연기하는 것'과 '감정연기'는 다르다. 내가 연기하고자 했던 감정이란, 인물을 구현해내야 하는 내 감정일 수도 있고, 우리 팀 전체, 혹은 제작자의 감정이었

---

**3** 무대 위에서 벌어지는 현상을 여섯 개의 요소들로 나누어 이해하고 훈련하는 즉흥/앙상블 훈련 방법론이자 공연 방법론으로 1970년대 미국의 안무가 메리 오벌리(Mary Overlie, 1946-2020)에 의해 창안되었다(www.sixviewpoints.com). 이후 1990년대에 미국의 극단 SITI Company의 연출가 앤 보거트(Anne Bogart, 1951- )와 극단원들에 의해 차용되어 나인 뷰포인츠로 재분류/확장되었다(www.siti.org).

을 수도 있다. 그 인물의 실제를 보여주려고 노력하기보다 배우의 해석이나 공연 팀의 해석을 전면적으로 내세운다는 점에서 '현존'이라는 말이 나오는 것도 같다.

**김신록**　배우 혹은 창작진의 해석을 전면에 내세움으로써 확보되는 현존에 대한 논의가 흥미롭다. '극장/공연 시간'이라는 폐쇄적인 시공간 안에서 발생하고 사라지는 현존이 아니라, 창작 과정에서부터 준비되고 극장에서 전면적으로 제시되며 관객을 통해 극장 밖으로 이어지는, 시공간상으로 확장되는 현존에 대한 상상을 하게 된다.

**이리**　실제로 〈7번국도〉의 경우에는, 무대 위의 발화가 극장 밖까지 들리기를 바라는 목적이 있어서 대사를 상대가 아닌 관객에게 직접 프로젝션하면서 크게 소리를 지르는 형식으로 말했다. 사회적으로 책임감을 가져야 하는 주제, 공적으로 발화되어야 하는 주제를 다룰 때 압박이 심해서 극단적인 연기 방법을 택하게 되는 것 같다.

**김신록**　사실 연극이 가진 부정할 수 없는 현존의 가능성은 '배우가 관객 앞에 선다'는 직접성에서 온다. 그런데 여당극은 배우들이 관객을 향해 직접 프로젝션하는 경우가 많으니 무대와 객석 사이의 현존감이 발생하기가 훨씬 수월한 것 같다.

**이리**　여당극 공연은 배우들이 공연 내내 객석에 대고 나불나불한다. 말을, 생각을 객석으로 막 집어 던진다. 자꾸 모든 순간을 객석을 향해 밀고 싶다는 생각이 든다. 관객이 계속 생각했으면, 관망하지 않았으면 좋겠다. 객석을 흔들고 싶고, 극장을 뚫고 나가고 싶다. 관객에게 시간을 많이 주고, '기다려보세요, 이제 곧 주제가 나옵니다'라고 하면, 관객은 극적 환상 속에서 안전하게 관망하게 되고, 관찰자로 떨어지게 된다. 우리가 공연하는 주제나 내용은 사회적으로 관망할 만한 일이 아닌 경우가 많았다. 그래서 더욱 객석에 자꾸 말을 걸게 된다. 그런 면에서 어쨌든 언어가 중요한 것 같다. 어떤 평론가는 '제4의 벽을 뚫는다'고 표현하기도 한다.

> **김신록** 어떤 관념이나 개념이 기술적·물질적 측면보다 중요하게 다뤄진다는 점에서 여당극 공연을 '개념 기반 연극' 혹은 '개념 연극'이라고 분류하기도 한다. 어떻게 생각하나?

**이리** 창작이든 해석이든, 텍스트를 기반으로 공연을 하고 있다. 다만 '텍스트 이면의 무엇을 발생시킬 수 있는가'를 고민한다. 공연할 때는 그 이면의 것을 분리해내고, 분리된 것을 메인으로 전달하는 방식으로 연기하는 것 같다. 그러면 나머지가 소거되고, 소거되지 않고 남은 것이 주요 개념이 된다. 우리 공연은 일차원적이다. 분리된 것, 소거되고 남은 것만 보여주려고 하니까. 다른 공연들과 이 점이 다르다. 종합적으로 하지 않는다. 우리도 여러 레이어를 깔고 한꺼번에 보여주고 싶긴 한데, 그걸 연기로 다 해버리는 게 아니라 대사, 동선, 조명, 소리, 그 외의 공연 외부 요소 등에서 계속 다른 레이어를 추가해가면서 개념들을 쌓아가는 거다.

> **김신록** 크레이프 케이크처럼?

**이리**    라자냐처럼? 하하. 일단 해체해야 새롭게 쌓을 수 있다. 배우는 한 겹을 맡아서 일차원적으로 연기하고 나머지 겹들은 디자인, 극의 구조, 대사 안에 심어진 단서들이 쌓아준다. 배우들은 하나만 연기하면 되니까 몸을 쓰면서 강렬하게 대시하는 것 같다.

> **김신록**    '연극은 종합예술'이라는 무딘 말과는 결이 다른 느낌이다. 모든 요소가 다 라자냐 한 판씩 가져오는 게 아니라, 한 판의 라자냐를 만들기 위해 각자 '한 겹씩만 담당하는 것' 말이다. 이렇게 했을 때, 연기뿐 아니라 다른 요소들도 그 요소만의 현존을 획득하기가 수월할 것 같다.

**이리**    배우가 아주 작은 조각의 기능만, 희곡의 일면만 담당하고 있더라도 작품에서 그 의미가 어떻게 작용하는지를 알고 선택하기 때문에, 나중에 다른 모든 요소와 내 연기의 아귀가 탁 맞았을 때 희열을 느낀다. 다른 요소들도 마찬가지일 거라고 생각한다. 그렇게 손발을 맞춰서 전체가 '짠' 하고 나왔을 때 종합예술이 된다.

> **김신록**    여당극이 이런 비재현적 연극을 탐구하게 된 이유가 있나?

**이리**    '여기는 당연히, 극장'의 첫 작품에는 사실 재현적인 장면과 비재현적인 장면이 섞여 있었다. 하지만 재현적인 공연에 대한 의문이 계속 이어졌다. 구자혜 연출가도 그랬고, 나 역시 개인적으로 대학 동아리에서 재현적인 연극을 할 때 맨날 엄마, 할머니, 남자 같은 역할만 해서 그런지 재현적인 연극에 대한 반감이 있었다. 그러다 2014년 세월호 이후에, 구자혜 연출가가 2015년부터 '혜화동 1번지' 동인으로서 4년 연속 세월호 기획 공연을 하면서, 그리고 이후에도 예술계 내 성폭력 문제, 군 의문사 문제 등 사회적으로 실제 일어난 일에 대한 공연을 만들면서 연출가나 배우나 재현적인 공연을 만들기가 어려워졌다.

**김신록** 배우 입장에서는, 실제 사건과 당사자가 있는 상황을 연기해야 할 때 모든 것을 '허구'가 아닌 '거짓'으로 느끼기 쉬운 것 같다.

**이리** 그래서 공연 전체나 연기 스타일도 개념적이 되는 것 같다. 그럼에도 어떤 장면은 재현적인 연기 방식이 요구되기도 한다. 그런데 빗대어서라도 세월호 등의 사회문제를 다룬 작품을 할 때 내가 실제 당사자의 마음을 어떻게 재현할 수가 있겠나. 이런 고민은 군 의문사 문제를 다룬 〈7번국도〉에서도 드러났다. 자식이 억울하게 죽고 1인 시위를 하는 부모의 마음을 내가 어떻게 알겠나. '마음속에서 뭐라도 찾아야겠다'라고 생각했다. 당사자처럼 느낄 수 있는 다른 것을 찾으려고 했다.

**김신록** 어떤 걸 찾았나. 정서적 기억? 대체 감각?

**이리** '몸의 감각'이 쌓이면 연습을 하지 않을 때보다는 실제 당사자들의 경험과 조금이라도 가까워질 거라는 믿음을 가졌다. 짐을 싸 짊어지고 피켓을 들고 있는 당사자들의 필사적인 감각을 배우가 연습실에서 실행할 수 있는 감각 안에서 찾아보는 거다. 나도 어떻게든 연습실에 매일 짐을 싸 짊어지고 나가서 매일 피켓을 들어보고, 목소리를 높여서 치열하게 논쟁해보며 연습실에서 배우가 경험하는 실제 감각과 실존 인물이 느꼈을 '몸의 감각의 접점'을 계속 찾아나갔다.

> **김신록** 유사 감각에 불과할 수도 있지만, "몸의 감각의 접점을 계속 찾아"간다는 말이 인상적이다. 또 개념 연극을 한다고 알려진 여당극 배우가 "마음속에서 뭐라도 찾아야" 했다고 말하는 것이 신선하다. 사회문제에 천착해 공연을 만드는 이유가 있나.

**이리** 연극을 하면서 '이게 무슨 의미가 있지?' 이 생각을 항상 한다. 이 공연을 하고, 이 연기를 하는 것이 지금 2019년 이 세상에 무슨 의미가 있을지 계속 고민한다. 무슨 의미가 있는지를 찾고, 그 의미를 구현하기 위해 어떻게 관객과 만나고 전달할지 늘 고민 중이다. 나한테 이 공연이, 극단 내부적으로 이 공연이, 지난번 공연에 비해 이 공연이, 대학로에서 이 공연이, 한국 연극계에서, 대한민국에서, 세계 연극계에서, 그리고 내 삶에서, 이 공연이 어떤 의미가 있는지 생각하려고 한다.

커밍아웃을 한 배우이다 보니 내가 어떤 일을 어떻게 하느냐가 중요하다는 생각이 든다. 여자배우로서도 어떤 의미가 있는지 생각하게 된다. 일례로, 〈코끼리〉ㅣ2016ㅣ라는 부조리극을 할 때, 희곡 자체가 일본 남성이 쓴 옛날 희곡이다 보니 여성 캐릭터가 수동적이었는데, 그렇다면 여당극에서 하는 〈코끼리〉 공연은 어떠해야 할지를 고민했다.

> **김신록** 창작에 참여하는 사람에게 연극은 결과물만이 아니라 그 행위, 그 과정 자체로 의미를 발생시

킬 수밖에 없는 것 같다. 특히 실제 사회문제를 다루는 공연의 경우 배우와 인물 사이에서, 나아가 배우와 관객 사이에서 완결적으로 존재하는 현존이 가능한가, 혹은 연기적으로 가능하더라도 의미가 있는지 생각한다.

**이리** 맞다. 그래서 때로 여당극의 공연은 공연하는 장소의 상황에 따라 약간씩 그 맥락이나 의미가 바뀐다. 예를 들어 2016년 '혜화동1번지'에서 초연한 〈킬링타임〉을 2017년에 블랙텐트[4]에서 재공연할 때는 차 소리가 시끄럽고 분향소가 있는 광화문 광장의 장소적 맥락을 수용해서, 큰 소리로 집회하는 방식으로 발화했다. 내가 맡은 인물이 가해자였음에도 불구하고 뻔뻔하게 운동권 여성의 목소리를 '전유'하면서 자신의 정당성을 역설했다. 날씨도 춥고 비도 오고 물도 차고 해서 다소 악에 받쳐서 그랬던 것 같기도 하고. 하하.

**김신록** 일종의 '수행적 전환'이라고 볼 수 있을 것 같다. 맥락 불문하고 무대와 객석의 만남에서 발생하고 완성되는 현존이 아니라, 그 공연이 놓인 극장, 그 공연이 놓인 기획의 맥락, 그 공연과 연계된 사회적 맥락에 따라 공연이 변하고, 그 변화를 포함해야 공연이 비로소 제대로 읽히는 일종의 수행적인 힘이 발휘되는 것 말이다.

---

**4** 블랙텐트는 박근혜 정부의 문화예술인 블랙리스트에 맞서, 2017년 1월 문화예술계가 광화문 광장에 천막으로 세운 광장극장이다. 박근혜 정부가 퇴진할 때까지 운영된 임시 공공극장으로, 세월호 유가족, 국가폭력 피해자, 해고 노동자와 연대해 다양한 공연을 상연했다.

## 제 꿈은
## 당사자의 강력함을
## 넘어서는 거예요

'현존'은 배우들의 오랜 숙제이자 숙원입니다.
'지금, 현재'라는 시점을 품고 있는 이 단어를 곱씹어볼 때,
무대 위에서 '지금'은 도대체 무엇일까 고민해봅니다.
사실 저는 요새 극장에 있는 모두를 한 점으로 모으는
'지금' 같은 것은 없다고 생각해요. 배우에게도 모든 인식이
통합된 '지금' 같은 것은 없다고, 혹은 없어야 한다고
생각합니다. 인식은 선명할수록, 더 많은 것이 연결될수록,
극장의 시공간은 더 윤곽이 모호한 구름과 같아진다고
할까요? 하하하. 이 책이 출판될 즈음에는 이 생각이 완전히
바뀔 수도 있으니까 너무 자세히는 묻지 마세요.
저도 잘 모릅니다. 그냥 겨우겨우 더듬어보는 거예요.
2022년 5월 12일에 다시 만난 이리 배우는 극장을
넘어서는 현존에 이어 당사자를 넘어서는 강력함에 대해
고민하고 있었습니다. 강력하고 확실한 스탠스를 지향하는
이리 배우의 말을 들으니 머릿속 뭉게구름이 확 걷히는
느낌입니다.

2022.5.12.

| A | 6 |
|---|---|

| S | 2 |
|---|---|

**이리**    지금은 제가 여당극 작업도 작업인데 '바람컴퍼니'라고 거리공연을 하는 극단에도 소속되어 있어요. 거기서는 제가 배우뿐 아니라 창작도 하고 있어서 글쓰기 작업이 얼마나 어렵고 텍스트 작업이 공연에서 얼마나 중요한지도 알게 됐어요. 표현되는 연기 단계에서의 창작 말고 텍스트 단계에서의 창작에 같이 관여하고 있으니까 연기할 때도 계속 태도가 이어져요. 내가 무슨 마음으로 이 대사를 썼고, 이런 의도로 이 장을 이렇게 구성했는지가 공연할 때 자꾸 들어오는 거예요. 여당극에서 작업할 때도 워낙 창작 과정에서 배우의 의견이 많이 반영되는데요. 사실 이것이 배우의 의견이라기보다는 해당 주제에 대해 어떻게 생각하는지 인간으로서의 생각이 많이 들어가는 창작 방식이어서, 제가 그걸 알게 된 거예요. 주제를 머릿속에 집어넣고 소화한 후에 연기하는 것이 나한테 너무 중요하다는 것을요. 완전히 알게 되고 고민도 해보고 나한테 강력한 입장이 생긴 후에야 연기한다는 것을요.

이번 〈A.SF〉│2022│라는 '바람컴퍼니' 공연에서 진행을 도와주신 분이 지난 제 인터뷰를 읽었다고, 인상 깊었다고 말씀하시면서 연기에 대한 내 생각을 말해줄 수 있느냐고 하시길래 '중립 말고 사이드를 골라야 한다. 찬성이든 반대든 골라서 그걸 끝까지 쭉 밀어서 마지막 순간에 관객을 톡 건드리는 건 배우만 할 수 있는 일'이라고 대답했어요. 물론 디자인적으로도 연출적으로도 어느 정도 할 수 있지만, 진짜 관객이 감각할 수 있도록 관객 코앞까지 가서 이마를 톡 건드리려면 배우가 중립적인 입장 말고 강력한 입장을 선택해서 그걸 밀어야 한다고 저는 생각해요. 원래 인간으로서 저도 중립적인 걸 별로 안 좋아하고 편드는 걸 좋아하거든요. 그 대화 후에 제가 요즘 연기에 대해 이렇게 생각한다는 걸 알았죠.

여당극에서 연습할 때 '스탠스'라는 말을 진짜 많이

쓰거든요. 번역하면 '태도'가 되잖아요. 그 말을 할 때 태도가 뭔데? 어떤 스탠스로 이야기하는 건데? 그 말을 하는 너의 진짜 의중이 뭔데? 그런데 그 진짜 의중을 누가 갖고 있는지 좀 애매해지는 거예요. 여당극은 인물을 재현하는 게 아닌 경우가 많아서 인간으로서의 나, 나의 생각으로 해야 할 때도 있어요. 그럼 제 생각을 무대에서 아주 많이 말해야 하는데 관객이 제 생각을 이렇게 많이 듣기 위해 극장에 오는 것은 아닐 거란 말이죠. 물론 제가 만든 1인극 같은 경우는 그렇게 하긴 했어요. 왜냐하면 저 혼자의 이야기이고 제가 연출가와 같이 썼고, 혼자 사는 여성이 처해 있는 위험에 대해 제가 어떻게 느끼는지, 그 위험에 대한 제 태도가 무엇인지 담았으니까요. '좆같다' 같은 게 그대로 나오게 연기해야 했어서.

  2022년 봄에 신촌극장에서 백송시원 어린이가 나오는 〈2014년생〉 공연을 봤단 말이에요. 백송시원이 하는 연기는 무엇이지? 연기 뭐지? 이런 질문이 들었어요. 저는 당사자들이 나와서 본인 이야기를 할 때의 강력함에 배우는 늘 질 수밖에 없다고 생각하거든요. 그래서 배우로서 제 연기의 큰 꿈은 그걸 넘어서는 거예요. 연기를 하지만 당사자가 이야기할 때의 그 힘, 그걸 넘어서는 연기를 보여주고 싶어요. 지금 당장 꼭 해내겠다는 게 아니라 그걸 제 배우 인생의 큰 목표로 잡으면 먼 길을 갈 수 있을 것 같아서요. 세월호 유가족 당사자분들이 꾸린 '노란리본가족극단'을 봤을 때부터 그 생각을 해왔던 것 같아요. 배우들이 '저걸 어떻게 이겨?' 이런 말을 많이 하잖아요. 그런데 저는 '저걸 이겨야지. 어떻게 이길 수 있을지는 모르겠지만, 어떻게든 이겨보겠어. 연기로. 그러면 눈을 감을 수 있을 것 같다, 배우로서.' 이렇게 생각했어요. 그런데 이번에 오랜만에 그 감각이 또 들었어요. 어린이 당사자가 어린이가 겪는 차별을 이야기할 때의 그 강력함. 시원이

가 기술적으로 뛰어난 연기를 보여준 것은 아니지만, 역시 분명한 태도가 있었어요, 본인이기 때문에. 그리고 사실 실제로 시원이라는 인간이 강력한 태도를 가지고 있지 않아도 우리는 그 태도를 상정하고 보게 되잖아요. 당사자라는 것을 알고 있으니까요. 예를 들어 장애에 대한 공연을 할 때 장애 당사자가 무대에 등장하면 게임 끝나잖아요, 사실. 그래서 저는 〈인투디언노운〉|2022|[5]을 볼 때도 배우로서 저 인물은 무엇을 구현해야 할까, 당사자이자 배우인 저 사람은? 그리고 그 거울상으로 존재하는 비장애인 배우는 무엇으로 존재해야 하고, 이 배우가 대상화되지 않기 위해 연출은 무엇을 해야 하는가 같은 질문으로 머릿속이 굉장히 복잡해졌어요. 공부도 정말 많이 됐고요.

어쩌면 이제 제게는 배우들이 무대에서 어떻게 집중하고 무엇을 어떻게 드러낼지보다 요즘 연극에서 볼 수 있는, 무대로 계속 현실이 들어오고 당사자가 들어오고, 당사자이자 배우인 사람이 존재하고, 그런 힘을 무대에서 직접 목격했을 때의 감각이 더 크게 영향을 미치는 것 같아요. 어떤 공연일 때 나는 당사자가 되고 어떤 공연일 때 나는 이야기를 들려주는 사람이 되죠. 예를 들어 퀴어 공연을 할 때 저는 당사자로 무대에 섬으로써 굉장한 힘을 갖는다는 걸 알아요. 그런데 아닐 때 저는 무엇으로 그때와 같은 힘을 가질 수 있을까 고민하는 거죠. 배우가 당사자를 절대 못 이긴다고 생각하는 게 인간으로서의 겸손함일 수도 있고, 그들이 당사자가

---

**5** 원제는 '이것은 어쩌면 실패담, 원래 제목은 인투디언노운'. 제1언어가 한국 수어인 청각장애인 박지영 배우와 제1언어가 한국어인 이원준 배우가 출연했다. 박지영 배우는 청각장애인 배우로서는 처음으로 2022년 백상예술대상 연극 부문 여자 연기상 후보에 오르기도 했다.

될 수밖에 없는 상황이나 환경 같은 것에 대해 겸손함을 가질 필요도 있지만, 당사자를 이기고 싶은 게 배우로서의 꿈인 거죠. 연기의 한계가 무엇일까 하는 생각.

최근 저는 동물이 나오는 이야기를 계속했는데요. 동물을 재현하고 싶지는 않지만 동물 이야기를 할 때 동물 당사자는 절대 무대에 오를 수 없잖아요. 동의를 구하기가 어렵고 학대로 이어질 수 있는 순간이 분명 있으니까요. 그래서 결국 인간인 배우가 그 말을 대신 해줄 수밖에 없는데, 당사자가 절대 무대에 올라올 수는 없지만, 나는 그 이야기를 해주고 싶고, 그렇다면 이 이야기야말로 뭔가 배우로서 할 수 있는 당사자를 대신하는 최선의 순간이 될 것이라는 생각이 계속 들었던 것 같아요. 동물 해방론자들, 동물권 옹호자들이 그 이야기를 많이 하거든요. 당사자 운동이 없는 투쟁이다.

제가 공연을 으아— 이렇게 밀려고 하는 순간이 느껴지면, 그게 필살기인지 뭔지 모르겠지만 저는 그걸 기세로 간다고 표현을 하는데, 그때 딱 고삐를 잡아야 한다, '고삐 딱 잡고 1센티씩 1센티씩 가야 해. 쭉 밀면 안 돼!' 으다다다 이렇게 뛰어가면 공연이 휘뚜루마뚜루 끝나버리잖아요. '안 돼, 딱 고삐 잡고 1센티씩 가야 한다.' 그 1센티씩이 정말 힘들지만 그래야 공연 끝나고 울지 않는다, 오늘 공연 망했다면서. 그렇게 하게 되는 공연이 저는 참 좋은 것 같아요. 한 땀 한 땀씩 하고 있다고 느껴지는 공연들, 상대도 그렇게 하고 있고, 다 같이 한 땀 한 땀 공연이 1센티씩 전진한다. 그런 공연이 참 좋은 공연이라고 생각해요. 또 어떤 공연은 엄청 힘들어서 으아— 하며 밀지만 결국 1밀리씩밖에 못 가기도 하잖아요. 그렇게 가더라도 어쨌든 1밀리씩 가는 공연이 관객과 1초 1초 함께 짚었다 싶고요. 그럴 때 준비를 잘했고, 무대에서 수행도 잘한 좋은 공연이라고 느끼는 것 같아요.

# 안재현

'서커스창작집단 봉앤줄'을 이끌며 서커스 기예와 다른 장르를 결합한
컨템포러리 서커스를 창작하고 있다. 대표작으로는 〈외봉인생〉(2018) 등이
있다. 연극으로는 〈살〉(2011), 〈묘화만발〉(2011),
〈그리고 아무도 없었다〉(2011), 〈고래〉(2014), 〈빨간시〉(2014)로
무대에 섰다.

A

7

일상 속에
세워지고 스러지는

헤테로토피아

어린 시절에 엄마 방 침대 이불 속을 탐험하며
느꼈던 상상과 쾌락의 순간을 기억하시나요?
다락방 한가운데 놓인 인디언 텐트를 드나들 때의
설렘은 어떤가요? 일상의 시간과 장소가 순간적으로
전복되는 현실 세계의 유토피아, '헤테로토피아'.[1]
서커스 거리예술을 통해 도심 속의 헤테로토피아를
창조해내는 '서커스창작집단 봉앤줄'의 서커스 예술가
안재헌 배우를 만나봤습니다.

2019.10.10.

| A | S |
|---|---|
| 7 | 1 |

**김신록** '봉앤줄' 소개에 "봉앤줄은 서커스 기예와 다른 장르의 결합을 통해 무대 위 '헤테로토피아' 구현을 추구한다"라는 문장이 있다. '헤테로토피아'에 대해 설명을 부탁한다.

**안재현** '헤테로 hetero'는 '서로 다른', '낯선', 토피아 topia는 '장소', '세상'을 뜻한다. '헤테로토피아'는 완벽한 허상인 유토피아도 아니고 그렇다고 일상적인 현실 세계도 아니다. 구체적인 기능을 가진 실제 장소에 맥락을 벗어난 이질적인 의미들이 중첩된, '현실적인 동시에 환상적인 세계', '허구의 세계와 실제의 세계가 혼재되어 있는 시공간'을 뜻한다. 헤테로토피아는 결코 닿지 못할 유토피아 대신 세상 한가운데서 잠시 쉴 수 있는 은신처가 되기도 하고, 힘겨운 현실과 반대되는 꿈과 환상의 시공간을 제공하기도 한다. 헤테로토피아에서는 세상의 법칙이 한순간 효력을 잃는다. 이것이 서커스 기예의 본질과 만나는 지점이라고 생각한다.

**김신록** 서커스 기예의 본질이 뭐라고 생각하나?

**안재현** 비현실의, 일상적이지 않은, 예측할 수 없는 모든 것을 말한다. 중력을 건디며 위로 올라가는 것, 공중에 머무

---

1 헤테로토피아(heterotopie)는 프랑스 철학자 미셸 푸코가 제안한 개념으로, 어디에도 없는(u) 장소(topos)인 유토피아(utopie)와는 달리 위치를 가지는 현실 속의 유토피아를 뜻한다. 기존 시공간의 질서를 정화하고 중화시키는 일종의 반(反) 공간으로서 기능한다(미셸 푸코, 《헤테로토피아》, 이상길 옮김, 문학과지성사, 2014, 27-39쪽 참조).

는 것, 떨어져야 하는데 계속 버티는 것 등. 따라서 봉앤줄의 무대를 통해 헤테로피아를 구현하는 데 서커스 기예는 필수다.

**김신록** '비현실', '일상적이지 않은'과 같은 단어는 오히려 '어디에도 없는 장소'를 뜻하는 '유토피아'와 닮아 있는 것 같다. 이런 유토피아적인 서커스 기예가 봉앤줄 공연에서는 어떻게 일상과 현실의 토대를 확보할 수 있나?

**안재현** 나에게 현실은 '거리'고 '일상'이다. 봉앤줄은 연출적인 미장센을 추구하는, 통합적으로 잘 짜여지고 러닝타임이 긴, 기승전결이 있는 실내극보다는 거리극을 좋아한다. 일상의 거리에 툭 하고 차이니스 폴 chinese pole 이, 와이어 wire 가 놓여 있는 것이다. 그 폴이나 와이어에 어떤 드라마적인 의미를 부여하지도 않는다. 그냥 폴은 폴이고 와이어는 와이어다. 어떤 장소를 일부러 '무대'처럼 꾸미지도 않는다. 그냥 어떤 도시에 가면 그 도시에서 가장 상징적인, 잘 알려진 장소에 가서 신호등이나 가로등에 봉이나 줄을 걸어놓고 앉아 있는 거다, 노래도 부르고. 공간을 인위적으로 바꾸지 않고 그 장소의 소음 등을 그대로 이용하려고 한다. 거리를 지나가던 사람들이 갑자기 늘 만나던 장소를 낯설게 바라보는 순간이 좋다. 이것이 봉앤줄이 생각하는, 도심 속에 순간적으로 세워졌다 스러지는 '헤테로피아'다.

**김신록** 봉앤줄은 안재현 1인으로 구성된 서커스 창작집단이라고 알고 있다. 여러 장르의 예술가들과 협업하는 것은 어떤 맥락인가.

**안재현**　헤테로토피아는 통일성을 중요시하는 호모토피아 homotopia 의 반대 개념이다. 사물들이 상이한 방식으로 중첩되어 공통 위치를 정의하는 것이 불가능한, '혼란 속의 질서'를 뜻하기도 한다. 서커스 기예가 낯선 장르와 만났을 때 이런 감각이 잘 발생하는 것 같다.

　　난 협업을 '플레이팅'처럼 생각한다. 식탁에 음식을 보기 좋고 먹기 좋게 배치하는 것 말이다. 배치만 하는데도 자연스럽게 발생하는 게 있더라. 물론 각 음식이 질도 좋고 맛도 있어야 하는 건 기본이다. 내 작품에 대해 꽉 짜인, 정교한 미장센이 없어서 아쉽다는 피드백도 있지만 난 그게 없어서 더 좋다. 배치만을 통해 무엇인가가 발생하면, 관객은 그 여백에서 알아서 가져간다. 그리고 제일 중요한 건, 내가 연출적으로 딱 짜는 것을 잘 못한다. 못하는 걸 억지로 하고 싶지는 않다. 물론 경험이 쌓이면서 나중에 더 잘하게 되면 좋겠다.

　　**김신록**　실제 관객들 반응은 어떤가.

**안재현**　서커스 거리극을 하면 전혀 모르는 사람들, 정말 다양한 사람을 관객으로 만난다. 연극과는 다르게 공연 장소를 오가던 사람들이 멈춰 서서 보기도 한다. 언젠가 보라매공원에서 공연했을 때는 어떤 할머니가 내 손에 만 원짜리 한 장을 쥐어 주시면서 '이런 거 하지 마라'고도 하셨다. 배곯아가면서 기예하던 예전의 서커스를 떠올리셨나 보더라. 또 도심 한복판에서 〈외봉인생〉을 공연할 때면 중년 남성분들이 보다가 울기도 하신다.

　　〈외봉인생〉은 35분짜리 공연인데, 무겁고 긴 봉을 어깨에 메고 끌고 걸어와서 신호등이나 가로등에 기대어 놓는 것부터가 시작이다. 나는 가로등이나 신호등에 올라가서 그 봉을 이용해 노래를 하고 대사를 읊는다. 봉 끝에는 마이크도 달려 있다. 공연의 주된 시퀀스는 거리에 세운 높은 봉을 타고 올라갔다가 떨어지기를 반복하고, 그 사이사이에 우리나라 전통 소리와 악기를 연주하는 것이다. 아주 단순하다. 그런데도 관객들은 과거 어느 때의 자신과 마주하는 데자뷰 같은 순간을 경험하기도 하고, 일상을 벗어난 안락함을 느끼기도 하는 것 같다. 나는 이것이 서커스 거리 예술이 빚어내는 헤테로토피아적인 세계 덕분이라고 생각한다.

**김신록** 푸코에 따르면, 우리가 스스로의 몸에 대해 의심할 여지없이 '존재하고 있다'고 느끼는 것은 시체와 거울과 사랑을 통해서라고 한다.[2] 어쩌면 서커스 기예가 극도의 신체성을 요구한다는 점, 죽음의 위험에 늘 직면해 있다는 점에서 이미 헤테로토피아의 가능성이 있다고 볼 수 있겠다. 기예는 탈일상이지만 그 몸은 아주 실제적이라는 점에서 말이다.

**안재현** 맞다. 봉을 계속 오르고 봉에서 떨어지다 보면 실제로 점점 지친다. 나는 그 지침을, 그 나약함을 일부러 숨기지 않는다. 관객은 기예와 함께 지쳐가는 퍼포머를 본다. 기예는 환상이지만 시들어가는 퍼포머의 육체는 현실이다. 관객은 기예의 환상과 나약한 육체의 현실을 함께 목격하게 되는 것이다. 나는 매끈하게 포장된 유려한 기예만 보여주고 싶지는 않다. 오히려 기예가 갖는 화려함 이면의 '인간의 나약함'에 주목하고 싶다. 화려함과 나약함이 함께 존재하는

---

**2** 〈유토피아적인 몸〉, 《헤테로토피아》, 27–39쪽 참조.

면도 봉앤줄이 보여줄 수 있는 헤테로토피아적인 세계의 일부라고 생각한다.

**김신록**  서커스와 관객의 만남이 그렇다면, 본인과 서커스의 만남은 어떤가. 원래 대학원에서 연기를 전공하고 연극 무대에서 배우 경력을 시작하지 않았나. '연극배우'로 본인을 소개할 때와 '서커스 예술가'로 본인을 소개할 때 어떤 점이 가장 크게 다른가.

**안재현**  내가 '배우'라는 말을 배운 건 대학 극회 10년, 대학원 3년, 프로생활 5년을 통해서다. 그 시간 동안 내가 배운 '배우'라는 말은 몹시 한정적이었다. 내가 하고 싶은 것을 배우라는 이름 아래서 해낼 수가 없었다. 그게 너무 답답했다. 시도하고 싶은 걸 확 해버릴 때면 항상 호기, 객기라는 말을 들었다. 대학원 시절, 그리고 졸업 후 한동안 연극 작업에 참여하면서 이런저런 실험적인 시도를 많이 했다. 입에 휴지를 넣는다거나, '꼽추'를 표현한다거나, 옷을 벗는다거나……. 하지만 그때마다 '멀쩡하게 생겨가지고 왜 그런 거 하냐'는 이야기를 들었다. 그런 욕구를 없애고 '정상적으로' 연기하려던 시간 속에서 많이 부대꼈던 것 같다.

**김신록**  배우에게 요구되었던 '정상적인 연기'라는 말이 많은 생각을 하게 한다. 배우들에게 천편일률적으로 요구되던 연기 방법론, 이미지, 발성 방식, 존재 방식……. 공연장 혹은 공연이라는 것 역시 일종의 헤테로토피아인데, 그것이 제작되던 세계는 위계적이고 통합적이고 엄격한 기준으로 가득 찬 호모토피아 세계였던 것 같다. 그래도 지금은 연출적으로든 연기적으로든 다양한 대안적 시도가 존중받고 있다고 느낀다. 본인에게는 그 대안이 왜 서커스였나.

**안재현** 예전부터 몸 쓰는 걸 좋아했다. 몸에 대한 나르시시즘이 있었다. 지금도 있다. 내가 볼 때 내 몸이 예쁘고 동물적인 모습이 있다고 생각해서 그걸 어필하려고 했었다. 다른 배우들과의 차별성을 몸에서 찾으려고 했던 것 같다. 그런데 트레이닝을 해보니까 옛날 내 모습이 객기 맞더라. |웃음| 근본 없는 추상적인 이미지만 가지고 그냥 덤빈 거였더라. 3년 동안 매일 트레이닝을 해보니까 비로소 알겠다. 특히 몸을 이용하는 기술 장르는 더 솔직하다. 한 만큼 나온다. 예전에는 무언가를 하지도 않고, 내 몸의 매력만 믿고 벗어 젖히니까 보는 사람들이나 함께하는 사람들이 힘들었겠다 싶더라.

아, 그리고 서커스 기예 동작들이 나와 잘 맞았던 건, 무용이나 무술과는 다르게 위험을 동반하기 때문이다. 내 성격과 맞더라. 짜릿하다. 위험을 넘어 해냈을 때 그 성취가 주는 나르시시즘이 엄청나다. 그러다 보니 시키지 않아도 하게 되고, 작품도 자연스럽게 만들어지더라.

**김신록** 어떤 창작 과정을 거치나.

**안재현** 서커스의 경우, 매일 연습하는 내용의 한 조각을 보여주는 게 곧 작품이 될 수 있는 것 같다. 기예니까. 사람들이 기예를 보면서 느끼는 그 조마조마함 자체로도 충분히 공연성이 있다. 거기에 평소 관심 있던 장르나 생각을 추가하는 거다. 관심 가는 장르나 예술가, 협업에 대한 재미난 아이디어가 있을 때는 일단 만난다. 그리고 '배치'에 대한 간단한 아이디어만 가지고 즉흥 잼을 한다. 그렇게 자연스럽게 발생하는 것들이 작품에 많이 포함된다.

요새는 차이니스 폴 기예와 하이 와이어Hight Wire, 고공줄타기 기예를 연구 중이다. 〈하늘을 걷는 남자The Walk〉|2015|로 영화화되기도 했지만, 사실 하이 와이어 기예는 유럽에서는 이미 오래전부터 해온 것이다. 예를 들면, 높은 빌딩 사이에 줄을 매달고 그 위를 걷는 거다.[3] 그런데 나는 그런 것은 안 하고 싶다. 줄이 너무 높으면 관객 입장에서는 퍼포머가 자기와 상관없는 사람처럼 느껴질 것 같다. 그래서 나는 줄을 5-6미터 정도로만 높이고, 줄에 오르기 전에 관객과 짧은 눈맞춤이나 악수 등으로 관계 맺기를 시도하려고 한다. 방금 나와 눈을 마주치며 인사했던, 짧지만 나와 관계를 맺은 어떤 사람이 내 머리 위 하늘을 걷고 있는 것을 볼 때 어떤 느낌일지 너무 궁금하다. 관객들이 내가 느끼는, 무한한 자유로움과 추락에 대한 두려움을 함께 느낄 수 있다면, 적어도 무관심은 아니라면 좋겠다.

**김신록** 연습은 어떻게 하나.

**안재현** 줄넘기로 시작해서 스트레칭으로 끝나는 네 시간 훈련 프로그램을 주 5일 한다. 하루에 한 마디도 안 할 때도 많다. 말을 안 하는 데는 단원이 없는 것도 한몫한다. 내게 연습은 한마디 말도 안 하는 시간이다. 대신 연습일지를 열심히

---

[3] 필리프 프티(Philippe Petit, 1949- )라는 프랑스의 곡예사이자 거리 예술가는 1974년 뉴욕의 세계무역센터 두 빌딩 사이에 줄을 매달고 줄타기를 하면서 유명해졌다. 로버트 저메키스 감독의 〈하늘을 걷는 남자〉는 이 인물을 모델로 한 것으로, 조셉 고든 레빗이 주연한 전기 영화다.

적는다. 어딘가에는 쏟아내야 하니까.

이런 방식이 나한테 잘 맞다. 학교 다닐 때는 내가 가진 에너지나 기운을 술, 연애, 담배로 다 날려 보냈던 것 같다. 아주 '요만큼' 남은 에너지로 수업 듣고 무대에 서고 그랬다. 그런데 말을 안 했더니 기운이 모이더라. 그렇게 모인 기운을 봉 타고 줄 타는 데 쓴다.

연극했을 때는 내 연기를 영상으로든 뭐든 모니터링하는 게 싫었는데 서커스 공연을 하면서는 내 모습을 모니터링 하는 것이 좋다. 영상 속의 나를 보면 되게 집중해 있고, '온전히 그것만' 한다, 봉 타고 줄 타는 일만. 힘과 호흡이 들어가는 작업이니까. 그런 모습이 그 어느 때보다 '나 같지 않다'는 생각이 든다. 그 모습이 좋다.

**김신록** '나이면서 나 같지 않은 감각', 어쩌면 본인에게는 기예를 훈련하는 그 시간이 매일 매일의 일상에서 세워지고 스러지는 헤테로토피아의 순간일 수도 있겠다.

**안재현** 봉과 줄을 타는 시공간이 내게는 헤테로토피아다. 그리고 '거리에 봉이 서면' 그 시간, 그곳은 '나와 관객의 헤테로토피아'다. 일상과는 다르지만 그렇다고 완전한 탈현실은 아닌 그 시공간. 이질적이면서도 환상적인, 어린 시절 부모님 침대 이불에 들어갔을 때의 느낌처럼 말이다.

# 한 동작을
# 천 번 한 사람의
# 마음가짐

사실 안재현 배우는 저와 대학원 동기입니다.
재현이가 수업이나 공연에서 입에 휴지를 쑤셔 넣고,
걸핏하면 웃통을 벗고, '꼽추' 흉내를 내고, 여차하면
바지까지 벗어 젖히는 것을 수시로 봐왔습니다.
하하하. 그런 재현이가 서커스 예술가가 되어서
첫 인터뷰를 하러 갔던 2019년에도 정말 다른 사람이
됐다고 생각했는데, 2022년 4월 28일에
다시 만난 재현이는 범접할 수 없을 만큼 선명하고
단순해져 있었습니다. 7년을 매일같이 오르고
떨어지는 가장 단순한 동작으로 신체를 단련하고
정신을 수련해온 예술가를 만나 대화를 나눌 수
있어서 영광이었습니다. 20년 후에도 서커스 예술가
안재현을 만나 이야기를 나눠보고 싶습니다.

2022.4.28.

| A | S |
|---|---|
| 7 | 2 |

**김신록**  어떻게 지내?

**안재현**  똑같죠 뭐, 연습하고.

**김신록**  여전히 헤테로토피아를 찾고 계신가요?

**안재현**  하하. 헤테로토피아도 이제 모르겠어. 그때 그냥 단체 소개에 넣으려고 그럴듯하게 말한 거지. 물론 지금도 중심에 그게 있긴 해. 있긴 한데, 그때와 지금은 달라. 그때는 생각, 개념, 사상, 철학을 더 많이 생각했다면 지금은 그냥 몸인 것 같아요. 그때는 좀 꽂혀서 내 퍼포밍과 개념을 자꾸 연결시키려고 했다면, 지금은 그냥 훨씬 더 몸인 것 같아. 몸이 더 흥미롭고 그냥 몸을 잘 쓰고 싶어요. 세상에서 제일 몸 잘 쓰는 서커스 예술가가 되고 싶어. 몸 잘 쓰고 싶어요, 몸!

그리고 그때만 해도 연극배우의 정체성이 남아 있었던 것 같은데, 이제는 아예 없어요. 그냥 봉 젤 잘 타고 줄 젤 잘 타는 사람이 되고 싶어. 트레이닝을 7년째 계속 반복하면 할수록 개념이 중요하지 않은 것 같더라고요. 남는 건 몸밖에 없고, 설명하는 것보다는 보여지는 내 몸이 다인 것 같아. 옛날에는 설명하려고 했다면 이제는 그 설명이나 개념이 나한테 좀 무의미하게 느껴진달까? 아마 시간을 더 들여서 트레이닝을 하게 되면 더 없어질 것 같아. 헤테로토피아 같은 개념은 '내 작품을 보고 사람들이 느꼈으면 좋겠다' 하는 바람이었던 것 같고, 그런 개념을 중심에 두고 오긴 했지만 시간이 지나고 보니, 꼭 그렇게 보지 않아도 되지 않을까. 시간과 함께 수련되어온 내 움직임이나 몸을 보면 그걸로 끝 아닌가, 어떤 개념이 중요하다기보다는. 그런 생각이 들어요. 모르겠어, 말로 표현하는 것을 최대한 줄이려고요.

**김신록**   말로 한 페이지를 다 채우고 무슨 소리야.

**안재현**   하하하하하. 이소룡이 천 가지 동작을 하는 사람보다 한 가지 동작을 천 번 한 사람이 더 무섭다고 했잖아요. 나도 같은 동작을 7년째 하고 있으니까, 거기서 재밌는 부분들이 시작되는 것 같아요. 올라가고 떨어지고를 7년째 반복하다 보면 그 안에서 디테일하게 달라져요. 디테일하게 더 파생된다고 해야 하나.

**김신록**   와, 7년 한 사람의 자신감이 있네! 4년 차에는 흔들림이 있었던 것 같은데, 7년 되니까 달라. 20년 되면 어떻게 될까.

**안재현**   20년……. 그때도 내가 탈 수 있을까? 아, 탈 수 있으면 좋겠다. 맞아 4년 차에는 좀 그랬던 것 같아. 자신감이 많지 않았어. 지금은 자신감이 아니라 안정감이라고 해야 하나. 지금은 누가 뭐 보여달라고 하면, 10분 정도는 보여줄 수 있는 것 같아. 아무것도 없어도 봉만 있으면, 내 움직임과 내 호흡으로만. 그 당시에는 누가 뭐 보여달라고 하면 "잠깐만요!" 하고 음악 하시는 분 찾고, 누구 찾고 했을 텐데. 괜히 '콜라보' 해야 할 것 같고. 지금은 보여달라고 하면 보여줄 수 있어요. 왜냐면 계속 반복하니까. 시퀀스가 있어요. 20분짜리.

**김신록**   보여줘!

**안재현**   그래요. 보여줄 수 있죠. 일반인들이 보면 이것도 꽤 볼만할 거예요. 한 동작을 천 번 한 사람의 마음가짐이라고 해야 하나. 그런 게 있어요.

# 사막별의 오로라

## 황은후·김정

배우 김정과 황은후가 2014년에 의기투합하여 만든 연극프로젝트 그룹. '몸'과 '여성'이라는 두 가지 키워드에 관심을 가지고 작품을 창작한다. '미의 기준과 관련된 여성의 몸'에서부터 '소외된 환경에 처한 여성의 몸', '정신질환을 겪는 여성의 몸'에 이르기까지 점차 그 작품 세계를 확장해나가고 있다. 대표작으로는 〈메이크업 투 웨이크업〉(2017), 〈메이크업 투 웨이크업2〉(2019), 〈산책자의 행복〉(2019), 〈더스트〉(2022) 등이 있다.

# 나와 인물의 '고유감각'이 만날 때

이 글을 읽는 독자님, 지금 앉아 있는 혹은 서 있는
자신의 몸을 인식해보세요. 내 몸의 평형, 온도, 진동,
압력을 감각해보세요. 내 몸이 기울어지고
흔들리고 무엇인가를 쥐고 누르고 온도를 느끼는 감각을
통해 인물의 몸을 만난다는 것은 어떤 방식일까요.
'사막별의 오로라'라는 2인 창작팀을 꾸리고 있는
김정, 황은후 배우를 만나 일반감각과 고유감각에 대한
이야기를 나누어보았습니다.

2019.10.24.

| A | 8 | S | 1 |

**김신록**　일반감각과 고유감각에 대해 설명 부탁한다.

**황은후**　일반감각이란 사람이 세포 층위에서부터 갖고 있는 감각을 말한다. 평형감각, 온도감각, 압력감각, 진동감각. 이 일반적인 감각들이 개인의 삶의 역사와 경험에 따라 각자 다른 결로 작동하면서 고유한 몸에 새겨진다. 이것이 한 사람의 고유한 감각, '고유감각'을 형성한다.

　　아울러 고유감각은 자신의 신체 위치, 자세, 움직임 등에 대한 감각으로, 우리 몸이 어디에 위치해 있고 어떻게 움직이는지 아는 감각이기도 하다. 일반감각이 고유감각을 형성하는 데 큰 역할을 한다고 이해하고 있다. 우리가 흔히 오감이라고 말하는 시각, 청각, 후각, 촉각, 미각은 특수감각에 속한다.

**김신록**　일반감각과 고유감각에 집중하게 된 계기는 무엇인가.

**황은후**　기본적으로 우리 팀은 몸에 관심이 있다. 팀 소개에는 '몸'과 '여자'라는 키워드에 관심을 갖는다고 썼다. 이제까지의 작업은 '젠더를 수행하면서 살아가는 몸의 불안'에 집중해 있었다. 2014년 첫 작업부터 2019년에 공연한 〈메이크업 투 웨이크 업 2〉까지 쭉 외모 강박을 추동하는 사회적 압박에 대해, 그 안에서 몸이 어떻게 살고 있는지에 대해 탐색했다. 우리는 그 몸을 '어쩔 줄 모르고 끊임없이 움직이는 불안한 몸'이라고 부른다.

　　이런 몸을 탐구하다 보니 흔히 생각하는 배우의 몸, '깨끗하고 경제적이고 중립적인', '습관들이 제거된 바른 몸'으로는 구현이 힘들었다. 우리가 감각하고 있는 '불안의 몸'

이 실제로 어떻게 작동하나 고민하다 보니 일단 '몸을 흐트러뜨려야겠다'는 생각이 들었다. 그래서 요새는 '흐트러뜨리는 것'을 탐구 중이다. 목표와 행동 같은 것 말고 목적 없는 행동들, 비어 있는 순간들, 해석할 수 없는 단절 같은 것들이 오히려 '진짜'를 말해주는 것 같다. 이걸 어떻게 발견하고 접근할 수 있을지 고민하다가 일반감각과 고유감각이라는 개념을 발견했다.

**김정** 이런 몸에 대한 호기심, 호감은 예전부터 있었던 것 같다. 일본 연출가 오카다 도시키가 2013년에 서울에서 〈현위치〉라는 공연을 한 적이 있다. 공연을 보는데 배우들이 계속 이상한 방식으로 몸을 꼬면서 방사능과 관련한 이야기를 했다. 보이지 않는 불안을 몸으로 어떻게 표현할지 고민했던 것 같다. 보면서, 비일상적인 몸이지만 뭔가 '저거다!'라는 생각이 들며 감명받았다. 그간 나는 '내가 무슨 마음인지 관객들이 정확하게 알 수 있는 방식으로', 어떻게 보면 제시적으로 몸을 사용했던 것 같다. 이제는 흐트러뜨리고 싶다.

**김신록** 일반감각과 고유감각을 탐구하는 것이 몸을 흐트러뜨리는 데 어떤 방식으로 도움을 주나.

**김정** 텍스트에 접근하기 전에 내 몸의 압력, 평형, 진동, 온도 등을 경험한다. 이때 놀라운 것은 가만히 있는 것이 자연스러울 것이라는 편견이 무색하게, '내 몸은 끊임없이 움직인다'. 그때그때의 감각과 마음에 집중하면 오히려 '몸은 가만히 있고 싶어 하지 않는다'는 것을 발견한다. 여기서 이제껏 경험해보지 않은 '사이의 몸들'을 만나게 되고, 이것이 결국은 단단하고 제시적인 몸을 흐트러뜨리는 게 된다.

**김신록**  '사이의 몸'이라는 것을 효율적인 액션과 액션 사이에 발생하는 '무목적적인 몸', 언어와 실제 사이의 '과정 중의 몸' 등으로 이해하면 될까.

**황은후**  맞다. 개인적인 몸을 관찰해보면, 틈새나 무의식에 접속하고 있는 몸의 감각들이 포함되어 있는 것 같고, 그런 걸 들여다보면 그게 '진짜'라는 생각이 든다. 요새 '틈새'라는 말을 많이 쓰고 있다. 뷰포인트에서 '네거티브 스페이스'ㅣ비어 있는 공간ㅣ라는 개념을 처음 접했을 때도, 덩어리가 아니라 덩어리들 '사이'에 있는 것들을 찾으면 좋겠다고 생각했다. 매 순간 근육과 관절을 통해 수용되는 고유감각과 접속하는 방식을 통해 목표를 가진 행동, 그러니까 '연기적 액션'을 하는 패턴에서 벗어나기를 시도 중이다.

**김신록**  조해진 작가의 〈산책자의 행복〉ㅣ《빛의 호위》, 창비, 2017ㅣ이라는 소설을 무대에 올리려고 연습 중이라고 들었다. 이 작업을 통해 몸을 흐트러뜨리는 것, 그럼으로써 몸의 사이 혹은 여러 의미의 '틈새'들을 찾고 있는 건가.

**황은후**  맞다. 막막하고 모호하지만 '진짜'라고 느껴지는 것을 찾고 있다. 〈산책자의 행복〉은 두 인물의 이야기인데, 한 사람이 이메일을 보내고 다른 한 사람이 마음속으로만 답장을 보낸다. 대화나 서사보다는 과거에 대한 기억과 탐색, 거기서 이어지는 사유로 이루어진 텍스트다. 실제로 행하지 않고 머릿속에서 일어나는 일도 여전히 '물질적인 것' 같다. '사유와 기억을 배우가 어떻게 몸으로 번역할 수 있을까', '물질적으로 어떻게 겪어낼 수 있을까'라는 질문에서 일반감각―압력, 평형, 온도, 진동감각—을 통한 접근을 시도하고 있다.

**김신록** 인물을 물질적으로 이해한다는 것은 무엇인가.

**황은후** 예를 들어, 편의점에서 일하는 인물이 있다고 치자. 내가 '그 인물이 되어서' 살아보면서 그 사람의 감각을 몸에 입는 방식은 아닌 것 같다. '오히려 나라는 사람에게 이미 형성되어 있는' 압력, 평형, 온도, 진동에 대한 감각 혹은 기억을 먼저 찾는 거다. 그리고 내 몸의 고유감각을 바탕으로 인물이 가지고 있을 법한 압력, 평형, 온도, 진동에 대한 감각을 만나는 것을 추구하고 있다. 이를 위해 즉흥 엑서사이즈들을 할 때 인물인지 아닌지 모호한 경계에서, 오히려 '나 자신으로서 인물이 외부와 만나는 물질적인 감각들을 따라가보려' 하고 있다.

**김정** 얼마 전에 뭔가 발견한 순간이 있었다. 연습 때 '배우인 나 자신에게 가장 강하게 작용하는 감각과 인물의 중요한 한 문장을 함께 가지고 인물의 방에 있어보자'고 제안했다. 나는 '거절당하고 싶지 않았다'라는 인물의 문장을 선택했다. 배우인 나는 압력감각에 예민한 사람이다. 내가 주먹을 쥐고 꺾고, 관절에 힘을 줌으로써 '내가 여기 있다'는 감각을 계속 몸으로 확인했다. 그런데 그 움직임이, 그 감각이 인물의 문장 '나는 거절당하고 싶지 않았다'와 아주 잘 맞아 들어간다고 생각하면서, 뭔가 '맞다!'라는 느낌이 들었다. 쾌가 있었다. 사실적이거나 제시적이지 않았지만, 인물과 맞닿아 있다는 생각이 들었다.

**황은후** '인물과 맞닿았다'를 감각하는 것은 '인물이 이런 사람일 것이다'라고 추론하는 방식과는 다르다. 나의 고유감각과 인물의 고유감각이 만나는 순간이 있다. 일반감각은 복합적인 것들과 만날 수 있는, 상념이나 무의식과도 만날 수 있는 통로가 되는 것 같다. 꽉 쥔 주먹, 기울어진 몸, 공간에서 느끼는 몸의 압력 같은 것은 심리적으로도 잘 접속된다.

**김정** 예전에는 '상상력'으로 인물에 접근했다. 인물을 둘러싼 환경, 전사 같은 것들. 너무 어려웠다, 상상도 안 되고. 전에 프랑스 배우 이자벨 위페르Isabelle Huppert가 부산국제영화제에 왔었다. 관객과의 대화 시간에 내가 탁 손을 들고 '상상이 너무 어렵다. 어떻게 상상력을 잘 발동시킬 수 있나' 물었더니, '시나리오를 받으면 감독과 충분히 이야기하고 의상과 헤어를 바꾼다'고 대답했다.

그 대답에 너무 충격을 받고 배신감마저 들었다. 마치 '나는 천재니까 이렇게만 하면 된다'고 말하는 것 같아서. 그런데 막상 내가 해보니까, 의상과 헤어를 통해 먼저 접근해 보니까, 감각적으로 접근하는 게 가능해졌다. 쉬운 예로 맨발일 때와 구두를 신고 있을 때는 다르다. 대본을 읽고 연출과 충분히 이야기하면 인물에 대해 어렴풋하게 감이 오지 않나. 그 이해를 바탕으로 상상 대신 인물이 입었을 법한 의상을 입고 헤어를 하면 '감각이 발동'한다. 상상으로 접근했을 때보다 감각으로 접근했을 때가 훨씬 '직접적'이었다.

**김신록** 상상을 멈춰 있는 시각 이미지나 스토리, 감각이 아닌 사고의 영역으로 이해하는 경우 실제 움직이는 데 도움이 되지 않는 것 같다.

**황은후** '냄새를 맡는다, 본다, 듣는다.' 이렇게 특수감각을 상상하는 것도 어려운 일이었다. 연습실 냄새만 나는데, 에어컨 소리만 나는데 숲 냄새를 맡아라, 새소리를 들어라. 그런데 오히려 압력, 평형, 온도, 진동은 내가 몸으로 맞부딪히고 쥘 수 있는 실제적인 감각이다. 이게 어떤 통로가 되는 것 같다. 게다가 압력은 물질적이기도 하지만 동시에 '삶의 압력' 같은 은유로 금방 번역되는 것 같다.

**김신록** 듣고 보니 고유감각이 '실제와 허구가 만나는 통로'가 될 수 있겠다는 생각이 든다. 또 압력감각이 삶의 압력, 압박 등으로 메타포화할 수 있는 가능성이 흥미롭다.

**김정** 이렇게 감각을 탐구하다 보면 '세계를 어떻게 바라볼 것인가'에 대해서도 생각하게 된다. 예전에 위파사나 명상을 가서 이런 이야기를 들었다. '우리가 고정되어 있는 실체라고 생각하지만 우리는 아주 작은 입자들로 이루어져 있을 뿐이다. 우리는 우리가 일관성을 가진 사람이라고 생각하지만 우리는 매일 변한다. 고정된 실체가 아니다.' 아주 위로가 되는 말이었다. 이 세계가, 내가, 고정되어 있다고 느낄 때 괴로운 것 같다. 모든 것은 입자고, 항상 변한다고 생각하면 마음이 좀 놓이는 게 있더라. 내가 여기 있고 책상은 저기 따로 있어서 '내가 이 세계를 어떻게 살아가겠다!'가 아니고, 이 세상도 다 입자고, 나도 이 세상에 입자로서 흡수되어 있고, 나만 진동하는 것이 아니라, 함께 진동하고 있다는 방식으로 세상을 바라보려 한다.

**황은후** 이번 작업을 하면서 번아웃에서 살짝 회복하고 있는 상태다. 그래도 아직 기력도 없고 창조성이 불타올라서 짠! 이렇게 되지는 않는다. 나라는 실체에 대한 자신감이나 확신이 없는 상태에서 '감각을 더듬어가는 방식'으로 작업해나가는 것이 위로가 된다. 나라는 것이 없는 상태에서 외부에 의해 기울어지고 쥐어지는 작은 디테일, 작은 감각의 수행을 통해 나도 조금씩 만들어지고 인물도 조금씩 만들어지고 있는 것 같다.

**김정** 〈산책자의 행복〉에 "살아 있다는 감각"이라는 문구가 있다. 나는 이 말에 관심이 있다. 개인적인 역사에서 나는 많은 순간을 의무로 살아왔다. 연기도 잘해야 하고, 밥벌이도 잘해야 하고. 그러다 보니 '살고 있다는 느낌'이 들지 않고, 일하는 기계 같기도 하고, 삶과 연기에 대해 전체적으로 회의가 들었다. 그러면서도 어떻게 하면 살아 있다고 느낄까에 대해 깊게 들여다본 적이 없었다. '사막별의 오로라'는 지금 가장 들여다보고 싶은 주제를 가장 깊이 들여다볼 수 있는 매개로 연극을 선택한 것 같다. 〈산책자의 행복〉을 통해 '살아 있다는 것'을 들여다보고 싶다.

## 나라는 생명이 너무 귀하다

2022. 4. 28.

앞의 글을 다듬고 있는 오늘은 일요일인데요.
다가오는 수요일에 어떤 드라마의 첫 촬영을
앞두고 있습니다. 이 책이 출판되는 시점에는 해당
드라마의 촬영 정보가 노출되면 안 되기 때문에
자세히는 말씀드릴 수 없지만, 기쁘게도 인물을
위한 좋은 아이디어를 방금 압력감각과 그와 연결된
고유감각을 이용해서 얻었어요!
한 손은 꼭 쥐고, 다른 한 손은 펼쳐봅니다.
꼭 쥔 손은 멱살을 잡고, 주먹을 날리고, 집요하게
쥐고, 놓치지 않고, 복수하려는 마음과 연결됩니다.
펼친 다른 손은 악수를 건네고, 어루만지고,
웃으며 머리를 쓸어 넘기고, 바람을 통과시키고,
선선하게 웃는 얼굴과 연결됩니다. 저는
이 두 손으로 다가올 인물을 받아들여보려 합니다.

| A | 8 | S | 2 |

일요일에 카페에 앉아 지난 인터뷰를 들여다본 시간이
지금의 연기에 도움을 주다니 기쁘네요!
2022년 5월 20일에 다시 만난 김정 배우와 황은후
배우는 또 다른 작품을 준비 중이었습니다.
"지금 가장 들여다보고 싶은 주제를 가장 깊이 들여다볼
수 있는 매개로 연극을 선택한" 두 배우는,
요새 어떤 주제를 가장 깊이 들여다보고 싶을까요?

**황은후** 지금 밀리 토마스라는 영국 극작가 겸 배우가 쓴 〈더 스트〉라는 1인극을 두 명의 배우가 나오는 버전으로 준비하고 있어요. 한 여자가 자살하고 나서 자기 시체가 저기 누워 있는 것을 보는 것에서 시작해요. 우울증과 식이장애가 있는 친구였는데 죽었는데도 끝이 안 난 거예요. 자기가 죽고 나서 주변 사람들이 어떻게 시간을 보내는지, 자신의 죽음이 끼친 여파가 무엇인지 목격하며 과거를 회상하고 지금을 관찰하면서 어떤 오해, 연결의 어긋남에서 오는 고통을 보여주는 작품이라고 보고 있어요. 한 명이 대사를 담당한다면 한 명이 손톱이 되는 식으로 서로가 서로의 주석이 되는 방식을 고민 중이에요. 보여지는 몸과 숨겨진 몸, 죽은 몸과 살아 있는 몸, 생기가 있는 몸과 마비된 몸, 남이 보는 몸과 자신이 보는 몸도 있잖아요.

연기와 관련이 있겠지만 나의 욕망과 나이 듦과의 관계 속에서 요즘 그런 생각을 많이 해요. '나에게 도는 에너지가 달라지고 있다.' 저는 계속 어딘가로 향해가는, 어떤 상으로 향해가는 성향이 되게 강했거든요. 밀어붙이고 안 되면 되게 하고, 애쓰고. 그런 에너지가 또 맞았고요. 그런데 어느 날 제게 뭔가를 돌보고 싶은 에너지가 돈다는 걸 느꼈어요. 모닝페이지를 쓰거나 명상할 때도 그렇고. 뭔가를 돌보는 게 누군가에게는 육아일 수 있겠지만 지금 제게는 식물이에요. 식물을 돌볼 때 자연스럽게 나의 생명력도 느끼고, '내가 자연스러운 이행의 과정에 있구나' 싶고, 어딘가를 '향해 가던' 방식을 풀어내고 싶은 마음이 큰 것 같아요.

전에 인터뷰할 때, 몸과 세계가 만나는 방식을 감각으로 나눠서 찾았지만 그것도 사실은 납작해지는 일인 것 같아요. 이성적으로 딱딱 구분되는 세계에서 탈주하고 싶은 욕망 때문에 괜스레 더 쪼개서 세계와 관계 맺는 방식을 찾고 그 틈새에 뭔가 더 비집고 들어올 수 없을까 싶었던 거죠. 그 안에 어떤 공간이 있을까 했던 건데 사실 그러면서도 저는 목표를 향해가고 있었던 거에요. '찾아내야 해!', '우리 방식으로 발전시켜서 일가를 이뤄보자' 이런 생각이 있었던 것 같아요.

그런데 저희가 1-2년 쉬고 각자 다른 경험을 하고 다시 만났을 때 저희는 또 다른 사람이 되어서 만난 거잖아요. 어제도 정이와 이야기하다 보니 비슷한 주제를 갖고 있더라고요. 어떻게 하면 내가 이 불확실성 속에 머물 수 있는가, 내가 그것을 편안하게 받아들이고 머물 수 있는가, 어딘가 한 지점이나 완성을 향해 나아가지 않고 머물 수 있는가. 제게 키워드는 생명력이에요. 생명력. 전에는 제가, 저를, 갈아 넣어서, 어딘가로 가는 존재로 생각했던 것 같아요. 그런데 지금은 제가 하나의 생명이고, 제가 무대 위에 있을 때도 하나의 생명으로서 사람들과 영향을 주고받는 거구나 싶어요. 제가 처음 연극을 만났을 때도 무대에서 피어나는 그 생명을 보고 감명받았던 거거든요. 그 생명이 펼쳐지려면 내가 나를 편안하게 받아들이고 나에게 공간을 좀 주자, 그런 연습을 하고 있어요. 나를 좀 받아들이고 내가 나의 최전선의 지지자가 되자.

**김정**   저도 은후와 되게 비슷한데, 그게 나이를 먹어서 그런가 생각했어요. 항상 불안했고 지금도 너무 불안한데, 이 불안을 어떻게 해결할 수 있을까 하는 게 과거에 내가 불안을 마주하는 방식이었다면, 지금은 어떻게 하면 불안을 그대로 받아들일 수 있을까가 관건이 되고 있어요. 예전에는 어떻게 하면 불안이 없어질 수 있다고 여겼던 것 같아요. 어떤 답을 찾아내면 이 불안이 평화로 돌아갈 거라는 꿈을 가지고 있었던 것 같은데, 그게 아니라는 것을 감각하게 됐어요. 그 감각이 나이 때문인지 팬데믹 때문인지. 둘 다 영향이 있겠지만, 지금 제 과제는 점점 받아들임인 것 같아요. 이야기하다 보니 통제라는 것이 저의 큰 화두 중 하나인데요. 사실 불안하니까 통제하고 싶잖아요. 그래서 통제를 많이 하려고 노력을 했던 것 같아요. 통제하면 원하는 방향으로 갈 수 있다는 믿음이 있었죠. 그런데 통제할 수 없다는 걸 점점 더 크게 느끼게 되는 것 같아요, 살아갈수록. 예전부터 삶은 통제할 수 없다고 계속 들어왔었지만 이제 정말 실감하게 되는 것 같아요. 그럼 통제할 수 없으면 어떻게 해? 더 통제하려고 더 아등바등하는 건 너무 어리석은 것 같아서 통제할 수 없다는 걸 어떻게 하면 받아들이고 불확실성 속에 있을 수 있을까. 요새 그걸 찾고 싶은 것 같아요.

**황은후** 생명력 안에 머무는 것이 곧 불확실성 속에 있는 거라고 생각해요. 불확실하다는 게 부정적인 게 아니라는 걸 확실히 받아들이게 된 것 같아요. 작년에 읽고 영향을 받은 책이 리베카 솔닛의 《길 잃기 안내서》| 김명남 옮김, 반비, 2018 | 예요. 다양한 방식으로 길을 잃는다는 내용의 사유들이 실려 있어요. 무척 인상적이었던 게, 미국 아메리카 대륙에 처음 도착했던 서구인들이 인디언을 만나면서 실제로 그 사람들과 같은 부족이 돼서 살게 되거나 그 안에서 길을 잃고 집에 돌아가지 못한 사람들이 많았다고 해요. 길을 잃은 미아였다가 그 안의 사람으로 이행하게 되는 '이행의 시기'에 대해 서술해 놓은 부분이 있어요. 이행하는 순간, 좋고 나쁨, 옳고 그름에 대한 판단이 완전히 허물어지는 경험을 하는 순간을 묘사한 부분이 크게 감동적이었어요.

**김정**    그런 면에서 《물고기는 존재하지 않는다》 | 룰루 밀러, 정지인 옮김, 곰출판, 2021 | 도 좋았어.

**황은후**    저는 요새 말에 관심이 많아요. 예전에는 이성적인 접근을 했던 것 같아요. 인물의 전사, 핵과 같이 소위 인물 분석으로 시작해서 거기에 말을 얹어보는 작업이었는데, 이제는 이성이 개입하는 것을 최대한 많이 배제하고 시작하려고 해요. 정제되지 않고 깨끗하지 않은 사고를 최대한 유지하면서 그냥 말들 속에서 말들을 타고 가보는 게 재밌어요. 어디로 갈지 모르는 거죠, 그 안에서는. 예전에는 몸을 그 통로로 생각했다면 이제는 말이 내 생명을 펼치는 통로가 될 수가 있겠다 싶어요. 생명에 대해 관심을 갖게 된 건 펜데믹의 영향일 수도 있겠지만요. 생명력이라는 것이 단순히 개념이 아니라 진짜 여기에 모든 게 다 있고, 여기서 무엇이 나올지 모르는 거구나 하는 생각이 들기 시작했거든요. '나라는 생명이 굉장히 귀하다.' 이렇게 말하면 좀 웃긴가요?

**김정**    왜, 나 어제 그 말 듣고 눈물 흘렸잖아.

**황은후**    아 그래? 하하. 저는 생명이 너무 귀하고, 이것이 무엇이 될지 모르고, 관계 안에서 무엇을 발생시킬지 모른다는 생각이 들거든요. 저뿐만 아니라 다른 생명을 볼 때도 마찬가지인 것 같고요. 요즘 인간에 대해 관심이 많아지는 것 같아요. 예전에 학교에서 연기 배울 때, 약간 이모션을 배척하고 조심하고 그랬잖아요. 근데 요새는 그거 말고 뭐가 있을까 생각해요.

**김정**    지금까지 연기해왔던 방식이 틀렸다기보다는 다른 방식을 찾고 싶은 것 같은데요. 저는 지금까지 계속 분석하고, 체화되는 시간을 기다리고, 그런 패턴으로 연기를 해왔는데, TV 드라마를 하니까 모든 게 너무 즉흥이더라고요. 안 맞는 거죠. 그래서 제가 택한 방법은 연습을 진짜 많이 해가는 거였어요. 그런데 그것도 아닌 것 같아요. 그렇다면 연기는 뭐야? 어떻게 해야 해? 이런 생각이 들죠. 답은 못 찾았어요. 지금까지 한 게 틀렸다고는 생각하지 않지만 바뀌어야 한다고 생각해요. 근데 그 방법은 모르겠어요.

# 배선희

극단 '지금아카이브'의 일원으로, 주로 연기를 하는 배우이나
가끔 글을 쓰고 노래를 흥얼거린다.

# 이상하고
# 생경한 이미지,
# 인서트

2019.12.5.

오늘 하루를 돌아볼 때 '이상하게 기억에 남는' 이미지가
있으신가요? 어느 날 문득 눈에 들어왔다가 며칠 동안
나를 사로잡고 있는 '생경한 장면'은요? 그 이상하고
생경한 순간의 이미지들을 인서트insert 삼아 '그 이상함이
뭐였을까, 그 생경함은 어디서 오는 것일까'를 더듬어가며
글을 쓰고, 노래를 만들고, 연기하고,
공연을 만드는 배선희 배우를 만나 '인서트'에 대한
이야기를 나누어보았습니다.

**김신록**   이상하고 생경한 인서트를 모으고, 그 인서트를 통해 작업한다고 들었다. 일단 본인에게 '이상하고 생경한'이라는 게 무엇인가.

**배선희**   이미 알고 있는, 늘 보아오던 사물이나 사람이 갑자기 '뭐지?' 하고 생경하게 들어오는 순간이 있다. 내 안에서 흘러가고 있던 시간과 지금 눈에 들어오는 외부 세계가 다른 감각으로 어긋나며 교차하는 순간, 그 이미지에 '사로잡힌다.' 갑자기 느닷없이, 눈앞에 드러난 대상의 형태나 시간이 다 이상하고 생경하게 느껴진다. 전봇대 옆 버려진 의자, 지하철 역사에서 선인장을 파는 할머니……. 그런 순간을 만나면 핸드폰 메모장에 '인서트'로 기록해놓거나 사진을 찍는다. 그 인서트에서 소리나 노래와 관련한 아이디어를 얻으면 녹음을 해놓기도 한다.

　　이렇게 어떤 이상한 장면이나 생경한 순간의 이미지가 내게 '인서트'로 기록되면, 이후 시간을 들여 '내가 왜 그 순간을 생경하게 느꼈지? 어째서 그 이미지가 오래 남지? 왜 그 장면에 마음을 주게 됐지?' 생각해본다. 그러다 보면 삶이나 사유가 깊어지는 순간을 만나게 되고 이전에 알아차리지 못했던 것을 알게 되는 순간이 찾아온다. 생경하고 이상했던, 이해할 수 없던 것이 이해 가능한 것이 된다. 그게 찾아지면 사람들과 나누고 싶은 욕구가 든다. 그때 공연을 만든다.

**김신록**   인서트는 본래 영화 용어로 알고 있다. 일종의 삽입 화면, 일련의 화면들 사이에 다른 이미지가 끼어드는 것 아닌가. 본인의 작업에서 인서트를 어떻게 이해하고 있나.

**배선희** '골목에 날리는 비닐봉지' 같은 게 내게는 인서트로 작동한다. 상황이나 줄거리를 설명하기 위해 반드시 필요한 것은 아니지만, 오히려 그 순간이 독창적이고 상징적으로 어떤 의미와 이미지를 확보함으로써 앞뒤의 맥락을 보다 풍부하게 이해할 수 있게 되는 것 같다. 내게 공연을 만드는 일은 살면서 모았던 인서트가 지금 나의 깨달음과 연결되는 맥락하에서 재구조화하는 작업이라고 할 수 있다.

최근 모은 인서트는 이런 것들이다. 지하철역 입구에서 아주머니 세 분이 청소를 하고 계셨는데 두 분은 바닥에 그냥 앉아 계셨고, 나머지 한 분은 두 분과 좀 거리를 둔 곳에서 고무장갑을 깔고 앉아 계셨다. 그분은 화장한 얼굴에 귀걸이랑 액세서리를 하고 계셨다. 어느 날은 시장 좌판 옆에서 우유박스를 나란히 놓고 그 위에 누워 쉬고 계신 할머니를 봤다. 옛날 같으면 평상에 누웠을 텐데. 어느 날은 골목에 이상하게 놓여 있는 비닐봉지를 봤다. 이런 장면들이 내게 인서트로 남아 있다. 맥락이 어긋나는 것들, 그것 자체로 어떤 이야기나 드라마가 떠오르는 것들, 형태에서 영감이 떠오르는 것들이다.

**김신록** 줄거리가 먼저 있고, 그 줄거리를 보조하기 위해 인서트가 쓰이는 것이 아니라, 반대로 인서트들을 먼저 모으고, 그 인서트들이 인상 깊었던 이유를 추적한 다음, 그 사유의 결과로 기존의 인서트들이 새로운 맥락하에 재조합된다고 이해하면 될까?

**배선희** 맞다. 인서트의 정체가 뭐였는지 깨달아가는 과정이 중요하다. '그게 왜 이상해 보였을까'라는 질문을 가지고 각 인서트의 정체를 추적하다 보면, 내 삶의 작은 순간이 사회, 세계와 연결되면서 이해되는 시간이 온다. 그런 사유의 과정에서 모아놓았던 인서트들이 서로 만나고 엮이는 지점이 생긴다. 이때 인서트들은 내 주관적인 해석이나 감정에 의해 왜곡되거나 변형되기도 한다. 그 왜곡되고 변형된 인서트가 무대에 제시되었을 때, 그것이 다시 관객의 해석에 의해 또 한번 왜곡되고 변형되기를 바란다. 그리고 그 경험이 생경하고 이상한 것이 되기를 바란다. 무대에서의 인서트는 현실이라는 리얼 시간 안에서 만나기 어려운, 더 확대되고 부풀려진 이상한 형태면 좋겠다. 시간을 들여 곱씹을 수 있는 것이면 좋겠다.

**김신록**  '이상한 것'을 좋아하는 것 같다.

**배선희**  그것을 목격하는 시간은 순간적인데, 그 순간의 인서트가 이후에 계속 내 머릿속을 지배하고, 자꾸 질문을 던지게 된다는 점에서 중요하다.

예전에 어떤 술 취한 할아버지가 전철에서 봉지에 든 땅콩을 먹다가 땅콩을 바닥에 쏟으셨다. 퇴근 시간이라 전철에 직장인이 많았는데, 땅콩이 바닥에 쏟아진 순간 정장 입은 직장인들이 일시에 허리를 숙여서 땅콩을 줍기 시작했다. 곧이어 역에서 내리자 선인장을 파는 할머니가 계셨는데, 이번에는 모두 모른 체하고 지나갔다. 이런 파편들이 다 조합되어서 삶이 감각되는 게 아닐까.

**김신록**  인서트가 단지 비주얼적인 이미지가 아니라 훨씬 더 총체적인 경험이라는 생각이 든다.

**배선희**  맞다. '총체적인 경험'으로서의 인서트. 인서트는 단순히 비주얼이라기보다는 그 순간의 바람, 냄새, 날씨 같은 복합적인 감각뿐만 아니라 그것을 바라보던 나의 기분과 해석이 한번에 포함된 것이다. 연극을 하는 순간, 혹은 연극을 보는 순간도 이와 같지 않나. 무대에서 배우가 술을 따라 마시면 그 색깔, 냄새뿐만 아니라 술을 따라 마시는 심리, 의미 등이 총체적으로 인식되지 않나. 거기에다 바라보는 사람의 해석까지 더해진다. 총체적인 경험으로서의 이미지, 총체적인 경험으로서의 인서트라는 말이 마음에 든다. 삶에서 이런 연극적인 순간을 계속 발견하려는 취향이 내게 있는 것 같다.

**김신록** '연극적인 순간'이라는 게 뭔가.

**배선희** '인서트와 내가 만나게 되었을 때'가 연극적인 것 같다. '내가 만나는 것'이 중요하다고 생각한다. 나와 너는 다르지 않다. 내가 만난 것을 이야기하지 않으면, 내가 만난 것은 이 세상에 존재하지 않는 일이 되고 만다.

나는 자신을 '너무나 미약한 하나의 점'이라고 생각한다. 이 점을 애써 찍지 않으면 사회와 세상과의 관계에서 내가 자꾸 사라져버리는 것 같다. 내가 인서트를 모으고, 그것의 정체를 추적하고, 그것들을 무대에 올리는 이유는 나와 세상을 연결 지으려는 노력의 발로인 것 같다. 지극히 개인적이고 사적인 순간의 발견이 가장 보편적인 것이 될 수 있다는 믿음으로 미약하나마 점을 찍는 것, 이 점을 찍음으로써 다른 점들과 연결될 수 있다는 믿음으로 점을 찍는 펜대를 놓지 않는 것에 모든 마음을 다 쓰고 있다.

**김신록** 앞서 말했던 '삶의 작은 순간' 혹은 '점', '단절된 하나의 장면으로서의 인서트' 등을 떠올려보면 배선희라는 창작자가 미시적이고 파편적인 순간을 통해 점멸하는 방식으로 세계를 바라보고 있다는 생각이 든다.

**배선희**   뉴스를 통해 세상을 보면, 세상은 이해할 수 없고 나를 무력하게 만들고 아무것도 못 하게 한다. 그럴수록 미시적인 것을 더 잡으려고, 찾으려고, 만나려고 노력한다. 옛날에 봤던 애니메이션이 생각난다. 〈컬러풀〉|2010|이라는 애니메이션에서 왕따인 남자애한테 처음으로 친구가 생겼다. 추운 날 친구랑 둘이서 신발을 사러 다니다가 호빵을 하나 사서 반으로 나누는 장면이 있다. 이 장면에서 화면은 호빵을 잡은 엄지손가락을 비추고, 엄지손가락이 살짝 옆으로 이동해서 호빵 한쪽을 다른 쪽보다 조금 더 크게 나누는 순간을 포착한다. 처음 사귄 친구에게 주는 반쪽이니까. 그 장면을 보고 '미시적이라는 것이 이런 걸까' 생각했다.

    미시적인 순간을 더 발견하고 싶다. 그런 순간이 나를 지켜주고 세워주는 것 같다. SNS를 통해 보는 뉴스들에 마음이 자꾸 침잠할 때 '다르게 작동하는' 아주 사소한 말이라든가 눈빛이라든가……. 그런 것들이 침잠하는 마음을 계속 잡아주고 있는 것 같다고나 할까. 그런 순간을 더 많이 갖고 싶고, 더 많이 만들어서 나누고 싶다.

**김신록**   2019년 11월에 신촌극장에서 공연했던 〈플라스틱 새〉에서 각기 다른 시간과 공간을 담은 인서트들이 이미지, 오브제, 노래, 텍스트, 움직임, 영상 등 표현 양식을 가리지 않고 조합되는 양상이 흥미로웠다.

**배선희**  인서트들이 모이고 꼭 나누고 싶은 생각이 생기면, 그 표현 형식에는 제약을 두지 않는다. 내 역사 속에서 내가 좋아하고 할 수 있게 된 것들이 있는데 그 역량과 취향 안에서 인서트를 구현하는 데 어울리는 방식을 찾는다. 2008년 과천축제에서 스웨덴에서 온 〈특별한 동행〉이라는 공연을 보고, 그때 처음으로 말에 힘이 있지만 모든 말을 넘어서는, '모든 말을 다 껴안는 하나의 이미지'를 만들고 싶다고 생각했다. 〈특별한 동행〉은 굴삭기와 남자 무용수가 만나서 둘이 함께 춤을 추는 작품이다.

〈플라스틱 새〉에서는 '버려진 물건'에 대해 생각했다. 버려진 천을 보면 그것이 옷이나 커튼이었던 시간, 옷이나 커튼을 만들기 위해 천이 직조되던 시간, 섬유를 추출하기 위한 시간, 식물을 기르는 노동자의 시간으로 계속 거슬러 올라가게 된다. 얼마 전에는 친구가 준 전복으로 버터구이를 해 먹는데, 전복을 들고 까면서 '이게 바다에 있었겠구나.' 이게 자라고 이동하고 내 손에 오기까지의 시간에 마음이 갔다. 귤을 선물 받으면, '이게 나무에 있었을 텐데……' 하는 식의 상상을 좋아한다. 무가치하게 생각되는 것들을 아주 약간은 가치가 있는 것으로, 의미 있을 수 있는 것으로, 잠깐 동안이라도 감각해볼 수 있는 이미지를 만들고 싶었다.

**김신록**  〈플라스틱 새〉에는 직접 작사 작곡한 노래가 여러 곡 쓰였다. 노래도 인서트를 통해 만들어지나.

**배선희**  비슷하다. '노래로 부르고 싶은 존재'가 먼저 떠오르고, 노래를 왜 부르고 싶은지 계속 생각하다 보면 어느 날 노래가 흥얼거림으로 만들어진다. 그걸 녹음해놓는다. 얼마 전에 '보이스씨어터 몸소리'의 자장가 워크숍에 참여할 기회가 있었는데 어떤 분께서 '말은 끝날 때까지 기다리거나 누군가의 생각과 흐름을 끊으면서 이어지는데, 소리는 누군가의 소리 위에 더할 수 있는 것 같다'고 말씀하신 게 인상적이었다. 언어로 정리하기 이전에 감정을 실어 보낼 수 있는 것이 소리라고 생각한다. 그 소리에 점차 단어들, 이야기들이 따라와서 노래가 되는 것 같다.

**김신록** 직접 만든 노래 한 곡 들려줄 수 있나.

**배선희** 예전에 〈자장가〉라는 노래를 만들었다. 서울에서 겪은 일이 너무 많은데 어느 곳에도 말하지를 못하면서 '내가 나를 위로하기 위해 노래를 만들어야겠다'고 생각했다. 1절은 엄마가 아기에게, 2절은 아기가 엄마에게 들려주는 노래다.

1절
하늘에 별들도 우리를 비춘다.
아가야 내 아가야 편안히 쉬어라.
말 못한 네 얘기를 내 가슴에 내려놓고
아가야 내 아가야. 편하게 쉬어라.
금자동아 은자동아 우리 아가 예쁜 아기.
멍멍 개야 짖지 마라, 우리 아가 잘도 잔다.
하늘에 별들도 우리를 비춘다.
아가야 내 아가야 편안히 쉬어라.

2절
엄마 엄마 우리 엄마 내 걱정은 하지 마요
말 못한 이내 맘을 엄만 이미 알잖아요.
굽어진 허리 위에 갈라진 손가락에
나를 향한 사랑 꽃이 아름아름 피었네요.
하늘에 별들도 우리를 비춘다.
엄마 엄마 우리 엄마, 내 걱정은 하지 마요.

## 취약함과 용기

2022.4.28.

2022년 8월 〈코미디캠프: 파워게임〉에서 배선희 배우가 창작하고 실연한 〈토미에 해방의식〉이라는 작품을 봤습니다. 그 무대를 보며 배우가 세계와 접속한다는 것, 계속해서 변이하며 다른 존재가 된다는 것, 더 정확히는 산산이 부서져 흩어짐으로써 비로소 다른 세계와 접속하고 변이하는 것이 무엇인지 생생히 목격한 듯했습니다. 당시 저는 〈살아 있는 자를 수선하기〉라는 1인극 공연 중이었고 '접속', '변이'라는 단어를 연기적인 화두로 품고 있었는데, 배선희 배우의 무대에서 어렴풋이나마 그 답을 본 것 같은 기분이었습니다.

공연을 마친 무대 아래서 "오래전부터 알아오던
언니들이 이 공연을 봐줬으면 했는데
언니가 와줘서 정말 기뻐요"라고 말해주어서,
동료 여성 배우로서, 멀리서나마 오래 알아온
언니로서 마음이 참 좋았습니다.
다음 이야기는 아직 공연을 준비 중이던 2022년 4월
28일의 대화입니다. 지금 다시 읽어보니
〈토미에 해방의식〉이 어떤 고민과 탐색에서
빚어졌는지 공연의 프리퀄을 보는 느낌입니다.
고민과 탐색을 지속하는 배선희 배우의 작업을
오래오래 지켜보고 드문드문이더라도 깊은 이야기를
나눌 수 있다면 참 좋겠습니다.

**배선회**   돌이켜보니까, 인서트라고 생각했던 이미지나 장면을 대체로 슬프게 바라봤던 것 같아요. 길에 버려져 있는 사물들을 나와 동일시한다거나, 거기서 파생되는 이야기들도 기존 소설이나 드라마에서 봐온 방식대로 극화시키는 식으로요. 그런데 이제, 어떤 장면을 연민이나 슬픔 등의 감정이나 이야기로 엮어내는 일을 안 하게 됐어요. 대신 오롯이 두고 본다고 해야 할까? 이런 변화를 거치게 된 건, 에코페미니즘이나 생태주의 스터디를 하면서부터인 것 같아요.[1] 버려진 사물들을 볼 때도 '쓰임을 잃었을 때 비로소 그 사물 자체로 있을 수 있겠구나'라는 생각을 머리가 아닌 몸의 감각으로 하게 된 거죠.[2]

무대 연기술과 관련해서 관점이나 생각이 바뀌는 게 있잖아요, 생태 연극 같은. 근데 연기 용어에는 그 관점들이 반영이 안 되는 것 같더라고요. 연기에서 세계를 대상으로 삼고 대상의 행동을 바꿔내는 걸 설계라고 하잖아요. 세계를 대상으로 삼지 않고 어떻게 만날 수 있을까. 그런 방향에서 공부해야겠다는 생각을 펼쳐가고 있어요. 저도 배우들을 만나서 인터뷰를 좀 해보려고 해요.

요즘 심리상담을 받고 있는데 성격검사지를 통해서 내 안에 화가 많다는 걸 알게 됐어요. 상담 선생님이 욕을 할 줄 아냐고 해서 '씨발'은 한다고 했더니 욕을 더 배워야겠다고 하시더라고요. 제가 욕을 다양하게 알고 있지 못하더라고요. 욕을 해보려고 하니까 욕 안에 차별과 혐오가 너무 많은 거예요, '병신' 이런 거. 요새는 아침에 일어나서 내 맘을 다치게 하지 않으며 화를 풀 수 있는 욕을 연습하고 있어요. '데친 시금치를 입에 넣어서 입천장을 데치게 하고 싶은 새끼야.' 2022년 8월에 〈2022 코미디캠프: 파워게임〉[3]이라는 공연을 해요. 거기서 내 안의 화를, 욕을 풀어내보려고 하는데 사실 취약함을 드러내는 일이 될 것 같아요.

　근데 취약함과 용기가 완전히 다른 게 아닌 것 같아요. 최근에 취약함이 가지고 있는 큰 힘을 느꼈어요. 이 세계에 전쟁이 일어나면서 이전에 가끔 찾아오던 무력감이 갑자기 탁 터져버린 것 같았어요. 내가 소중하게 여기는 것을 이 세상이 언제든 빼앗아 갈 수 있다는 감각이 확 와서 상담을 시작했거든요. 러시아에서 탱크가 우크라이나로 진입하는데 사람들이 맨몸으로 돌아가라고 외치는 모습을 보면서 정말 많이 울었어요. 사람의 몸이 가지고 있는 엄청난 힘, 살아 있는 몸 자체가 탱크보다 더 큰 힘이라는 것, 살아 있는 것 자체가 운동성이고 그 힘 자체가 어마어마하다는 이야기를 나누고 싶어졌어요. 이런저런 생각을 엮어서, 몸에 대한 작업으로 2022년 8월 공연을 해보려고 해요.

　지금 기후위기를 키워드로 국립극단에서 공연을 올리고 있는데, 안 봐야겠다고 생각했어요. 기후위기는 제게 실천적 행동으로 요청되는데 연극으로 만들어졌을 때 어

---

1　"2021년, 희곡 〈매립지〉(김연재 작)의 무대화를 위한, 극단 '동'의 생태주의 연극 리서치에 배우로 참여했다."_배선희
2　"2020년 여름, 신촌극장 2021 라인업 공연 〈돌 깨는 잠, 숨 짓는 숲〉을 준비 중이던 '다이애나밴드(www.dianaband.info)'와 술자리에 동석할 기회가 있었는데 그때 '사물이 버려졌을 때 비로소 그 사물 자체가 된다'는 다이애나밴드의 생각에 영향받았고, 이후 세계를 나와 동일시하며 바라보기를 그만두었다."_배선희
3　"〈2022 코미디캠프: 파워게임〉은 극단 '지금아카이브'의 '코미디캠프' 시리즈의 세 번째 공연이다. '코미디캠프'는 웃기는 관계 맺기를 위한 캠프로, 퍼포머 김은한·배선희·신강수·안담, 연출 김진아가 함께 만들고 있다. 2020년부터 매년 다른 주제['틈'(2020), '어린 시절'(2021), '파워게임'(2022)]로 코미디를 선보였다." _배선희

떻게 봐야 할지 잘 모르겠더라고요. 혹시 향유하는 감각이 들면 어떡하냐는 걱정도 앞섰어요. 저는 탐조를 시작하고 나서부터 고기를 못 먹는 사람이 됐는데요. 구체적인 앎이 나를 변화시켰는데, 극장에 앉아 뭔가를 본다는 것이 실제를 어떻게 바꿀 수 있을지 자꾸 의심이 들더라고요. 한두 시간 동안 같이 쓰레기를 줍거나 함께 공부한다면 모르겠는데 그 연극적 미장센을 어떻게 견뎌야 할지 모르겠다 싶어요. 경각심을 일깨우거나, 어떤 정동을 만들어내기 위해 필요한 거라면 '그럼 나는 안 봐도 되겠다' 싶은 거죠.

2022 베니스 비엔날레 〈The Milk of Dreams〉의 주제가 '신체와 그 변형의 표현', '개인과 기술 간의 관계', '신체와 지구 사이의 관계'더라고요. 주제, 키워드를 나타내는 단어가 하나로 좁혀지지 않고 오히려 더 펼쳐지고 세분화된다는 인상을 받았어요. 한국 공연예술계에서 최근 주요하게 다루고 있는 페미니즘, 기후위기 같은 이슈가 좀더 구체적으로 논의될 수 있으면 좋겠다고 생각하고 있어요.

저는 배우를 무대에서 몸을 쓰는 노동자라고 생각하는데요. 배우의 일하는 몸이 사람들이 이미 가지고 있는데 안 쓰고 있거나, 쓸 줄 알았는데 잊어버린 것들을 일깨워준다고 봐요. 그런데 가끔, '음?' 이럴 때가 있어요. 그럴 땐 '잘함'에 대한 질문으로 머릿속이 복잡해져요. '와 연기 너무 잘한다. 와 어떤 연기를 정말 잘한다.' 극을 보면서 이런 생각이 들면 문득 기분이 이상해요. 개인적으로 극을 볼 때 감동받는 지점은 창작자들의 해석이나 태도 같은 것이라서, 사람을 웃고 울리는 연기에 가끔 멀어지기도 해요. 잘하긴 정말 잘하는데 잘함을 칭찬하면서도 약간 찝찝한 거죠. 아무튼 그런 생각에 종종 빠질 때가 있어요. 그래서인지 앞으로 저는 배우로서의 정체성이 점차 흐릿해질 것 같아요.

올해 초, 탐조를 시작하고 새를 보기 시작하면서 이 세계에서 인간들이 이렇게 건물을 짓고 살아가기 전부터 새들이 있었고, 지금도 동등하게 같이 있다는 것을 알게 되면서, 저는 훨씬 더 진짜 세계와 연결되어 있다는 생각을 했어요. 지금 가장 하고 싶은 일은 실제 세계와 연결되는 일을 도모하는 거예요. 그래서 숲해설가나 기획자 아니면 공간을 만들어서 프로그램을 운영하는 궁리를 틈틈이 해요. 이전과 완전히 다른 일을 하겠다는 게 아니라 무대에서 세계와 반응하며 살아 있으려고 하던 나의 몸이 일상으로 넘어온 것 같아요.

'숲 산책반'을 만들 거예요. 새벽반·아침반으로 나누어서, 서울에 있는 숲들을 함께 걷고 싶어요. 지금 걷는 이 길에 어떤 역사가 있었는지도 함께 공부하고 싶어요. 저라는 사람이 하나의 기점이 되고 싶다는 생각을 자주 해요. 사람들이 한시적으로 모여서 뭔가를 함께할 수 있는 거요. 마치 극장처럼? 조금 막막하기도 하지만 그냥 그때그때 하고 싶은 걸 너무 미루지 않고 그때그때 할 수 있는 사람이 되면 좋겠어요. 그럼 그때그때 있어야 할 곳에 있는 사람이 될 수 있겠죠? 그런데 가끔 사회에 저를 소개할 때 '저는 무엇입니다'라고 하는 게 여전히 어렵달까요?

다음 작업으로 독백과 노래를 섞은 앨범을 만들어보려고 해요. 사실, 그런 것들에 대해 아이디어를 갖는 만큼 하나하나 세심하게 잘하는 것 같지는 않아요. 그래서 함께 작업하는 동료들에게 언제나 많은 도움을 받고 있어요! 절대 혼자 할 수 없다는 것만큼은 정말 잘 알거든요. 재미난 일, 보람찬 일을 앞으로도 함께 만들어나가고 싶어요. 시간이 좀 걸리겠지만요.

판소리 창작자이자 소리꾼 배우이다. 주로 본인의 창작 판소리 작품에서 소리꾼으로 무대에 선다. 종종 국립창극단의 객원 작창 감독과 음악 감독으로 활동하며, 때로 연극과 뮤지컬의 배우로 활동한다. 인디 록 밴드 아마도이자람밴드에서 작사와 작곡, 리드보컬을 맡고 있다.

A

10

# 익히고 부수고
# 새로 세우는
# '형'

2019.12.19.

어떤 '형型'을 익히고 그 안에서 자유로움을
느껴보신 적이 있나요? 발레나 태권도 같은 몸의 형이든,
단단하고 오래된 관계의 형이든지요.
그 익숙한 형을 부수고 지금 내가 정말로 원하는
새로운 형을 구축해보신 적은요?
전통이라는 틀 안에서 전수되는 '원형'을 익히고
따르다가 정말 자신이 원하는 형을 구축해가는
소리꾼, 판소리 창작자 이자람 배우를 만나 형에 대한
이야기를 나누어보았습니다.

**김신록**  '형'에 대해 이야기해보자. 전통 판소리는 대대로 전수되는 소리의 원형이 있지 않나. 소리꾼은 그 형을 구성하는 기술을 익히고 연마함으로써 무대에서 자신의 목소리로 구현하고 전승한다고 생각한다. 그에 반해 서양 연극 기반의 무대 연기에는 도달하고 구현해야 할 '연기의 원형'이랄 것이 없다. 특히 현대 연극에서는 더 그런 것 같다.

**이자람**  소리꾼은 디디고 있는 땅이 전통이지 않나. 형이라는 것은 기본적으로 전통과 맞닿아 있다고 생각한다. 내가 하는 것도 전통 소리이고. 나는 형을 잘 보존해서 갈고닦은 기술을 가지고 무대에 서는 것이 제일 덕목이었던 사람이다. 내가 지금 과거형으로 말했나? 아무튼, 배우는 무대에서 형을 구현한다기보다 매 순간 실존해야 하니 어려울 것 같다.

**김신록**  요새 연극에서 지향하는 화술이나 움직임은 더욱 형을 만들지 않는 쪽으로 흐른다는 생각이 든다. 그래서 배우들이 유효한 훈련 방식을 발견하고 수련을 지속하기가 쉽지 않은 면이 있다.

**이자람**  가까운 사이의 한 배우가 나한테 '샘이 나기도 하고 부럽기도 하다'고 하더라. 소리꾼은 전통 연습하는 곳으로 도망칠 수도 있고, 기술을 갈고닦을 수도 있고, 쏟아부을 수 있는데, 배우는 어디에 무엇을 쏟아부어야 할지 모르겠다고 하더라. 고민이 많을 것 같다.

**김신록**  연극 〈당통의 죽음〉ㅣ2013ㅣ, 뮤지컬 〈서편제〉 ㅣ2017ㅣ, 총체극 〈도리안 그레이의 초상〉ㅣ2019ㅣ 등에도 출연하지 않았나. 연기할 때는 어떤가.

**이자람** 난 연기할 때 연기한다고 생각 안 한다. 연기할 때는 인과관계를 계속 생각한다. 연기를 제대로 배운 적이 없고, 내게 연기술을 가르쳐준 것도 판소리가 전부다. 소리 선생님들이 '얘가 여기서 왜 손수건을 떨어뜨려야 하냐면' 같은 식으로 인과관계를 가르쳐주신 것 같다. 그래서 〈도리안 그레이의 초상〉 무대에서도 직전의 역사와 지금의 상황을 잘 인지하고 무대에서 벌어지는 인과에 집중했다.

**김신록** 잘 따져보고 무대에서 인과를 잘 수행하는 거라고 할 수 있겠다. 인물이 되기보다는 인물을 '수행하고 있다'고 보면 될까?

**이자람** 맞다. 그래서 그날그날 다 달랐던 것 같다. 연기할 때 내가 머리로는 상상하지 못했던 실시간의 새로운 인과를 만나면 재밌다. 물론 판소리도 관객이 어떤가에 따라, 그날그날 나의 상태에 맞춰 공연이 달라진다. 그게 다 '능청스러움'인 것 같다. 우리나라 예술에는 다 능청맞음이 있다. 무당, 소리꾼, 농악하는 사람, 탈춤 추는 사람들 모두 얼마나 능청맞나. 무대에서 인물을 잘 수행하는 것, 즉각적으로 인물을 변화시키는 것도 다 이 '능청의 짙음'에 있지 않을까. 〈억척가〉 |2013| 에서 대성통곡하다가 벌떡 일어나서 소리꾼이 되는데, 사람들은 어떻게 그렇게 하냐지만 나는 그게 하나도 안 어렵다. '이건 다 소리꾼이 하는 이야기야, 난 울다가도 웃을 수 있어'라는 능청 같은 게 바탕에 깔려 있으니까. 이야기가 제일 전면에 있고, 인물보다는 화자가 더 상위에 있어서 그런 것 같다. 억척어멈보다 소리꾼 이자람이 더 중요하니까.

**김신록**　능청이라니 너무 부럽다. 나는 요새 그럭저럭 나이 들고 여기저기 불려 다니며 말하고 글 쓰고 했더니 너무 엄숙해졌다. 망했다.

**이자람**　나는 지금 오히려 자유로워진 것 같다. 4년 전에 정확히 내가 한 일이 뭐냐면 각종 '사명감'을 버리는 거였다. 극단 예술감독도 그만뒀고, 예술을 최상위에 놓던 습관도 버렸고, 나에게 엄숙을 요구하던 것들을 억지로 떼어냈다. 그랬더니 사명감을 요구하는 것들에 내가 발맞추어 갈 필요가 없어졌다. 시간이 흐르면서 남들이 내게 요구하는 것들에서, '이즈음이면 응당 이 정도는 누려야 하는 것 아닌가' 자문하는 나로부터 떨어져 나왔을 때 자유로워졌다. 나는 그것을 진짜 잘 부순 것 같다. 관계를 잃을까 봐 두려워할 때가 가장 나약했다. 그런데 막상 혼자가 되는 일을 했더니 오히려 재미나지더라.

〈노인과 바다〉│2019│까지 오면서 '내 무대는 결국 내가 홀로 만드는 일이구나' 느꼈다. 전에는 늘 동료를 찾았다. 늘 나를 떠날까 봐 두려웠다. 물론 이번에도 박지혜, 여신동이 같이 했지만, 이들은 '너 혼자 좀 해. 우리 없어도 할 수 있잖아'라고 말한다. 이렇게 말해주는 파트너들은 처음이었다.

**김신록**　〈노인과 바다〉는 어떤 계기로 작업하게 됐나.

**이자람**　〈노인과 바다〉의 경우는 '내가 나의 소리를 구축한다면 어떨까', '형'이라는 언어를 빌리자면, '내가 내 형을 만들어 그 안에서 자유로워지면 어떨까' 생각한 데서 비롯됐다.

**김신록**　'내가 내 형을 만들어 그 안에서 자유로워진다.'

**이자람**　그렇다. 왜냐면 전통 판소리를 할 때 너무 재밌고 자유롭다. 형이 완벽하기 때문에, 내가 형을 믿고 기댈 수 있기 때문에, 기술만 잘 닦아놓으면 기술을 가진 나는 너무 자유로워진다. 사람들에게 '별주부 진짜 웃기지 않냐?'라고 말하는 나를 가질 수 있다. 이 형은 믿어 의심치 않을 수 있는 것이니까. 자타가 공인하는 것이니까. 그런데 내 작품을 통해 그런 감각을 가져본 적이 없어서 그걸 만들어본 것이 〈노인과 바다〉다. '나의 형', 내가 믿고 기대서, 관객을 만날 때 '야! 이 노인 너무 웃기지 않아?'라고 할 수 있는, 내가 붙들고 자유로워질 수 있는 형을 만들려고 한 것이다.

**김신록**　〈노인과 바다〉는 〈사천가〉 | 2012 |, 〈억척가〉, 〈이방인의 노래〉 | 2016 | 등 지난 창작품에 비해 훨씬 소박해지고 '소리꾼과 청중이 소리를 통해 만나는' 판소리의 본질로 돌아간 것처럼 보였다.

**이자람**　사실 이번 작업을 통해 하고자 했던 것은, 어떤 성과로서 음악의 퀄리티였다. 음악 자체의 완성도. 〈사천가〉, 〈억척가〉도 음악적으로 후지지는 않지만, 전통 판소리를 잘 배운 내게, 전통과 내가 만든 소리가 '견줄 만하냐'고 물으면 그렇지 못했다고 답할 것 같다. 그렇지 못하니까 무대 장치도 많았고, 연기도 하고, 다른 악기도 썼던 것 같다. '〈노인과 바다〉는 견줄 만하냐'라고 하면, 역시 깨갱할 걸 알지만 '견줘보고 싶은 정도'는 되는 것 같다. 소리만으로 완성도를 높이기 위해 작곡하는 데 공을 엄청 많이 들였다. 사실 〈사천가〉, 〈억척가〉 이후에 덜어내고 싶어서 만든 작품이 〈이방인의 노래〉다. 그때는 그게 최선이라고 생각했었는데 그래도 아름다운 작품이었다. 지금 와서 생각해보면 이전에는 작창으로 부족한 부분을 액팅이나 다른 악기로 꽉꽉 채워서 전통 판소리만큼의 무대를 만들려고 했던 것 같다. 근데 다 걷어내도 되더라. 코어만 있으면.

**김신록** 이자람의 코어는 뭔가.

**이자람** 내 코어는 나다.

**김신록** 멋지다. 〈이방인의 노래〉 이후에 〈노인과 바다〉에 이르기까지 어떤 과정이 있었나.

**이자람** 〈이방인의 노래〉 이후 〈노인과 바다〉까지 3년 동안, 먹고살기 위해 이것저것 다 했다. 그것이 모두 나에게 도움이 됐다. 소리 없이 연극 무대에 서보기, 소리꾼이 아닌 스태프로 공연에 참여하기ㅣ〈흥보씨〉, 2017ㅣ, 다른 소리꾼의 1인 창극 만들어보기ㅣ〈소녀가〉, 2018ㅣ, 큰 스케일로 음악 써보기까지ㅣ〈패왕별희〉, 2019ㅣ. 그걸 다 하고 났더니, 이제 내 작업에 내가 할 수 있는 모든 것을 다 넣을 필요가 없다는 것을 깨달았다. 그전까지는 난 연기도 할 수 있고, 움직임도 잘하고, 음악적으로도 뛰어나다는 것을 작품에 틈만 보이면 넣으려고 했는지도 모른다. 물론 작품에 필요하지 않은 것을 한 적은 없지만. 그런데 지금은 나의 본능조차 '소리에만 온전히 집중해도 돼!'라는 허락을 내린 게 아닐까. 그럴 필요가 없어진 게 아닐까. 연기하고 싶은 욕망, 움직이고 싶은 욕망, 다른 걸 화려하게 보여주고 싶은 욕망이 다 해소됐기 때문에 〈노인과 바다〉에서는 소리만 할 수 있게 된 것 같다. 사실 이런 생각은 〈노인과 바다〉를 연출했던 박지혜가 말해준 것이고, 난 끄덕끄덕했다. '그렇구나.'

**김신록**  전통 판소리 무대를 안 하는 이유는 뭔가.

**이자람**  전통 판소리도 한다. 그런데 전통만 하면 다섯 마당이 전부가 아닌가. 게다가 옛날 문학이라 힘든 점이 많다. 여성 혐오가 너무 많지 않나. 꼴 보기 싫은 것도 많다. 난 이몽룡도 싫어하고, 흥보도 싫어하고, 심봉사도 싫어한다. 다 너무 무능하고 여자한테 빌붙어 먹는 사람들 아닌가. 이걸 내 입으로 부르고 다니기 힘들어서 나의 소리가 필요한 거다. 마치 햄릿을 갖지 못한 여성 배우들이 자기 서사를 쓰는 것과 비슷하지 않을까. 하지만 전통은 좀 짱이니까 전통도 한다. 양해를 구하면서. '고전이라 어쩔 수 없다' 이러면서.

**김신록**  예전 인터뷰에서 판소리의 '현대화'가 아니라 '현재화'를 추구한다는 글을 읽었다. 현재화라는 것은 결국 동시대성을 획득한다는 것일 텐데, 동시대를 어떻게 감각하나.

**이자람**  트위터를 한다. 이건 반농담 반진담이다. 나의 동시대성을 살아 숨 쉬게 하는 것은 트위터다. 2010년인가 시작했는데, 트위터를 통해 재미난 누군가를 팔로우하고 그들이 떠들어대는 이야기를 듣다 보면, 되게 여러 가지를 배우게 된다. 정말 많은 것을 트위터에서 만났다. 우리 강아지 '로키'도 트위터에서 만났다.

그리고 두 번째는 밴드하는 친구들과 이야기 나누는 것, 밴드하는 이자람으로 |아마도이자람밴드| 어디 행사에 불려 가고 공연도 하는 것이다. 좋아하는 것을 위해 여러 환경과 치열하게 싸우는 동료들과 우리가 몸담은 신에 대한 이야기를 나누고, 먹고사는 이야기를 하며 나와 내 음악의 위치를

가늠하는 것이 나를 좀더 살아 있게 만들어주는 것 같다.
      근데 사실 '동시대성'에 대해 별로 할 말이 없다. 그걸 획득하려고 트위터를 하는 것도 아니고, 그냥 내가 하는 일이 트위터 아니면, 밴드 아니면, 작업이니까. 모르겠다, 동시대성을 어디서 획득하는지. 다 필요 없고, 그냥 '나'인 것, '내가 지금 어떠냐'가 동시대인 것 같다. 내가 여기 있으니까. 다른 사람에게서 찾으면 오류가 날 것 같다. 그런 것 같다.

시간이
너무
없어요오오오

2022.5.12.

2022년 5월 12일, 이자람 배우의 첫 에세이집
《오늘도 자람》|창비, 2022| 의 북토크 현장에서
그녀를 다시 만났습니다. 이날 북토크에서
이자람은 이런저런 이야기 끝에 춘향가의 한 대목인
사랑가의 일부를 들려주었습니다. '니가 무엇을
먹으랴느냐'고 묻던 이몽룡의 가사는 이자람의
입을 통해 '당신이 무엇을 먹으랴는지'로 바뀌어
있었습니다. 이자람으로 인해 2022년의
성춘향과 이몽룡은 비로소 서로가 서로를 존대하게
되었습니다. 내가 어떻게 먹고살고 느끼는지가
곧 동시대라고 말하는 전통 예술가. 그녀는 요즘 무엇을
하면서 어떻게 먹고 살고 느끼고 있을까요.
어떤 동시대를 위해 분투하고 있을까요.

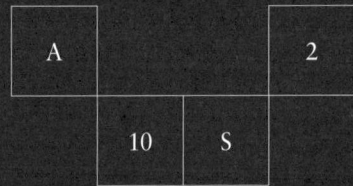

**이자람**　요새 박사논문 쓰느라고 진짜 시간이 너무 없어요 오오오. 오늘도 계속 논문 쓰다가 로키 잠깐 산책시키고, 연습 방에 들어가서 잠깐 연습하고, 지금 북토크하러 온 거예요. 다음에 또 만날 때는 이미 박사였으면 좋겠어요.

내가 교수할 것도 아니니까 박사논문을 안 쓰고 논문 제출 기한을 다 흘려보냈는데, 은사님 공연을 도우러 갔다 우연히 마주친 선배가 '박사논문은 꼭 교수가 되려고 쓰는 게 아니다. 네 작업을 연구하는 사람 중엔 네가 가장 좋은 위치에 있다. 네가 만든 걸 네가 연구해봐라. 행정적인 건 내가 알아보마' 하더니 정말 며칠 후에 '아직 2년 남았다'고 연락이 왔어요. 그래서 시작하게 된 거죠. 논문자격시험부터 논문까지. 진짜 고생하고 있어요. 진짜 논문 쓰면서 정신적으로 신체적으로 너무 힘들어서, 이러다 진짜 큰일 나겠다 싶어서, 달리기를 시작했어요. 절대 못 달렸던 사람인데 1킬로로 시작했는데 지금은 2킬로로 늘려가고 있어요.

근데 재밌는 건 세상에 나가기 무서워서 석사와 박사 등록금을 내가며 고생했던 시간들을 이제야 제대로 채워나가고 있다는 생각이 드는 거예요. '이자람 창작 판소리 〈노인과 바다〉 연구'가 논문 제목인데, 이게 논문의 언어와 형식에 맞게 내 창작 판소리의 프로세스를 전반적으로 글화하는 시작점인 거죠.

사실 난 판소리 세계를 잘 안다고 할 수도 없어요. 스승님도 다 돌아가셨고 재단에 적을 두지도 않고 대회에 뜻을 두지도 않으니까 판소리 월드의 생리를 잘 모른 지 꽤 된 것 같아요. 앞으로도 모르고 싶다……. 근데 그러면 안 되겠죠? 이런 게 일종의 사명감 아닐까요? '그러면 안 되겠지' 하는 감각. 지금은 내 작품을 나의 입장에서 가장 올바르게 만들어보자는 것, 그것이 지금의 사명감이에요. 그 방향성이 '나 자신이 올바르게 잘 선다'에서 이후에는 '나는 잘 선 것 같으니 잘 세워보자'로 나아갈 수도 있겠죠. 근데 지금은 저나 잘하자 싶어요.

최
희
진

다양한 분야에서 '자유로운 연기'를 하기 위해 고군분투 중이다.
영화 〈다음 소희〉(2023) 외, 연극 〈노스체〉(2023) 외,
드라마 〈더 패뷸러스〉(2022) 외 다수의 작품에서 연기를 선보이고 있다.

## 도달해야 할
## 이상향은 없으므로,
## 자유롭게

이 글을 읽는 독자님, 연습실이나 무대에서,
혹은 직장이나 일상에서, 이미 다 짜놓은 무언가를
반복하는 일이 지겹게 느껴졌던 적 없으신가요?
순간순간의 차이를 포용함으로써
기계적인 반복을 다시 살아 있게 만드는
'열리고 자유로운 연기'에 대해 최희진 배우와
대화 나누어보았습니다.

2020.3.26.

|   | A | S |   |
|---|---|---|---|
| 11 |   |   | 1 |

**김신록** 관객으로 체감하기에 대학로에서 제일 공연을 많이 하는 배우인 것 같다. 2020년 2월 코로나 한복판에도 〈김이박이 고등학교에 입학할 때 김이박이 고등학교에 입학한다〉ㅣ이하 '〈김이박〉'ㅣ를 무사히 마친 것으로 알고 있다. 공연을 계속하게 하는 비결이 뭔가.

**최희진** 제의가 들어왔을 때 시간만 맞으면 다 하는 편이다. 연극에 대한 갈증이 여전히 있고, 연출가들이 무슨 생각을 하고 무슨 작품을 만들고 싶어하는지 항상 궁금하다. 어쩌면 내가 딱히 추구하는 연기술이나 연기 방식이 없어서 그런지도 모르겠다. 미투 이후에 연극 환경이 바뀌면서, 너무 견디고 애쓰며 일상을 망가뜨려 가면서까지 몸 바쳐 연기하지 않아도 된다는 것을 깨달은 뒤로 연극하는 게 조금은 즐거워진 것도 중요한 이유다.

**김신록** 가장 최근 작인 〈김이박〉에서는 연기의 어떤 부분에 집중했나.

**최희진** '대충'하려고 했다. 성의 없이 했다는 뜻이 아니라 조금 느슨하게 연기하고 싶었다는 뜻이다. 국어사전에도 '대충'은 '완전하지는 않지만 비교적 쓸 만한 정도'라고 되어 있다. 전에는 모든 걸 계획해놓고 그 이상을 못 갔던 것 같다. 연습하면서 매 순간의 '말과 몸의 형상을 만들어놓고 그것을 반복적으로 수행'했던 거다. 사실 그것만큼 재미없는 게 없는데. 너무 지치고 재미없고 괴로웠다. '다 만들어지고 짜여진 걸 반복하는 게 연기가 아니'라는 생각을 최근에 다시 하게 됐다. 틀에 짜인 걸 하는 게 아니라 '어느 정도는 열어놔야 한다'는 생각이 들었다. 규정되거나 고정되면 소통할 수 없으니까, 상대 배우와도 관객과도.

**김신록** 흔히 말하는 연기에서의 '스코어'를 잘못 이해하면 그렇게 되는 것 같다. 매 순간 진짜 '액션'을 하지 않고 액션의 결과물만 반복하게 되는 경우가 그런 게 아닌가. '어느 정도 열어놓는다'를 구체적으로 어떻게 실천하는가. 스코어를 헐겁게 짜서 어느 정도 즉흥하는 건가, 아니면 스코어는 촘촘하되 수행을 그날그날 다른 감각으로 하는 건가.

**최희진** 둘 다. 전자의 경우를 예로 들자면, 〈테라피〉 | 비루테 카푸스틴스카이테 작, 이인수 연출, 2019 | 에서 강애심 선배님과 만나는 장면이 있는데, '그날그날에 따라 다르게 해보자'가 됐다. 큰 동선은 반복했지만 많은 세부가 연습 때부터 공연 때까지 매번 달랐다. 그 경험이 내게 큰 자유를 줬다. 처음 만나는 배우와 이렇게까지 하는 게 가능하구나 싶었다.

후자의 경우 역시 〈테라피〉에서, 내가 암이 재발한 걸 알고 남편에게 전화로 '사랑해'라고 말하는 장면이 있었다. 어느 날 연습 때 연출님이 '방금 그 사랑해가 좋다'고 하셨지만 나는 '그걸 반복할 수는 없다'고 말씀드리고, 해석을 서로 맞춰가되 발화는 그날그날의 감각대로 했던 것 같다. 〈김이박〉 때도 그때그때 분위기나 흘러가는 것에 따라 마음대로 움직였던 순간이 많았다.

**김신록** 나도 예전에는 말이나 몸의 리듬을 설계하고 그 고정된 리듬을 지키는 방식으로 연기하는 경향이 있었다. 최근에는 점점 '경험으로 열려 있는 말하기,

관계로 열려 있는 몸'을 놓치지 않으려고 애쓴다.

**최희진** 진짜 아이러니한 게 20-30대 때는 내 몸이 기능적으로 내가 정해놓은 것들을 실수 없이 반복할 수 있었던 것 같다. 그런데 마흔이 넘어가니까 무릎도 아프고 무대에서 단어나 말이 머릿속에서 입 밖으로 나올 때 실수하는 경우가 늘어났다. 신체적·심리적으로 문제가 생겼나 걱정될 정도로⋯⋯. 그런데 그러고 나니까 오히려 '진짜 말하는 게 뭐지? 무대에서 진짜 해야 하는 게 뭐지?' 이런 궁금증이 생겼다. 연기가 좀 힘들고 괴로운 거였는데 요새는 조금 재미가 있다.

**김신록** 말에 대해서는 어떤 궁금증이 생겼나. '진짜 말하는 게' 뭐라고 생각하나.

**최희진** 요새 말에 대한 고민이 많아졌는데, 아직 답을 찾는 중이다. 김동현 연출이 '단단하고 깨끗하게 말하기'에 대해 역설하셨는데, 그 말이 뭘까 하는 궁금증을 아직도 마음에 품고 있다. 어렴풋하게 '인물이 말을 하는 게 아니라 말이 인물을 끌어간다'는 게 아닐까 생각했다. 〈21세기의 여인〉 | 2011 | 에서 배우들이 실제 기록에서 발췌된, A4용지에 쓰여진 대사들을 '단단한 말하기'로 발화했던 적이 있었는데, 그때 발화된 말들이 극장에 쌓이면서 공간에서 인물이 느껴지는 경험을 한 적이 있다. 명료하게 설명할 수는 없지만, 배우가 인물을 연기한다기보다는 '말들 사이에서 인물이 살아나는 경험'을 했던 기억이 지금도 인상 깊게 남아 있다.

손원정 연출과 〈애들러와 깁〉 | 2018 | 을 할 때는 말이 무너지지 않게 애썼다. 말이 일상으로 미끄러져 내리지 않도록, 말을 단단하게 잡아 올리려고 했던 것 같다. 그 외에도

⟨인정투쟁: 예술가 편⟩ | 이연주 연출, 극단애인, 2019 | 공연 때 무대 뒤에서 배리어프리 음성 해설을 한 적이 있는데, 백우람 배우가 연기할 때 대사가 바로 나오지 않고 말이 유예되는 시간 동안 무대 위의 모든 배우가 그 시간을 함께 기다리는 순간이 정말 인상 깊었다. 그 한마디가 참 소중하다는 생각이 들었다. 물론 상황은 다르지만 나는 무대에서 불필요한 시간을 쓰면 안 된다는 일종의 강박 때문에 말을 해치우듯 내뱉었던 것 같다. 요새는 일차적으로 말을 좀 천천히 해보자 생각하고 있다.

사실 말에 그 인물의 역사가 담겨 있지 않나. 환경, 성격, 지식 정도, 부모의 교육 방식, 그런 것들이 말하는 방식 안에 다 들어가는 것 같다. 그런데 그동안 인물에 따라 목소리를 변조하거나 발성에 변화를 주려고 시도했던 적은 있었으나 말하는 방식에 대해서는 별로 관심을 기울이지 못했다.

**김신록** 나도 무대에서 구조적이고 논리적으로 말하는 방식에 익숙한 터라 어떻게 해야 더 살아 있는 말하기를 할 수 있을까 고민이 많다. 오히려 몸은 과정을 더듬기가 수월한데 말은 워낙 분절적으로 세계와 대응되어 있어서 의미와 의미 사이, 형식과 형식 사이를 더듬는 방법을 찾기가 몹시 어려운 것 같다.

**최희진** 결국 연기에서 말하기란 '말과 말 사이를 찾는 것'이라고 생각한다. 인물의 말과 말 사이, 인물들 사이의 말과 말 사이…….

**김신록** '말과 말 사이를 찾는 것'에 대해 더 설명 부탁한다.

**최희진**  아직 잘 모르겠다. 신록 씨는 어떤가? 이렇게 어물쩍 떠넘기면 미워할 건가? |웃음|

**김신록**  |웃음| 내 경우, 말과 말 사이만큼이나 의식 속 경험이 말로 대응되는 과정, 즉 '의식과 말 사이'가 궁금하다. 의식 경험이 말로 전환되는 과정을 확장해서 들여다본다면 살아 있는 말하기의 힌트를 발견할 수 있지 않을까 생각한다. 총체적인 의식 경험 안에서 그 순간 그 단어가 선택되는 과정, 그 선택이 발화로 이어질 때 언어의 세계로 미처 편입되지 못하고 탈락하는 의식의 영역까지 품을 수 있는 '잠재적인 말하기'는 뭘까 궁금하다. 말의 윤곽이 더 열리는 방식에 대한 고민이랄까.

**최희진**  흥미롭고 궁금하다. 무대에서의 말하기가 변해간다. 예전에는 정확한 말하기가 중요했다면 요새는 '자연스러운 말하기'가 중요해진 것 같다. 버벅대는 것일 수도 있고 다른 곳에서 끊어 읽을 수도 있고. 그만큼 생각이 더 중요하지 발화되는 결과물이 더 중요하게 다뤄지지 않는 것 같다. 많은 소극장 연극에서 배우와 배역의 경계가 허물어지고, 배우가 무슨 생각을 하는지 이 세상을 어떻게 바라보는지에 대해 직접 말하는 작품이 많아지면서 무대에서의 자연스러운 말하기가 더 두드러지게 된 것 같다.

**김신록**  '자연스러운 말하기'의 핵심이 뭐라고 생각하나. 버벅대거나 의외의 곳에서 끊어 읽는 것은 어떤 과정의 결과이지 스타일로 지향될 바는 아니지 않나. 발화되는 결과물보다 그 이면의 '생각'이 더 중요하다면 그 '생각'이란 뭘까. 의식 경험, 기억의 총체, 활자가 지시하는 대상, 그 대상과 연결된 세계 등등.

**최희진** 좀 다른 대답 같지만, 아마도 호흡 아닐까? 정확히 설명하기는 어렵지만, 결과로서의 말에 신경 쓰다 보면 호흡을 억지로 잡고 있거나 만드는 경우가 많은데, 불안하면 불안한 대로 떨리면 떨리는 대로 호흡할 수 있는 게 자연스러운 말하기의 시작점 아닐까?

**김신록** 복잡한 질문에 명쾌한 대답 같다. 예전에 한 교수님께서 '말 이전은 소리, 소리 이전은 호흡이다'라고 하셨던 말이 기억난다. '생각=충동=호흡'이라고 하셨던 말도.

**최희진** 확실한 건 말의 형태를 정해두고 그걸 외워서 공연 때 반복하는 것은 재미없다는 거다. 말 역시 이상향을 정해놓고 그걸 지향하는 것은 괴로운 일이다. 지금은 예전처럼 고정적인 화술 법칙보다 자기만의 말하기 방식이 인정받을 수 있는 시대인 것 같다. 그렇기에 더 어렵기도 하고.

**김신록** 결국 배우가 수행하는 말하기, 움직이기, 인물되기 모두에서 이데아에 대한 지향이 많이 사라졌기 때문 아닐까. 연습에서 결과물·완성형·이상향을 만들어놓고 공연에서 그 결과물을 기계적으로 반복하기보다 말과 말 사이, 의식과 말 사이, 스코어와 스코어 사이를 더듬으며 발생하는 생성의 순간을 배우의 몸과 말이 더 많이 매개하는 방식으로 무대 언어가 열리고 있는 것 같다.

**최희진**　그런 의미에서 내가 '대충'이라는 단어를 쓰는 것 같다. 완벽주의, 이상향, 규칙에 대한 강박에서 벗어나 더 자유롭게 자기만의 방식을 찾으려 한다는 점에서. 말도 몸도 더 열어놓고 매 순간이 다를 수 있는, 무대에서 그런 순간을 만나보고 싶다는 생각이 들었다. 어쩌면 내가 조금은 나이를 먹어서, 연습실에서 바라보는 시간이 많아져서 그럴 수도 있겠다. 내 것만 하는 게 아니라 전체가 어떻게 되는지 살펴볼 수 있는 여유가 생기니까 시야가 조금은 넓어져서? 대충은 워낙 부정적인 의미가 강하니까 오해 없이 '가벼움'이나 '애쓰지 않음'으로 바꿔도 좋겠다. 이 단어가 지금의 내가 공연을 계속해나가기 위해 선택한 방법 중 하나다.

**김신록**　마지막으로 하고 싶은 말 있나?

**최희진**　〈김이박〉 공연이 끝난 지 20일이 지나간다. 한참 지난 일처럼 느껴지기도 하고, 그토록 원했던 휴식인데 뜻하지 않은 코로나19로 아무것도 하지 못한 채 불안에 점점 잠식되어가는 느낌도 든다. 그럼에도 곳곳에서 연습 소식과 공연 소식이 들린다. 다들 불안함과 초조함을 각자의 방식으로 해결해나가고 있을 것이다. 극장으로 찾아왔던 동료들처럼 나도 마스크와 손 소독제를 챙겨서 극장으로 나가봐야겠다.

## 못된 할머니가
## 되고 싶지 않아

2022년 4월 28일, 2년여 만에 다시 만나 대화를
나눈 최희진 배우는, 저와 마찬가지로 그간
소속사도 생기고 여러 TV 드라마, OTT 시리즈물,
영화 등에도 얼굴을 내비치고 있었습니다.
그 와중에 공연도 병행하고, 이래저래 갑자기
복잡해진 환경 속에서 '연기 무엇, 인생 무엇,
인간 무엇, 요즘 세상 무엇'과 같은,
해도 해도 끝이 없지만 안 할 수도 없는, 어쩌면
배우의 숙명 같은 생각들을 마주하고 있었습니다.
그 고된 마주함의 시간이 무대 위의, 카메라
앞의, 화면 속의 그녀의 모습을 그리고 나의 모습을
진실되게 만들어주기를 바라봅니다.

2022.5.12.

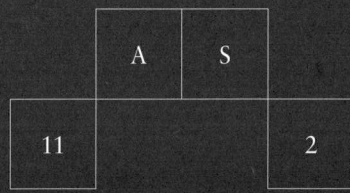

**최희진**　틈틈이 공연 연습도 하고, 한 달에 2-3회 촬영하는 드라마도 하고 있고. 해보지 않았던 배역이라 그런지 어울리지 않는 옷을 입고 분위기 잡느라 말아먹고 있어요. 연극은 매일 출근 개념인데 촬영은 한 달에 두세 번 가기에 평정심을 유지하기가 너무 어려워요. 나한테는 출근이 필요해. 근데 오랜만에 연극 연습을 시작했더니 또 너무 피곤한 거야, 체력이 너무 안 따라줘서. 몸이 건강해야 정신도 마음도 건강하다는 걸 뼈저리게 느끼고 있어요. 근력 운동이 필요해요.

　　촬영에는 늘 긴장감이 따르고 준비해간 걸 하고 나오느라 급급해요. 문장이 너무 길고 익숙한 말이 아니다 보니 자꾸 연습하게 되고, 그러니까 살아 있는 말하기가 잘 안 되는 것 같아. '대충하기'가 너무 어려운 거예요, 긴장을 풀기가. 매번 촬영장에 갈 때마다 긴장되고. 얼마 전에 촬영 갔을 때는 상대 배우가 '이 장면 어떻게 하면 좋을까요?' 하고 물어보는데 말을 못 하겠더라고. 현장에는 감독의 말도 있고 촬영감독의 말도 있는데 나까지 말하면 중압감이 생길 것 같아서 말을 안 했는데, 그러다 보니 결국 서로 준비한 것만 하고 나온 것 같아서 끝나니까 후회가 되었어요. 어딜 가든 여유 있게 누군가에게 도움도 주면서 하면 좋을 텐데.

　　요즘 화두는 믿음인 것 같아요. 믿음을 갖기가 너무 어려워. 예전에는 내가 나를 믿기가 어렵다고 생각했는데, 코로나19 이후로는 그 어려움이 환경이나 외부 세계로 뻗어나가는 것 같아요. 그래서인지 잔인하고 폭력적인 것들을 잘 못 보겠더라고요, 아무리 픽션이라고 해도요. 소속사에서 너무 센 작업들은 나한테 안 권해. '누님은 잔인한 거 싫어하시잖아요.' 그러면서. 그래서 다행히 좀 피해 가고 있기도 해요. 지금의 나는 좀 덜 자극적인 걸 하고 싶어요.

　　요새 나 불교대학도 다닌다오. 5개월 다니면 졸업,

졸업하면 심화과정이 있다고 하던데. 근데 거기 가서 또 '왜 이렇게 착한 사람들만 있지?' 하고 약간 삐딱한 생각을 해. 꼰대 기질이 있는 거지. 의심이 많은 것 같아요. 요즘 삐딱함이 극에 달했어. 점점 더 해요. 이러다 정말 못된 할머니 될 거야. 얼마 전에는 나쁜 역할을 나쁘게 연기했어요. 그거 찍고 자괴감이 많이 들었는데, 근데 못된 할머니가 되고 싶지 않아요. 그래서 불교대학까지 다닌다니까. 남편이 있어서 얼마나 다행인지 몰라요. 내가 극단적으로 말하면 유하게 돌려줘. 근데 어떡하겠어. 이게 나인데 받아들이고 가야지. 이번 생에 안 될 수도 있고요. 어떻게 보면 자존심 때문에 못 놓고 부여잡고 있나 싶고. 그래도 재미있고 감사해요. 일단 건강하고 이 힘든 코로나 시국에 남한테 아쉬운 소리 안 하고 내가 먹고살고 있으니까 그걸로 충분하고, 나는 아기도 없고요.

'보이스씨어터 몸(MOM)소리' 대표, 연출가, 공연자, 교육가이다.
사람의 목소리 안에 담긴 예술적 가능성과 치유적 가능성에 주목하는
보이스 공연, 보이스 테라피워크숍을 하고 있다. '보이스 즉흥'을 바탕으로 하는
그녀의 작업은 삶의 원초적 에너지로서 자신의 목소리를 탐구하게 하고,
소리를 통한 몰입과 변형의 기쁨을 발견하게 한다.

| A | 12 |

# 고립의 시대
# 연결의 경험,

# 소리동조

2020.4.16.

이 글을 읽는 독자 여러분, 내가 내는 소리가 진동이
되어 몸 구석구석을 울리고, 상대를 울리고,
공간을 울리는 경험을 해보신 적 있으신가요?
노래의 형식이나 구조 같은 '소리 정보'가 아니라
물질로서의 소리 자체를 듣는다는 것은 어떤 경험일까요?
원초적인 소리 에너지를 탐구하는 '보이스씨어터 몸소리'
대표 김진영 배우를 만나 '나와 너'가 소리를 통해
하나의 파동 안에 존재하는 '소리동조'에 대한 이야기를
나누어보았습니다.

| A | 12 |
|---|----|
| S | 1  |

**김신록**　어떻게 지내고 있나.

**김진영**　거리공연이 다 취소돼서 어떻게 작업을 이어가야 하나 고민하며 지내고 있다. 뭔가 영상을 만들어야 할 것 같은 요즘 분위기 때문에 의기소침해지기도 하고. 하하하. 주위에서는 소리를 중심으로 작업하니까 영상을 활용하기 쉬우리라 생각하는데, '내게 소리는 물질적인 것'이라 고민이 많다. 소리는 정보 이전에 진동이고 파동인데, '만나지 않고 해야 한다'는 조건 아래 몸과 몸이 만나는 직접성이 거세된 채 소리가 무엇을 할 수 있을까 생각 중이다. 코로나 같은 전염병 재난은 또 올 텐데.

**김신록**　"소리가 물질적인 것"이라는 말의 의미를 부연해달라.

**김진영**　'물질'적이라는 말을 '몸'적이라는 말로 이해해도 좋을 것 같다. 보통 소리는 정신적인 것이나 영적인 것과 연결되는 경우가 많은데, 기본적으로 소리는 몸의 안과 밖을 울리는 물리적인 진동이다. 이 점을 강조하기 위해 물질적이라는 표현을 썼다. 우리는 소리가 진동이라는 점을 쉽게 간과하거나 혹은 기술적으로만 이해한다. 그러나 사실 소리의 '진동'과 '울림'은 우리의 몸과 마음에 직접적이고 근원적인 방식으로 작용한다. 내가 하려는 소리 작업은, 노래나 언어처럼 소리가 구조화되기 이전에 예술 재료로서, 그리고 치유 재료로서 '소리 진동 자체가 가진 힘'을 경험하는 것에서부터 시작된다. 예를 들어, 몸의 특정 부위의 울림과 진동에 집중하면, 몸의 울림이 마음의 어떤 부분을 건드려 그와 연결된 상상·충동·기억을 불러온다. 이때 소리는 마치 물질처럼 구체적이고 직접적이고 실제적이다. 멜로디나 의미를 지닌 노래나 말이 아닌데도 말이다.

> **김신록** 소리 작업이 영상에 적합할 것이라고 생각하신 분들은 아마 소리의 음악적인 구조나 구성을 먼저 생각하셨나 보다.

**김진영** 맞다. 어떤 사람들은 음악의 구조, 즉 '소리 정보'를 중시한다. 그런데 나는 소리를 떠받치고 있는 소리의 몸인 진동과 파동을 느끼게 하고 싶다. 음악적으로나 형식적으로 매끈한 것을 가능한 한 배제함으로써 소리 자체에 귀 기울이게 하고 싶은 것이다. 그래서 울리는 공간을 찾아가는 〈도시소리동굴〉 공연을 시작하게 됐다. 소리는 사람한테만 나는 게 아니라 공간에서도 나니까, 소리가 공간을 치고 공간이 진동을 내면 소리를 내는 사람과 듣는 사람이 함께 같은 탕 안에 들어가 있는 것 같은 느낌이 든다. 이 공명의 순간은 합리적이거나 논리적이지 않은 방식으로, 참여한 사람들에게 어떤 상태나 정서를 이끌어낸다.

> **김신록** 진동이라는 것이 사실 촉각 아닌가. 좋은 스피커는 진동을 잘 전달하기도 하는데.

**김진영** 스피커를 통한 진동과 직접 진동은 다르다. 진동에는 메인 진동만 있는 게 아니다. 아무리 좋은 스피커라도 소리의 뼈대 너머에 있는 다층적인 진동의 오솔길들을 섬세하게 다 송출하지는 못할 것이다. 청각이라는 것은 기본적으로 촉각이고, 다른 감각과 연결되기도 쉬운 감각이다. 엄마 배 속의 태아에게 가장 먼저 발달하는 |특수| 감각이 청각이다. 이

때 물속에 있는 태아의 청각은 촉각에 가깝다. 매질이 공기가 아니라 물이니까. 감각의 발달 과정을 보면, 이미 발달되어 있던 감각 위에 또 다른 감각이 더해지는 식인데, 우리는 청각이 가장 먼저 발달하고, 그 청각과 연계하여 다른 감각들이 발달한다. 그래서 청각은 아주 근원적이면서도 다른 감각과 연결될 수 있는 가능성 많은 감각인 것 같다.

> **김신록** 그런 것 같다. 지금 나뭇잎이 흔들리는 소리가 들리는데, 사실 눈으로 보기만 해도 소리가 들리는 듯한 느낌이다.

**김진영** 소리를 내려면 소리를 들을 수 있는 여유가 있어야 한다. 내 워크숍에 '소리 듣기 세션'이 있다. 들리는 모든 소리를 판단하거나 거르거나 이름 붙이지 않고 들어보는 거다. 소리를 얼마나 훈련하느냐가 아니라 소리를 얼마나 듣는지가 중요한 것이다. 소리를 잘 들어보면 사람을 만지거나 치거나 건드리는, 소리가 움직이는 느낌이 있다. 소리를 귀로만 듣는 게 아니라, 몸의 전체 감각을 다 사용해서 듣는 거다. 며칠 전에 뒷산에 올랐는데 바람이 슬슬 불어오기 시작하더니 온몸을 확 휘몰아쳐 지나갔다. 소리를 듣는 것은 이렇게 바람을 맞는 것과 같다.

> **김신록** 페이스북에 올린 〈불의 노래〉 영상도 잘 봤다. 소리를 끈 채로 영상만 봤는데도 소리가 들렸다. 장작이 타는 사실적인 소리 말고도 춤 같고 노래 같은 소리가 들리는 듯했다.

**김진영** 사람이 바쁘지 않고 멍할 때 감각이 열리는 것 같다.

비로소 주위가 들리기 시작한다. 멍한 시간을 공유한다는 느낌으로, 〈불의 노래〉 같은 걸 시리즈로 내볼까 하는 생각이 들었다. 소리 없이 시각적인 장면만 촬영하고 소리를 상상하게 하는 '소리상상 프로젝트'도 좋겠다. 소리를 실제로 듣기도 하지만 상상으로 듣기도 하잖나. 타닥타닥하는 장작 타들어가는 소리가 빗소리가 되기도 하고. 오히려 명확하지 않은 것을 알려고 할 때 더 많은 에너지를 투여하면서 더 살아 있음을 느끼게 되는 것 같다. 소리가 지워져 있을 때 그 소리를 상상할 수 있다면, 그 상상을 위해 이전에 체화된 내 경험, 묻혀 있던 경험을 다시 꺼내게 되는 것 같다. 사실 그게 예술과 여행의 작업이지 않나.

**김신록** '몸소리'가 지향하는 바가 '소리동조'라고 했었는데, 소리동조라는 게 뭔가.

**김진영** '동조同調'는 원래 물리학 용어다. 서로 파동이 다른 둘 이상의 에너지가 한 공간에 있을 때, 이 에너지의 파동이 하나로 맞춰지는 자연현상을 말한다. 파동으로 이루어진 소리 작업에는 이런 현상이 매우 잘 일어난다. 예를 들어, 두 사람이 마주 보고 편안한 상태에서 서로의 소리를 잘 들으면서 일정 시간 동안 소리 낼 때, 두 사람 사이에 파동이 겹치면서 '너의 소리도 아니고 나의 소리도 아닌 제3의 소리'가 만들어지는 느낌이 드는데, 이것이 바로 '소리동조'가 일어난 순간이다. 건조한 물리학 용어 같겠지만, 나는 점점 소리동조라는 말을 '신비함과 경이감을 동반한 소리 경험'이라는 의미로 사용하고 있다. 어쩌면 현상 그 자체가 아니라 그 현상이 일어날 때 우리가 경험하는 묘한 상태, 에너지가 연결되면서 둘 사이의 경계가 희미해지는 연결의 경험에 더 무게를 두어 이 말을 사용하고 싶은지도 모르겠다.

**김신록** 전에 배우님의 '몸소리 워크숍'에서 경험했던 기억이 난다. 실제로 상대의 소리 진동이 내 몸을 마구 쳤고 상대와 내가 하나의 큰 진동 막 안에 휩싸인 것 같은 느낌이 들었다.

**김진영** 이스라엘에서 유학할 당시 수업 시간 엑서사이즈로 처음 동조를 경험했을 때 굉장히 무서웠다. 처음 겪어보는 진동과 에너지가 확 덮쳐와서 순간적으로 소리 내기를 멈춰버렸다. 선생님이 "두려워하지 마. 너와 내가 하나의 소리가 되는 거야"라고 해서 선생님을 믿고 다시 동조에 들어갔는데, 굉장히 다양한 질감들 사이를 함께 또 따로 왔다 갔다 하며 새로운 세계를 경험했다. 그 경험 전에도 선생님이 좋기는 했지만, 그 후로는 뭔가 엄마 같았다. 연결되었다는 느낌이랄까.

**김신록** 첫 경험의 이상하고 두려운 느낌이 뭔지 어렴풋이 알 것 같다. 동조에서 경험한 연결감은 일반적으로 말하는 '교류'보다 훨씬 직접적이고 신체적이었다. 내 소리와 상대 소리가 동조를 일으키면 그 결과는 두 소리의 합이 아닌, 그 합보다 훨씬 증폭되고 변형된 다른 질감과 에너지의 소리 진동으로 확장됐었다.

**김진영** 공연을 하다 보면 가끔 퍼포머도 이런 상태에 이르게 되지 않나. 상대를 바라만 보고 있지만 움직이는 상대와 완전히 동일시되는, 그 사람의 질이 바뀌고 동시에 나의 질이 바뀌는 경험 말이다. 동조될 때에는 나와 상대의 에너지가 섞여 있다. 마치 상대를 미러링하는 것처럼 자극과 반응이 단숨에 일어난다. 좋은 공연에서는 무대와 객석 사이에도 이런 몸의 연결감이 발생하는 것 같다. 개인의 막이 없어지고 서로 연결된 느낌이랄까. 그런 순간이 지속되다 보면 상대와 사회적인 친밀감이 아닌, 존재 대 존재의 친밀감이 느껴진다. 그게 매력적이다. 사람이 사람을 만나는데 다른 정보 없이, 동물처럼, 즉각적으로 가까워질 수 있는가, 링크를 걸 수 있는가. 이런 것이 수업할 때도 필요하고 공연할 때도 필요한 것 같다.

**김신록** 일반인을 대상으로 보이스테라피 수업도 한다고 알고 있다.

**김진영** 2008년에 보이스테라피를 시작하면서, 동조가 단순히 소리 훈련이 아니라 치유적인 힘이 될 수 있겠다는 생각이 들었다. 2004년 이스라엘에서 돌아온 초반에는 전문가를 대상으로 워크숍을 주로 했는데, 얼마 후 슬럼프에 빠졌다. 내가 원하는 것은 '소리의 신비감'을 느끼게 하는 것이었는데, 전문가들이 원하는 방향은 아무래도 소리를 훈련하고 연마하고 이용하는 것에 중점을 둘 수밖에 없지 않나. 하지만 소리는 도구가 아니고 '내 안의 정서, 내 안의 다른 에너지와 다른 인물을 끌어낼 수 있는 핵심 열쇠'가 될 수 있다. 소리와 관련된 '정보'와 소리를 연마하려는 '목표점'을 오히려 지우고 싶었다. 소리에 대한, 소리를 내는 자신에 대한 호기심과 신비감이 중요하다. 그래서 일반인들을 대상으로 수업할 때 과정도 결과도 더 좋은 경우가 많다. 호기심과 신비감이야말로 소리를 연마할 수 있는 동력이다.

동조도 마찬가지다. 기술적으로도 동조를 만들어낼 수 있지만 그럴 때는 기쁨이 덜하다. 목적성이 강해지면 동조하는 순간의 경험치는 훨씬 떨어진다. 내게는 동조를 만들어내겠다는 목적이나 동조라는 현상 자체보다 동조했을 때 연결감의 경험이 훨씬 중요하다. 이 사람이 남자다, 여자다, 뭐 하는 사람이다, 하는 정보들이 날아가버리는 경험 말이다.

**김신록** 정보들이 사라지는 것, 정보나 규정이 쌓이기 이전의 상태를 중시하는 것 같다.

**김진영** 맞다. 매번 반복되는 일상에서, 어떻게 하면 경험을 통해 안다고 생각하는 모든 조건을 지우고 그 순간에 처음 경험하는 것처럼 살아 있을 수 있는가를 생각한다. 마치 수행이나 명상처럼. 젊었을 때는 삶과 동떨어진 예술에 매료되기도 했던 것 같다. 이제는 예술을 삶으로 끌어들인다기보다는 삶 안에 예술이 될 수 있는 씨앗이 있다는 것을 발견하고 싶다. 우리가 '삶'이라고 지칭할 때 삶을 너무 단순하게 사회적인 방식으로 이해하는 것 같다. 나는 반대로 '규격화된 경험에서 벗어나는 순간이 오히려 삶'이라고 생각한다. 삶을 발견하는 것은 예술을 발견하는 것과 다르지 않다. 일상적 삶이라는 표피 말고 그것을 뚫고 들어갔을 때 느껴지는 어떤 살아 있는 감각, 말 그대로 '삶' 말이다.

## 움직여봐야
## 균형을 잡지 않을까

2022.5.18.

"규격화된 경험에서 벗어난 순간이 오히려 삶"이라는
표현에 김진영 배우가 삶을 대하는 태도와
방식이 잘 드러나는 것 같습니다. 그렇다면 삶의 순간을
맞이하기 위해 중요한 것은 역설적으로 '지금 나에게
규격화된 경험은 무엇인가'를 아는 것이겠지요.
2022년 5월 18일, 2년 만에 다시 만난 김진영 배우는
2년 전과는 반대로, '예술가라는 규격화된 삶'에서
벗어나려는 시도를 하고 있었습니다. 여전히
예술가이지만 사업가로 변신한, '히피 비건 예술가'라는
사실과 비사실이 뒤섞인 자타의 고정된 이미지에서
과감하게 탈피 중인 김진영 배우의 이야기를
들어보았습니다.

| A | 12 |
|---|----|
| S | 2  |

**김진영**　제가 요새 사업을 하고 있어요. 산업의 냄새가 나지 않나요? 하하하. 겨울마다 몸이 아프니까 내가 몸으로 하는 일을 얼마나 더 할 수 있을까 하는 불안감도 들고, 나이가 들면서 예술지원 체계에서 점점 멀어지는데 자력으로 작품을 만들 수 있는 물질적인 토대는 없고. 그러다가 해독 프로그램을 하고 나니까 몸이 10년 전으로 돌아간 거예요, 에너지도 생기고. 그래서 관련 사업을 시작했어요. 내가 어떻게 오래 즐겁게 작업을 할 수 있을까를 고민하다가 예술과 경제력 사이에 균형을 맞춰봐야겠다 싶었던 거죠. 1월부터 생각했는데 시작은 8월에 했어요. 괜히 두려워서 시간이 걸렸어요. '사람들이 어떻게 생각할까, 한쪽을 놓치면 어쩌나.' 그런데 움직여봐야 균형을 잡지 않을까 생각이 들어서 움직여본 거예요. 스스로 기특해 해요.

　　　작년에 〈그림자들의 노래〉 작업을 했는데, '내가 생각하는 나의 모습 아래 원하든 원하지 않든 다양한 모습이 있고, 어떤 모습은 밖으로 드러나지만 어떤 모습은 드러나지 않는다. 융의 말로 그림자, 그 그림자를 꺼내라. 너는 다양한 모습이 있고 그 다양한 모습을 사용해라'라는 게 주제였어요. 내가 왜 이런 말을 하고 싶어 하나 봤더니 나 자신에 대해서도 그런 생각을 하는 것 같더라고요.

　　　공연을 업으로 삼고 난 이후로 저는 머리도 옷도 약간 히피 스타일이었어요. 이런 스타일을 좋아하긴 하지만 약간 고정된 느낌이랄까? 오죽하면 다들 제가 비건인 줄 안다니까요. 그런데 어린 시절을 돌아보면 저는 진짜 멋 내는 스타일이었어요. 대학원생 때 문학 공부하면서 슬슬 무심해지다가 이스라엘에 가서 연습복을 입고 다니니까 정말 편하더라고요. 그런데 요새 다시 몸이 좀 빠지니까 예쁜 옷도 입고 싶고, 이 기쁨이 엄청 좋은 거야, '내 몸 보면서 좋아하는 것도 너무 좋다!'. 예전에는 '겉모습 뭐…….' 이렇게 생각했는데 이제는 '아닌걸! 나는 이런 사람인걸!' 이러면서 있는 그대로의 나를 수긍하게 된 것도 좋아요.

요즘 예술가가 무엇일까 생각해요. 세상을 바라보는 관점을 가지고 있는 게 예술가지 예술품을 만드는 사람이 예술가는 아니라는 생각이 들어요. 예술가도 시대의 구성원이고 예술도 그 시대의 예술이라고 생각하는 거죠. 시대와 동떨어진 예술이라는 건 허상인데 어떻게 보면 내가 그 허상을 좇아가려고 했던 거예요.

작년에 50세가 됐는데 작년이 정말 중요한 해였어요. '사람들이 나에 대해 어떻게 생각하든 이제 신경 안 써. 아직 내가 가지고 있는 재능 중에 일부를 쓰지 않았어.' 이런 생각을 했죠. '예술가는 가난해야 해. 예술가는 꿈만 먹고 살아.' 이런 이미지에 일생을 거는 사람들이 있는데, 그러면서 스스로 왜 불행한지는 몰라요. 내가 다른 방식이 있다는 것을 보여줄 수 있는 사람이 되면 좋겠어요.

# 조연희

바다에 사는 고래 중에 험프백(humpback whale)을 가장 좋아한다.
연기를 하는 배우이며, 극단 '이와삼'의 단원으로 자유롭게 활동하고 있다.

| A |
|---|
| 13 |

# 역동적인 거리 두기

2020.6.18.

'사회적 거리 두기' 말고, 연기에서 말하는 거리 두기에
대해 들어보신 적이 있나요?
흔히 배우들은 어떤 상황이나 순간에 무아지경의
상태로 몰입하지 않도록, '행위하는 나를 바라보는
또 다른 나가 있어야 한다'라고 요구받습니다.
최근 몇 년간 영화와 연극에서 시각장애인을 위한
'배리어프리 음성해설'을 도맡아온 극단 '이와삼'의
조연희 배우를 만나 '역동적인 거리 두기'의 경험에 관해
이야기를 나누어보았습니다.

| A | | |
|---|---|---|
| 13 | S | 1 |

**김신록**  '거리 두기'에 대한 이야기를 나눠보자. 연출적인 관점에서는 즉각적으로 '소외 효과'를, 배우 입장에서는 '배우 자신과 인물 사이의 거리 두기' 혹은 '행위하는 나를 바라보는 제3의 눈'을 떠올릴 것 같다. 작가의 경우는 잘 모르지만 '허구의 이야기와 실제 경험 사이의 거리 두기'를 고민하지 않을까.

**조연희**  배우 입장에서 이야기하자면, '실제 속에 내가 있고 그 나를 바라보는 또 다른 힘이 있는데' 그게 거리 두기인 것 같다. 감정이 몰아쳐도 그 상태를 바라봐주는 내 안의 여백. 나는 사실 내적인 것이 선행되어야 움직일 수 있는 부류의 배우다. 쉽게 감정이 움직이고, 몰입이 잘되고, 확 들어가고. 그런데 내가 하고자 하는 배리어프리 음성해설은 되도록 모노톤을 유지하고, 무대 위 혹은 영상 속 배우와 호흡을 같이 하면서도 동시에 거리를 유지해주는 것이다. 이런 음성해설 경험을 통해 바라보는 힘, 거리 두기의 힘이 좀 생긴 게 아닐까 생각한다.

**김신록**  음성해설의 어떤 부분이 거리 두기에 대한 사유를 불러왔나.

**조연희**  음성해설을 하다 보면 어떤 순간 묘한 감각을 경험하게 된다. 중간에 있는 매개자로서 화면이나 무대 위 배우의 행위를 묘사하다 보면 단순한 '전달'임에도 불구하고 나에게 '경험'되는 순간이 있다. 그럴 때면 너무 몰입해서 내 일처럼 느끼거나, 반대로 너무 멀어져서 흥미를 잃지 않으려고 노력한다. 이때 내 안에서 어떤 '역동적인 개입'이 일어난다. 작용에 반작용, 액션에 리액션이 바로 일어나는 게 아니라, 그 사이에 또 다른 작용이 있는 것이다. 일종의 '알아차림과 거리 조절'의 과정인데, 이것을 해내는 '흔들리지 않는 나'가 어느 층위에서인가 단단히 버티고 있어야 하는 것 같다.

**김신록** '흔들리지 않는 나'에 대해 설명해달라.

**조연희** 흔들리지 않는다는 것은 고정되어 있다는 뜻이 아니라 '힘을 내야 한다'는 뜻이다. 이게 핵심이다. 막연하게 '힘 빼라', '비워라'가 아니고, 힘 빼고 비우려면 역설적으로 힘이 필요하다. '의식의 힘'이랄까. 힘을 내서 바라보고 힘을 내서 숨을 쉬는 것이다.

**김신록** 역동적인 알아차림의 과정에서, 서술하기와 경험하기 사이 어디 즈음을 더듬는 나의 위치를 계속 조정해낸다는 말로 들린다. 마치 카메라 조리개처럼. 그런 면에서 배우가 하는 일은 사실 거리 두기가 아니라 '거리 조절'인 것 같다. 나와 나 사이, 나와 인물 사이, 나와 상대 사이, 나와 공간 사이의 다층적인 거리 조절. 그런데 이 조절 역시 경험하기 안으로 최대한 가깝게 밀착되어 '되어지도록' 하는 것이 핵심 같다. 안 그러면 연출자들이 꼭 '생각하지 마라'고 하지 않나. 나는 이 디렉션이 가장 싫다.

**조연희** 하하하. 난 반대다. 나는 확 몰입하는 스타일이라 오히려 연출가가 '너무 갔다'는 말을 많이 한다. 이 피드백은 내가 기준을 잡는 데 도움이 되지만, 그럼에도 나 스스로 내 안의 여러 층위를 넘나들며 거리 조절을 하는 자생력을 길러야 한다고 믿는다. 그런 면에서 내게 음성해설이 도움이 된다.

'역동성을 가진 알아차림'이라는 말이 마음에 든다. 그간 '거리 두기'라는 말이 '가만히 바라보라'는 식으로 막연하게 사용된 것 같다. 마치 배우가 모든 것을 수동적으로 수용하거나 가만히 있어야 하는 것처럼. 거리 두기 역시 '역동적인 거리 두기'가 되어야 한다.

> **김신록**  사실 '바라본다'는 행위 자체가 이미 나와 대상 간의 피드백이 전제된 역동적인 일 아닌가. 바르바가 말한 '리듬의 사유', 메리 오블라이의 '이모션' 혹은 '현존'이라는 말들 모두 이 바라봄의 역동성에 대한 것, 알아차림과 동시에 이미 변하고 있는, 끊임없이 새로 생성되는 역동성에 대한 사유가 아닐까 싶다.

**조연희**  거리 두기라는 말을 알기 전에 내가 만들어낸 말이 있다. '감정머리.' 감정에도 머리가 있다는 뜻이다. 내가 느끼고 감각하는 매 순간에 이성적으로는 설명할 수 없는 알아차림이 있는 것 같다. 감정과 감각과 직관 같은 것이 동시다발적으로 흐를 때 그것을 이끌어가는 머리, 일종의 '정서적 데이터'를 알아차리는 머리. 이 감정머리가 캐치하는 정서적 데이터가 역동적 거리 두기를 위한 정보가 되는 것 같다.

> **김신록**  흔히 '인식하세요'라고 말하면, '방금 일어난 일을 머리로 되짚어 생각'하느라 모든 경험을 이성으로 수렴시켜버리거나 실제와 인식 사이에 시차가 발생하는 경우가 많은데, 감정머리나 정서적 데이터라는 말은 더 직관적인 것 같다. 사실 '경험하기-바라보기'는 분리되어 일어나지 않고 동시적으로 발생한

다. 하는 나와 보는 나를 시간상으로 분리하면 안 된다. 바라보는 것, 알아차리는 것도 경험이니까. 동시적이고 총체적인 경험의 연속이 있을 뿐이다.

**조연희** 배우들이 영화나 연극을 보고 음성해설을 해보면 감정머리를 기르는 데 도움이 될 것 같다. 배우는 무대에 서면서 성장하는 데 1년에 서너 편 공연에 참여하기도 힘든 여건 속에서 '역동적인 거리 두기'를 연습하고 훈련할 방법이 없지 않나. 다만, 이런 음성해설도 공부가 필요하다. 장애에 대한 이해, 배리어프리 개념 등에 관심을 기울여야 한다.

**김신록** 어떤 계기로 배리어프리 음성해설에 처음 참여하게 됐나.

**조연희** 배리어프리를 처음 만난 건 2013년도였다. 우연히 공고를 보고 베리어프리 영화위원회에서 기획한 여러 차례의 포럼에 참석했다. 여러 상업 영화를 배리어프리로 제작해서 장애인과 비장애인이 함께 보도록 함으로써 배리어프리 콘텐츠를 홍보하는 기획 사업이었다. 참여자들과의 질의응답 시간이 있었는데, 자꾸 질문하는 내가 인상적이었는지 위원회 측에서 관심을 보였고, 내가 배우라는 걸 알고는 영화제 때 라이브 음성해설을 해달라고 요청해왔다. 그때 음성해설사로 첫 작업을 한 이후로 위원회와 지금까지 교류를 이어오고 있다. 관련한 거의 모든 작업은 배리어프리 콘텐츠 제작 플랫폼인 '사운드 플렉스'의 강내영 화면해설 작가와 함께한다.

**김신록** 포럼에서 처음 접했던 배리어프리 음성해설 영화는 어떤 점이 인상적이었나.

**조연희**   기존에 이미 봤던 영화인데도 새롭게 보였다. 예를 들면, 보통 영화 볼 때 주인공 외에 다른 인물의 이름은 알기 힘들지 않나. 그런데 화면 해설에서 행위 주체자의 이름을 자꾸 불러주니까 주인공 아닌 다른 인물의 이름도 알게 됐다. 또 화면에서 문이 쾅 닫히면, 시각장애인에게는 문이라는 정보가 필요하니까 음성해설로 '문이 닫힌다'라고 언급된다. 그럼 관객은 주인공이 아닌 '문'으로 시선이 간다. 스크린에 배우의 얼굴이 가득 찰 때조차 해설로 들려오는 다른 정보에 관심을 기울이게 되는 점이 흥미로웠다.

**김신록**   감독의 관점과, 음성해설 작가의 관점과, 음성해설사의 관점과, 그것을 받아들이는 관객의 관점이 동시에 교차 작동한다는 점이 흥미롭다. 예술작품에 대한 체험은 정보보다 감각이 앞서는 경험일 것 같은데, 해설이 오히려 분위기나 정감을 정보로 치환해버리는 문제는 없나.

**조연희**   좋은 지적이다. 연극에서 화면해설을 진행했을 때 시각장애인분들께 '음성해설 모니터'를 부탁드린 적이 있다. 공연을 보신 후에 어떤 부분은 해설이 '투 머치'라고, 정보가 없는 것이 더 낫다고 하셨다. 비장애인들은 다 설명해야 할 것 같은 부담을 느끼지만 막상 당사자들은 감각할 수 있는 것을 굳이 설명으로 들을 필요가 없는 거다. 들리는 감각으로 방향을 알 수 있는데도 '오른쪽에서 말한다. 왼쪽에서 말한다' 이럴 필요는 없다. 극을 이해하는 데, 혹은 분위기나 정감을 느끼는 데 꼭 필요한 정보만 전달하려고 노력한다.

**김신록**   '행위만이 아니라 분위기를 읽는 눈'을 기를 수 있을 것 같다. 어떤 한 장면이나 순간의 분위기나 정서, 정감, 에너지를 만들어내고 있는 것이, 툭툭 바닥을 차고 있는 발인지, 한쪽으로 기울어진 머리인지, 딴생각에 잠긴 시선인지 등을 캐치할 수 있는 힘 말이다.

**조연희**　강내영 작가와 협업하는 과정에서 그런 이야기를 종종 나눈다. 같은 장면이지만 어떤 정보를 언급해주는 것이 극 진행에, 장면의 결을 전달하는 데 도움이 될지 세심히 살피려고 한다.

얼마 전 외국에서 배리어프리 해설사로 일하시는 분들이 남산드라마센터에서 기획한 포럼에 참석해 이야기를 나눈 적이 있다. 그때 '안나'라는 분이 자신의 작은 노트를 소개했는데, 어떤 장면을 볼 때 어떻게 해설할 수 있을까를 적는 노트라고 했다. 배우들에게도 이 노트가 있으면 좋을 것 같다고 생각했다. 예를 들어, 성곽길을 걸으며 그날 보이는 것을 적어보고, 다른 날 같은 길을 걸으면서 또 적어보는 거다. 그럼 같은 길인데도 그날의 기분이나 분위기, 상태에 따라 전혀 다른 방식으로 보인다는 것을 알 수 있다. 첫날은 길, 둘째 날은 창문으로 보이는 길, 셋째 날은 구름이 눈에 들어온다. 같은 스팟에 서도 매번 다른 문장들이 나오는 게 재밌다. 나는 이 일기장에 '시각일기'라는 이름을 붙이고 싶다.

**김신록**　이 역시 매 순간 달라지는 역동적인 알아차림이라는 생각이 든다. 시각일기는 줄거리 중심, 행동 중심이 아니라 정감과 분위기를 캐치하고 디자인하는 데 도움이 될 것 같다. 음성해설과 관련한 수업을 들을 수 있는 곳이 있나.

**조연희** 작년에 남산에서 배리어프리 공연을 시작했고 두 번의 포럼을 진행했다. 작년에 이어 올해도 연극센터 플레이업 아카데미에 관련 수업이 개설된다고 알고 있다. 강내영 작가가 수업을 진행하고 내가 보조강사로 참여할 예정이다. 이 수업을 듣는다고 실전을 뛸 수 있는 건 아니다. 다만 '장애 인지'에 관한 개념을 알고, 화면해설, 자막 제작, 음성해설을 진행해보는 일종의 체험판이 될 것 같다. 강내영 작가가 이런 워크숍을 하는 이유는, 연극계 내에서 배리어프리 콘텐츠 제작에 대한 자생력을 키워보라는, 연극계 안에서 인프라를 구축해보라는 의도가 아닐까 생각한다.

# 이번 생은
# 배우로
# 사는 것으로

2022.4.25.

앞의 인터뷰가 있고 몇 달 후에 〈이제 내 이야기는
끝났으니 어서 모두 그의 집으로 가보세요〉| 2019 | 라는
연극에 조연희 배우와 함께 출연하게 됐습니다.
우리가 나눈 연기에 대한 대화가 연습이나 무대에서
어떻게 얼마나 적용되거나 사유되었는지는
기억나지 않습니다. 다만 함께 대화하고 연이어 함께
공연하는 과정을 거치면서 동갑인 저희 둘은
지금도 가끔 문자로 안부를 묻고, 불쑥 책을 보내기도
하고, 서로의 공연을 보러 가기도 합니다.
2022년 4월 25일에 다시 만난 연희는, 힘든 시간을
거치며 다시 배우로 살기로 결심한 길고 길었을
그 마음의 과정을 진솔하게 들려주었습니다.

**조연희**  처음으로 배우로서 리서치를 해보고 싶다, 개인 작업을 해보고 싶다는 생각이 들어서 그걸 좀 타진해보고 있어. 실은 내가 탐구력이 부족하다는 생각이 있었어. 그래서 한 6년 정도 누가 워크숍을 한다고 하면 쫓아다녔어. 스킬을 배운다기보다는 도대체 다른 사람들이 어떤 식으로 발제하고 찾아가는지 염탐하러 다녔던 것 같아. 다니면서 능력치도 개발하고 콤플렉스도 좀 극복한 것 같아. 움직임 워크숍에서는 나도 움직일 수 있는 사람이라는 걸 알게 됐고, 움직임 발제는 이런 식으로 한다는 것도 느리지만 좀 알게 된 것 같아. 연기에 대해서도, 연기에 대한 질문을 어떻게 발제하는지 다른 사람 워크숍을 통해 알게 된 것 같아. 그러면서 나를 더 만나는 시간을 가졌다고 해야 할까.

살면서 연기와 관련 없는 시간을 보내면서 겪게 되는 일들이 있잖아. 내 경우엔 그동안 부정하고 부인하고 있던 것들을 작년에 어떤 큰 이슈를 겪으면서 — 돌발적으로 왼쪽 귀에 난청이 왔는데, 아예 안 들렸거든. 한 달은 치료만 하면서 하던 일들을 다 멈추고, 방에 누워만 있었어 — 그때 인정하게 된 것 같아. 인정하면 되는 것 같아. 인정하면 되게 쉽더라고. 되게 큰 자산이 된 것 같아. 지금은 다행히 아주 잘 들려.

나는 내가 사는 것과 연극하는 것과 연기하는 것을 잘 구별하지 못했었는데, 구별을 안 해도 되는 것 같아. 그것 때문에 많이 힘들었는데 굳이 안 해도 될 것 같다는 생각이 들어. 내가 능력치는 조금 부족하지만 이미 내가 살고 있는 방향이 있더라고. 예를 들면 몇 년 전부터 내 방을 비워내고 있어. 읽은 책들을 친구들과 나눔하는 식으로. 내가 살고 있는 모습이 내가 하는 연극과 연기와 맞아야 한다는 생각이 들더라고.

화천에서 '뛰다 궁리소' 워크숍[1]을 하면서 각자 작은

퍼포먼스를 해야 했는데 그 시간이 참 좋았어. 워크숍이 끝나고 집에 돌아온 뒤로 매일 걸었는데, 어느 날 걷다가 이런 생각이 들었어. 전에는 연극을 하고 무대에 서는 동력이 칭찬받고 무대에서 빛을 받고 박수받는 게 좋아서였다면, 워크숍에서 내 것을 공유하고 뭔가를 만들어낼 때는 그 결과물이 물질로 남는 게 아니라 사람들 가슴이나 머리에 향기처럼 슥 남은 게 좋았던 것 같아. 그래서 '내가 하는 일이 참 멋지구나!' 숲속을 걷다가 방언처럼 이 말이 툭 튀어나왔는데, 주저앉아서 엄청 울었어. |눈물| 지금은 괜찮아, 괜찮아. 진짜 그랬던 것 같아. 그때 많이 괜찮았어.

  여전히 정리되지는 않았지만, 그걸 발견했을 때 그 마음을 소중히 대해야 할 것 같더라고. 그래서 진중하게 생각했던 것 같아. 이 마음을 못 지킬 것 같으면 연극을 하지 말고 그냥 관객으로 향유할까? 세상은 어디서든 최적화를 요구하잖아. 어디서든. 나는 여전히 예술과 생계를 분리하면서 살아온 사람인데 인간은 유한하고 하루는 24시간이고 매일 내일의 영혼을 당겨다 쓰다 보니까 몸을 아작 내면서 살잖아. 근데 나만 그런 건 아니지. 욕망도 있었지만 나이 들면서 버려지는 욕망도 있고, 킵되는 것도 있고, 나도 모르게 없어진 욕망도 있고. 이러면서 계속 무대에서 느껴지는 패배감을 안고 살다가 이런 값진 마음을 얻었는데, 그냥 무대에서 내려와서 관객으로서 이걸 지키면서 살아갈까 이런 생각이 들더라고.

  그런 생각이 오고 가는 와중에도 매일 걷는 걸 빼먹지 않았어. 왜냐면, 연극배우들은 일상이 없잖아, 일상이라

---

1 2021년 4월 22일부터 4월 25일까지 화천에서 열렸던 '뛰다 궁리소'의 워크숍 〈2021년 즉흥수행법_액션씨어터〉.

는 게 없잖아. 그래서 내가 지키려고 노력한 것은 일상을 만들어보자, 건강을 챙기자, 같은 것이었어. 그런 게 없으니까. 스트레스 때문에 양쪽 어깨와 팔이 안 올라갔는데, 2년 동안 무시하면서 살았거든. 그러다 너랑 워크숍[2]도 하고, 소중한 시간을 보냈지. 그러면서도 계속 고민하고. 땡볕에 돌아다니는 동안 감동적인 게 있었어. 물밀듯이 밀려오는 거야, 체감하는 거야. 걸어 다니다가 갑자기 날아가는 새에 감동받아서 주저앉아 울고, '아, 새가 날아가네!' 기억하는지 모르겠는데, 맨날 똑같은 길을 걷지만 일기를 안 쓰고 '시각노트'라고 사진을 찍거든. 늘 같은 장면을 찍는데, 하루하루 사진이 색도 다르고 풍경도 달라. 하루는 사진을 찍고는 초록이 우거진 걸 보고 너가 갑자기 생각이 나더라고.|눈물| 그래서 너한테 카톡 보낸 거야. '신록이 그리워서.' 내가 사람을 안 만나고 나무를 보고 감동받고 새를 보고 감동받고 그러고 있는데 내 사람들에게서 연락이 오는 거야. '너 괜찮냐'고. 그러던 중에 강량원 선생님 워크숍[3]을 들었는데 거기서 최고점을 찍은 거지.

　　　　강량원 선생님 워크숍이 너무 좋았어. 주옥같은 말들이 나오고, 너무 좋고, 배우는 무대에 설 때 배운데 배우가 아닌 시간을 배우로 사는 것 같고. 맨 마지막에 강량원 선생님이 나한테 무슨 말을 슥 해주시는데 큰 격려를 받는 것 같고 감사했어. 근데 그 마음을 뭐라고 표현을 잘 못하겠는 거야. 쑥스럽고 소극적이라서. 아직도 말씀을 못 드렸어.

---

**2** 2021년 7월 3일부터 7월 7일까지 열렸던 서울연극센터 주관 〈플레이업 아카데미: 시간과 공간과 몸의 연결_뷰포인트〉.

**3** 2021년 8월 3일부터 8월 15일까지 열렸던 서울연극센터 주관 〈플레이업 아카데미: 신체행동으로 설계하는 연기기술〉.

몸이 좀 올라오고 벌어났던 일들을 좀 수습하고, 그러면서도 계속 어떻게 살아야 하나 고민하고. 그러다 너랑 카톡을 주고받았는데 나한테 책을 한 권을 선물해줬잖아. 《숲은 생각한다》| 에두아르도 콘, 차은정 옮김, 사월의책, 2018 |. 지금도 봐. 한 번 보고 또 보고. 이상하게 그 책에서 연기가 보여. 나는 팬데믹하고 기후위기, 마흔 넘으면서 찾아온 보이지 않는 적과 싸우고 있었는데 을지로로 가는 와중에 너가 보낸 카톡을 보고 주저앉은 거야.

너랑 이런저런 톡을 나누다가 내가 '나아갈 수 있을지 모르겠다'고 보냈더니, | 눈물 | 너가 '나아가지 말자' 이런 답을 보냈지. 그 말이 얼마나 힘이 됐는지 몰라. 주저앉아서 오열했잖아. 그리고 생태철학과 관련한 농담 좀 주고받다가 또 너가 '뭐든 고민 너무 깊게 하지 말어. 씩씩하게 살다 가자.' 이렇게 톡을 보냈잖아. 그 말에 내가 또 한번 무너진 거야. '어, 아무 생각 없이 살고 싶어.' 이렇게 답을 보내고 을지로 지하철 플랫폼에서 한참 울었어. 좀 진정하고 나서, 너무 고마운데, 고마우면서 너무 미안한 거야. 고마운 건, 어떤 설명 없이 이런 대답을 들을 수 있다는 것 자체가 진짜 힘이 됐고, 연대가 아닌 공감 혹은 '아, 누군가는 알고 있구나' 그런 것 때문에 고마웠어. 미안한 마음은 '저 아이는 나와 같은 시기를 어떻게 겪어냈을까', 그런 마음이 들어 너무 미안한 거야. 그렇더라고. 그렇더라고.

난 너가 연기 이야기하고 그걸 나누는 게 대단하다고 생각해. 이런 프로젝트를 하는 것도 정말 대단하다고 생각해. 물론 즐거운 거겠지. 즐거움이 없으면 기본적으로 할 수 없다고 생각해. 목표도 있으리라 생각하고. 근데 나는 세상에 당연한 건 없다고 생각하거든. 부모의 사랑도 당연한 건 아니고. 그래서 너의 그 즐거움이나 목표 지점에는 두려움도 있을 거라고 생각해. 글쎄, 그래서 이건 내 바람이지만 너한테도 일상이 있었으면 좋겠고 건강했으면 좋겠어.

　　　　나는 너처럼 '연기적으로 어떤 것을 추구한다' 혹은 '어떤 것을 하고 싶다'는 걸 가진 배우는 아닌 것 같아. 대본을 받으면 나만의 접근 방법은 있겠지만. '강 선생님이 지금은 재현 연기를 잘하는 것은 하나도 중요하지 않아요' 이런 말씀도 하셨는데 나는 계속 재현을 기반에 두고 연기했고, '재현이 정말 힘이 없을까?' 이런 의문이 계속 생겨.《숲은 생각한다》를 보면 강 선생님 수업이 많이 보이고 그 책에서 말을 길어오면 나도 확장할 수 있지 않을까? 이런 생각도 들더라고. 강 선생님 수업이 큰 영감을 줬어. 사는 데 되게 큰 힘이 될 것 같다는 생각이 들었어. 예전에는 생각만 계속했다면 이제 실제로 해보고 싶다는 생각을 처음으로 한 것 같아서. 구체적으로 '이렇게 해보면 어떨까', '이건 어때', '이런 거 해보면 재밌지 않을까.'

　　　　좀더 온전하게 나이가 들고 사는 방식을 좀 바꾸고 구체화시키는 시기여서 그럴 수도 있을 것 같은데, 나 혼자 '재현의 확장'이라고 부르고 싶은데, 인류학 책에서 말하는 재현의 의미, 그러니까 표상에 더 가깝지 않을까? 'represent', 'symbol', '심상'? 개념이나 이념과는 다른, 표현과도 다른 그것을 밖으로 꺼내는 작업이어서 확장이라는 단어를 쓴 것 같아. 재현의 의미를 확장시키고, 방법론도 확장시키고, 이런 생각이 들었던 것 같아. 막 갖다 붙이는 거지. ㅣ웃음ㅣ 아직 강 선생님께는 말씀을 못 드렸지만 상대와 작용하는 방법론이 큰 도움이 됐고 그때 수업의 포맷이 재밌었어. 짧은 장면들을 설계해서, 피스 바이 피스로 내가 나오는 장면을 만든다면 연기도 전시될 수 있을 것 같고.

　　　　개인적으로는 인생의 변곡점을 지나가고 있어. 이 시

간의 주변 사람들에게 너무 감사하지. 특별하게 감사한 분들이 있어. 화천에서 만난 사람들, 강량원 선생님, 신록이, 절친들, 나의 안녕을 물어준 사람들, 너무 감사해. 그분들께 감사하다는 편지를 써야 하나 하다가 부끄러워서, 그 사람들을 만나 '나의 안녕'을, 건강한 모습을 보여드려야 할 것 같은 생각이 들더라고. 작년은 외부와 내부가 만나는 시기, 그 간극을 치열하게 몸부림치면서 만났던 시기가 아니었을까. 결과적으로는 많이 힘들었지만 꽤 값어치 있는 시간이었다고 생각해.

전에는 극단 작업이나 외부 작업이 들어오면 그냥 했었는데 앞으로는, 내가 살고자 하는 방향과 살고 있는 방식과 혹은 내가 추구하고자 하는 모습과 내가 가고자 하는 방향이 닮아 있는, 담겨 있는, 혹은 그렇게 운영되는 프로덕션을 골라서 하고 싶어. 이번 생은 배우로 사는 것으로.ㅣ웃음ㅣ 그러려면 연극은 이렇게 해야 하지 않을까? 근데 배우로 먹고살려면 또 다른 고민이 있어야 하지 않을까? 조금은 등한시했던 돈 버는 루트도 개발해야 할 테고 원하는 방향과 다른 부분에 대해서도 수용할 수 있겠지. 그러면서 조금 느리더라도 해보고 싶은 작업은 재밌게 해보면 좋을 것 같아.

배우들은 다 기로에 있는 것 같아. 현실적인 고민이든 이상적인 고민이든, 계속 고민하면서 선택해나가는 것 같아. '기꺼이 하겠어!' 이런 방식은 못할 것 같고, '선택되고, 결정되었어' 이게 더 맞는 표현인 것 같아, 나에게는.

연극 〈로풍찬 유랑극장〉(2012) 외 다수, 영화 〈찬실이는 복도 많지〉(2020) 외 다수, 드라마 〈옷소매 붉은 끝동〉 외 다수 등 다양한 분야에서 활약하고 있는 배우. 영화 〈찬실이는 복도 많지〉로 백상예술대상, 청룡영화상, 한국영화평론가협회상, 들꽃영화상, 부일영화상에서 신인여우상을 받았다.

A

14

나만의 비밀,
나만의 꽃,
나만의 고유명사

이 글을 읽는 독자님, 앞에 놓인 사물들,
사람들을 바라보세요. 그것이 '내게' 어떤 의미이고
어떤 감각을 불러일으키나요.
그것과 내가, 어떻게 서로에게 의미 있는 존재가 될까요.
강말금 배우를 만나 '나만의 비밀, 나만의 꽃,
나만의 고유명사'에 대한 이야기를 나누어보았습니다.

2020.8.20.

| A | S |
|---|---|
| 14 | 1 |

**김신록**   2019년에 처음 인터뷰를 제안했을 때 연극을 한 편이라도 올린 후에 하자고 해서 기다렸다. 2020년 8월 초에 여신동이 연출한 〈pan123mE1-식사편〉을 잘 봤다. 나도 참여한 작품이지만 관객으로서 강말금 배우 편을 보면서 좋았다.

**강말금**   오랜만에 연극 하나 했다고 인터뷰를 떡 하니 하기에는 미안한 마음이 있었다. 지난 2년간 영화도 하고 싶고, 병행하기에는 스케줄도 잘 안 맞고, 체력도 안 따라줘서 공연을 거의 못 했다. 공연하면 인터뷰하겠다고 약속해서 하게 됐지만, 어젯밤까지도 후회되더라. 그래도 지금은 좋은 마음이다. 앞으로 3년을 생각했을 때, 어디서 작은 공연이라도 하고 있지 않을까 싶었고, 마음이 편해졌다.

**김신록**   왜 3년인가?

**강말금**   3년이 어떤 단위인 것 같다. 공연을 해서 실망하기도 하는데 그것도 3년이 지나면 거름이 되기도 하고, 쓸쓸하게 헤어진 사람도 3년 후면 다시 만날 수 있게 되는 것 같고.

**김신록**   이번 공연도 그렇지만, 이전에 출연한 다른 공연을 보면서도 항상 무대 위 배우가 다루는 사물이나 말, 정서 심지어는 어떤 관념이나 생각까지도, '손으로 만져지는 것처럼 실재하는 감각'이 발생한다고 느꼈다. 사람들이 흔히 '그 배우는 생활감이 있다'고 표현하는 것도 사실은 이런 느낌일 거라고 생각한다. 그 힘이 뭘까 늘 궁금했다.

**강말금**　생활감이 좋다는 말이 뭘까……. 좀 망가지는 게 생활감인가……?

**김신록**　뭔가를 다뤄내는 거? 잘 다룬다……? 예를 들면, 이번 공연에 반찬통에서 김하고 김치를 꺼내는 순간이 있지 않았나. 반찬통에서 김을 꺼낼 때 그 김, 김치통에서 김치를 꺼낼 때 그 김치, 이런 것들을 어떻게 다루면 저렇게 김과 김치가 생물처럼 생경하게 보일까 싶었다. 김을 다룬다는 '행위'가 두드러지거나 김을 다루는 '내면의 상태'가 두드러지면 '김 자체'가 살아나지는 않는데, 배우님이 다루면 이상하게 '김'이 보인다. 연출적이거나 구성적인 부분을 떠나서 그 사물을 다루는 배우의 방식에 어떤 비밀이 있다고 느꼈다.

**강말금**　연극을 시작하면서 인형극도 좀 해보고 마임도 배우고 해서 그런지, 몸 전체로 하는 건 잘 못 하지만 '손이 좋다'는 이야기를 들은 적이 있다. 그것 때문일 수도 있겠고……. 내가 실제로 김에 대해 갖고 있는 애정 때문일 수도 있겠다. 하하하. 김은 자고로 크게 4등분을 해서…… 김의 향과 풍미에 늘 감탄해서 무대에까지 올리게 됐는데 막상 그 김은 맛없는 김이어서 아쉬웠다. 김치는 맛있는 김치였다. 나는 김치에 대해서 어떤 신비감을 갖고 있다. 배추의 맛과 소금 절임의 정도와 고춧가루의 맛과 젓갈…… 또 시간이라는 변수. 그건 작년 김장김치였는데, 너무 맛있어서 냉동팩에 담아 고이, 부산에서 모셔왔다. '엄마가 더 이상 김치를 담글 수 없게 되시면 이 기술은 어디로 가나' 이런 생각도 하고. 김치에 대해 내가 가지고 있는 나의 '고유명사', 엄마 김치에 담겨 있는, 그런 거.

**김신록**　　고유명사 이야기를 해달라.

**강말금**　　대본을 받으면 고유명사를 정리해본다. '김신록, 엘가커피, 대학로예술극장'처럼 나에게 당연한 고유명사가 있지 않나. 나와 비교해가며 인물의 고유명사를 끄적이면, 그 단어들에 상상이랄까 추억이랄까 그런 것이 생기고, 인물이 만나는 세계가 조금씩 생겨나는 것 같다.

**김신록**　　그 명사와 나의 피드백을 생각한다는 건가. 그렇게 일반명사도 나만의 고유명사가 되는.

**강말금**　　상상을 하면서 한번 써보는 거다. 우리의 경우 '대학로예술극장 앞에서 봐' 이야기하면 머릿속에 쫙 그려지지 않나. 몇 시까지 가야 화장실도 한 번 가고, 지하철 몇 시에 타서 혜화역에 내려서 몇 번 출구로 나가서⋯⋯. 내 경험과 비교해가며 상상했을 때 그 단어는 까먹지 않는 거다. 연기가 너무 안 되고 답답해서 해본 건데, 좋은 방법이었던 것 같다. 〈로풍찬 유랑극장〉|2012| 공연 때는 엠티를 극의 배경이 되는 지역으로 갔는데, 직접 가본 힘이 정말 컸다. 〈외로운 사람, 힘든 사람, 슬픈 사람〉|2018| 때는 출판사 골목 앞에서 택시 잡으려고 서 있어 보기도 하고. 온갖 방법으로 세계를 구성해보려고 했지만⋯⋯ 마지막 공연 전날에서야 '이거였네!' 알게 되기도 하고⋯⋯.

　　근데 몇 년을 꽃밭에 씨앗을 심고 물을 줘보니까, 꽃밭이 가장 아름다울 때는 꽃이 만발했을 때가 아니라, 첫 번째 꽃이 피고 막 생장할 때, 덜 피었을 때 제일 예쁘더라. 그 과정 속의 기쁨, 관객들은 공연으로 만나니까 모르는, 배우들만 아는, 혼자서 대본을 보다가 순간 찌릿하는, 그런 비밀스러운 기쁨이 있는 것 같다.

　　　　예전에는 연습이 좋으면 공연도 좋을 거라고 착각했었다. 이제는 연습이 좋으면 그걸 새긴다. '오늘이 전 과정에서 가장 좋을 수도 있다. 그리고 이것만이 온전히 내 거다.' 관객에게 감동과 즐거움을 주길 원하지만, 관객이 보는 것을 나는 알 수 없다. 김초희 감독의 〈찬실이는 복도 많지〉ㅣ2020ㅣ 개봉 과정을 거치면서 배운 것이다. 영화를 보며 컷컷의 아쉬움 같은 걸 생각하는 나는, 감독님이 컷들을 어떤 순서로 어떤 리듬으로 붙여, 그 결과 관객들이 어떤 타이밍에 어떤 느낌을 갖는지 알 수 없다. 연극은 더더욱 내가 모니터할 수 없으니 알 수가 없다. 내가 할 수 있는 건 그냥 열심히 하는 거다. 관객이 무엇을 만나는지 나는 알 수 없다는 걸 알게 된 건 큰 수확이다.

　　**김신록**　집 뒤에 꽃밭이 있지 않나?

**강말금**　꽃밭이 있다. 지금은 장마에 다 졌지만. 내가 씨를 뿌렸고 처음 3년은 물만 주고 봤는데 옆집 할머니께서 토마토, 고추, 장미, 해바라기를 심으셨다. 동네 친구가 생겼다. 할머니랑 꽃밭. 한 송이, 한 송이 클 때 너무 예쁘다. 처음에는 씨를 뿌려놓고 맨날 노려본다. 밤 12시에도 물을 주고. 한 달도 넘게 가만히 있다가, 어느 순간 자기 온도가 되면, 자기 온도가 있는 것 같다, 새싹이 올라온다. 잡초도 올라오고 그러고 어느 순간 걷잡을 수 없이 큰다.

　　**김신록**　일상이 '자기감각'으로 피드백이 잘 되는 것 같다. 요새 연기에서 가장 신경 쓰는 부분은 뭔가.

**강말금**   벽에 '배우는 몸과 말' 이렇게 적어놨다. 운동이 너무 하기 싫을 때도 그거 보고 하고, 서울말을 연습하기 싫을 때도 그거 보고 하고. 요즘은 운동선수와 비교를 많이 한다. 촬영 전에, 무대 오르기 전에, 운동선수의 경기 전 상태를 생각한다. '홈런 치려고 하지 말고 안타 치고 오자' 생각한다. 배우로서 릴랙스와 자연스러움을 오랫동안 갈망했지만, 현장에서 자연스러운 건 하나도 없다는 확신이 강해진다.

   **김신록**   "자연스러운 건 하나도 없다"는 말을 설명해달라.

**강말금**   현실하고 섞으면 안 된다. 예전에는 '자연스러움'이라는 욕심이 커서 그러기도 했던 것 같다. 그런데 지금은 특히 촬영 현장에서 카메라 밖 현실과 카메라 앞이 너무 다르다는 것을 알게 되었고, 카메라 앞에 있는 나는 어떤 경우든 이 세계를 지켜야 한다고 생각한다. 공연도 마찬가지다. 〈K의 낭독회〉|2018|라는 1인극을 3회 공연했을 때, 첫 공연은 첫 공연의 긴장감으로 했고, 두 번째 공연은 편한 마음으로 했다가 망쳤다. 세 번째 공연 때는 무장을 갖췄다. 나라는 배우가 겪는 현실을 지금까지 구축해온 이야기나 세계와 함부로 섞어버리면 안 되더라. 공과 사를 드디어 구분하는 건지도 모르겠다.

   **김신록**   강말금 특유의 화술이나 화법이 있는 것 같은데 서울말은 왜 배우나.

**강말금**   내가 조곤조곤 말하는 걸 좋다고 말해주는 가까운 사람들이 있었지만, 이제 더 이상 고집부릴 수 없는 때가 온 것 같다. 나는 지방 사람이고 연극을 약간 기죽은 채로 시작했기 때문에 서울말로 연기해야 할 기회가 왔을 때 말이 부자연스럽게 정착된 것 같다. 작년에 영상 연기를 하면서 문제가 크다는 걸 인식했다. 오디오의 세계는 내가 진실한 연기를 한다고 생각하는 것과 다르더라. 내가 표현의 세계를 모른다는 걸 알게 됐다. 말이 안 되니까 자꾸 내면을 더 채우려고 했다는 걸. 그런데 연습 방법을 찾았다. 언어학자 친구가 추천해준 방법인데, '서울 지역 사람 말을 열심히 따라 해라.' 우리한테는 유튜브가 있지 않나. 다양하게, 무식하게, 매일 30분씩 따라 하는 거다. 설거지하면서.

**김신록** 하루 30분을 지키는 게 얼마나 어려운 일인가.

**강말금** 하루 30분씩 꾸준하게 하는 건 정말 보통 일이 아닌 것 같다. 그런데 그거 말고는 방법이 없다. 그거 말고는 안 변하니까. '그래도 운동선수에 비하면!' 이렇게 생각한다. 막상 연기를 업으로 삼으면 좋아했던 연기의 세계와는 전혀 별개로 비즈니스의 세계가 시작되지 않나. 소소한 인간적 문제나 '나는 언제쯤 돈 벌지', '저 배우는 왜 저렇게 잘 살지', 이런 온갖 잡스러운 생각 속에서 나를 지켜주는 것 같다. 운동과 이건 확실하다. 정직하다.

사실 진단이 안 내려질 때가 제일 답답한 것 같다. 작년에 언어학자 친구가 음성학자 한 분을 소개해줬다. 내 영상을 그분한테 보냈더니 '프랏'이라는 기계로 내가 음을 쓰는 패턴을 분석해서 보여줬는데, 그게 서울 사람들하고 다르다고 했다. 말을 음절 단위로 한다고도 했다. 책 읽듯이 말한다는 거다. 그런데 이건 금방 해결할 수 있는 문제가 아니지 않

나. 작년에 석 달 정도 일이 없을 때, 그때부터 운동하고 유튜브로 서울말을 따라 했다. 배우가 쉴 때 할 게 없지 않나. 지금은 기계적으로 한다. 작년에 언어학자 친구가 그러더라. '요새는 연기를 모르는 사람이 없지 않냐. 연습에서는 운동선수처럼, 실전에서는 감정을 표현해라.' 어쨌든 방법은 찾은 거다. 답답하고 괴로운 것은 진단이 없을 때고, 진단만 내려지면, 맞는 훈련을 찾으면 되지 않나. 그렇게 살아갈 수 있다면 불행하지 않다.

**김신록** 결국 자기 방법을 찾으면 되는 거다.

**강말금** 그런데 배우술이라고 하는 것, 말이 뭔지, 자연스러움이 뭔지, 이런 것들은 현장에서 드러나면 안 되는 것 같다. 배우 안에 숨어 있어야 하는 거다. 배우술과 관련된 화두가 있다면 살면서 질문으로 품고 훈련 방법을 찾고, 이렇게 해야 하는 거다. 나만의 비밀스러운 것이다.

# 서쪽 숲 나라 공주

2022.4.28.

2011년, 덴마크 '오딘극단'에서 매년 가을마다
열리는 9박 10일 간의 '오딘 위크 페스티벌'에
참여한 적이 있습니다. 이 페스티벌에서는
주최 측인 오딘극단의 공연과 워크숍뿐 아니라
세계 각국에서 초청되거나 자발적으로 참여한
예술가들의 작업과 워크숍을 경험할 수 있습니다.
당시 60대였던 이 극단의 배우 로베르타
카레리Roberta Carreri가 자신의 작업 방법론과
철학을 소개하는 짧은 공연 형식의 강연인
'워크 데몬스트레이션'을 선보인 후 맺음말로
"배우는 자기만의 비밀의 화원을 가꿔야 한다"고
한 말을, 저는 아직 마음에 품고 있습니다.

| A | S |
|---|---|
| 14 | 2 |

강말금 배우의 연기를 보면 항상 저 사람의,
저 배우의 꽃밭에 어떤 씨앗이 심어져 있을까,
어떤 꽃이 자라고 있을까 궁금합니다.
2022년 4월 28일에 다시 만난 강말금 배우와 나눈
대화를 읽고 있는 독자님께 그녀 꽃밭의 향기가
전해졌으면 좋겠습니다.

**김신록** 최근에 이사했죠?

**강말금** 응. 전에 살던 집 뒤 꽃밭에서 백일홍 새싹을 하나 가져왔는데, 자꾸 크고 있는데 왠지 백일홍 아닐지도 모르겠다는 생각이 드네. ㅣ웃음ㅣ 요즘은 그런 생각을 하는 것 같아. 사람들을 웃겨야겠다. 예전에는 인물의 전사前史를 생각했는데, 이제는 웃기려면 확실하게 웃겨야겠다. 어중간하게 하지 말고 싶어.

딱히 어떤 장르를 하고 싶다는 건 없는데, 장르를 배워야 할 것 같아. 장르를 이해해야 무언가를 할 수 있을 것 같아. 〈대박 부동산〉ㅣ2021ㅣ 같은 경우에는 결과물을 보면서 내가 코미디 장르를 모르고 연기했구나 싶어 아쉬웠어. 연기는 무조건 진실해야 한다고만 생각했던 것 같아. 근데 〈군검사 도베르만〉ㅣ2022ㅣ를 하면서 감독님이 나를 코미디 장르로 초대해주신 것 같고, 이제 '시청자를 즐겁게 해야 한다'로 생각이 옮겨간 것 같아. 나한테는 수확이지.

**김신록** 〈군검사 도베르만〉에서 안보현 배우의 고모 역할이었죠?

**강말금** 맞아. 안보현과 나이 차이가 열 살 정도 나나? 그래도 안보현 고모라니 사람들이 내 나이를 더 많게 보는 것 같아. ㅣ웃음ㅣ 나이 이야기에서 언제 해방될 수 있을까? 나는 20대부터 아줌마 소리를 종종 들었고 지금도 아줌마 소리를 듣는데, 그때도 기분 나빴는데 지금도 기분 나빠. 그때는 싸웠어. "아줌마 아니거든요!" 지금은 "여사님 아니에요!"

어느 날 친언니가 우리는 아가씨 시절 없이 아줌마로 넘어온 것 같다고 하더라. 아가씨 때 마치 학생의 연장선처럼 풋풋할 때 하고 다니던 거 그대로 하고 다니다가, 그냥 아줌마로 넘어온 것 같다고. 그게 이성적인 매력이 없었단 뜻인가.ㅣ웃음ㅣ 그러고 보니 그런 얘기를 한 것도 오래된 일이네. 뭔 다 지난 이야기를.ㅣ웃음ㅣ

**김신록** 나도 〈재벌집 막내아들〉ㅣ2022ㅣ에서 송중기 배우 고모야. 하하하. 요새 촬영 준비는 어떻게 해요?

**강말금** 요새는 필사는 안 하고, 대본 전체 신 정리만 해. 나 나오는 신에 동그라미를 쳐. 외울 때는 내 대사 비워놓고 녹음하고. 부산 출신이다 보니까 서울말을 하면 자꾸 글 같은 말이 돼서 소리 내서 대사 연습을 해. 내 귀로 들으면서 수정하고, 녹음해서 들어보기도 하고. 근데 대사만 똑 떼놓고 연습하는 것도 위험한 것 같아. 연기할 때 대사 신경 쓰면 정황, 상황을 다 놓치는 것 같거든. 어떤 배우들은 상황을 살아 있게 하려고, 살아 있는 리액션을 하려고 소리 내는 대사 연습을 안 한다고도 하더라고. 하지만 내 경우엔 감정을 확 드러내는 장면 아니면, 대사는 반복할수록 좋더라. 연습을 안 하면 하던 대로 하게 돼서. 반응은 느리고 말은 빠르게 다다다다. 드라마를 하다 보니 반응이 나오는 속도는 빠르고 대사는 차분히 다채롭게 쳐주는 게 좋은 것 같더라고. 그러려면 연습 많이 해야 하는데……. 근데 공연은 '이제 공연 시작' 하는데, 드라마는 살다가 찍으러 가야 하니까 나름의 어려움이 있는 것 같아. 스케줄이 바뀌어서 준비를 잘 못하거나 오래 대기하다가 컨디션 최악일 때 찍기도 하고.

연극은 하고 싶은 작품이 있으면 할 텐데 안 들어와. 배삼식 작가님 작품 있으면 하고 싶고, 김진아 연출이나 전진

모 연출하고도 하고 싶어. 윤성호 작가 글도 좋아하고. 얼마 전에 배삼식 작가님 창극단 공연 보고 너무 놀랐어. 웬만하면 움직이지 않던 돌 같은 심장이 깨졌다. 리어왕을 처음 본 것 같은 기분이 들더라. 리어왕이 무엇인지, 비극이 무엇인지. 세상에 거너릴과 리건이 죽을 때 울었어. 그 남자가 둘째 리건을 찔렀을 때 리건이 '당신 눈 속에 벌써 내 죽음이 있네요'라고 하는데, 사랑하는 상대가 내가 죽기를 바란다는 걸 아는 거잖아. 거너릴과 리건에게 영혼을 준 배삼식 작가님, 배우들. 진짜 좋았어.

**김신록** 좋은 배우가 되기 위해 어떤 노력을 하시나요?

**강말금** 일기를 써. 예전에는 아무도 기대하지 않는 사람이었는데, 지금은 좋은 배우가 되어야만 하는 사람이 되어버렸지. 그렇다고 좋은 배우가 되기 위해 일기를 쓰는 건 아니고, 그냥 그게 내 거라서. 집에 들어가면 너무 편하잖아. 좋잖아. 예전에 〈서쪽 숲 나라〉라는 공연을 귀농하신 분들과 시골 학교에서 올린 적이 있어. 내가 왕자 역을 맡았는데 아내가 될 공주를 찾아. 유명한 동쪽, 남쪽, 북쪽 나라의 공주를 만났지만 다 안 맞아. 결국 자기 옆을 늘 지키고 있던 하녀를 선택해. 알고 봤더니 그 하녀가 서쪽 숲 나라의 공주였던 거지. 보잘것없는 작은 문을 열고 들어가니까 아름다운 숲이 있는 거야. 그곳이 바로 보이는 사람한테만 보이는 그녀의 세계, 서쪽 숲 나라였어. 요즘 그 공연 생각이 많이 나. 좋은 의미로요 몇 년 나를 둘러싼 바깥이 떠들썩했잖아. 그래서 더더욱 나의 숲을 지키고 싶어. 자기 세계를 꾸리고 싶은 거지. 그래서 일기를 쓰고, 요새는 이사했으니까 청소를 하고.

**김신록**   자기 세계를 어떻게 꾸려요?

**강말금**   네가 선물한 책상을 조립해서 창가에 두고 거기 앉아 있으면 되겠지? 그냥 앉아만 있어도 좋더라. 주로 일기 쓸 때 앉는 것 같아. 일기는 공책에 써. 시간이 나면 한없이 쓰기도 하고. 근데 시간이 잘 안 난다. 주로 있었던 사건을 많이 써. "오늘 식당에 갔는데 자리가 없었다" 이렇게.ㅣ웃음ㅣ 재밌잖아. 너무 번뇌가 많은 날은 사건 대신 생각을 쓰기도 하고. 요즘은 타로를 하는데, 타로를 하면 일기 쓸 필요가 잘 안 느껴진다. 작년 가을에 〈서쪽 숲 나라〉 같이 만들었던 분들을 찾아갔더니 타로를 하고 계셔서 배웠어. 그때부터 집에서 혼자 카드를 뽑아보는데, 아주 가까운 친구들이 고민이 깊을 때 내가 그 사람들 대신 뽑아보기도 하는데 잘 맞아서 희한해. 타로를 해보니까 막상 부정적인 카드가 나왔을 때 '나는 이래서 안 돼'가 아니고 '이걸 조심하란 말이구나.' 이렇게 해석하는 나를 보면서, 나는 잘 살고 싶은 사람이라는 걸 알게 됐어.

연극 〈숨쉬러 나가다〉(2012)의 조지 볼링 역, 〈깃븐우리절믄날〉(2015)의 구보 역, 〈록앤롤〉(2018)의 얀 역 등 꺼지지 않는 열정으로 다수의 역작과 배역으로 한국의 연극사를 써내려가고 있다. 최근 〈보이지 않는 손〉(2022)의 이맘 살림 역을 연기했다.

| A |
|---|
| 15 |

자기에 대한 성실한 발견으로,
무엇이든 다 받아들이고 반응하겠다는
긍정적인 수동성으로,
나에게 필요한 것을 꾸준히 해나가는
묵묵함으로

이 글을 읽는 독자님, 공연이 취소되고 연기되고
영상으로 대체되는 이 시대에 대체 '공연이 뭘까, 연극이
뭘까' 자문하고 있지는 않으신가요?
저 역시 이런 근본적인 질문에 더해 '이 시대에 연기한다는
행위는, 배우라는 직업은, 연기라는 예술은 과연 무엇일까,
무엇이어야 할까' 고민하고 있습니다.
이런 고민을 더듬는 와중에, 흔들림 없이 행하고
배우고 가르치는 이종무 배우를 만나 이야기를
나누어보았습니다.

2020.9.24.

| A | S | 1 |
|---|---|---|
| 15 | | |

**김신록** 이렇게 하 수상한 시절에 어떻게 지치지 않고 연기를 배우고, 가르치고, 행하나. 오늘도 오자마자 플레이업 아카데미 수업을 듣고 싶다는 이야기, 알렉산더 테크닉을 훈련하고 있다는 이야기, 2021년 초에 해럴드 핀터의 〈덤 웨이터〉라는 작품에 출연하게 되었다는 이야기를 하지 않았나. 나는 요새 부쩍 '연극이 뭘까, 이 시대에 연기한다는 의미는 뭘까' 고민이 된다. 요즘 연기에 대해 어떤 생각을 하고 있나.

**이종무** 연기를 처음 시작할 때도 늘 같은 고민을 했고 지금도 크게 달라지지 않은 것 같다. '나는 연기도 못하고, 어디에 쓸모가 있을까' 생각할 정도로 자존감이 낮은 시절이 있었다. 그런데 연기를 하면 할수록 '내가 그래도 매력이 있구나, 나에게도 어떤 가치가 있구나' 발견하게 됐다. 지금도 연기에 대해 관심을 갖고 새롭게 훈련하고 배우면서 나의 또 다른 가능성과 개성을 발견하고 '나'의 의미를 긍정하게 되는 게 즐겁다. '이 시대에 연기가 어떤 의미가 있을까' 의문이 들 때, 많은 배우가 이런 긍정적인 자기 발견의 과정을 겪으며 인물을 만나가면 좋겠다. 나이가 들면서 잠깐 방심하면 금세 게을러지고 금세 익숙해지는데, 그러면 뭐든 포기하기 쉬워지는 것 같다. 나이를 먹어가도 계속 발견해나가고 싶다. 요즘 시대에 나도 무기력함이나 무력감을 느끼는 건 마찬가진데 이런 생각을 붙잡고 있다.

**김신록** 본인은 어떤 훈련 과정을 거쳐 자신을 발견하고 배우로서 확장됐던 것 같나.

**이종무**　UC 어바인Irvine의 일라이 사이먼Eli Simon 교수님과 함께했던 '클라우닝 워크숍'clowning | 빨간코 광대 워크숍 | 이 시작이었다. 대학원 3년에 걸쳐 방학 때마다 훈련하고 마지막에는 공연을 했다. 내가 숫기도 없고 내성적인데, 교수님과 함께 온통 말도 안 통하는 미국인 대학원생과 손발로 소통하며 뭔가를 만들어서 사람들에게 보여줬을 때 다들 너무 웃고 좋아해주는 거다. 그러면 괜히 자신감이 생기지 않나. '마스크를 쓴다, 그 안에서 자유로워진다'는 마스크의 첫 번째 기능을 너무 잘 경험한 거다. 그때가 나의 가능성을 처음으로 인식하게 된 계기였고, 자신감을 얻었던 첫 번째 경험이었다.

　　인상적이었던 것은 막 뒤에서 빨간코를 쓴 자신의 모습을 아주 잠깐 바라보고 무대로 나올 때 '아주 잠깐 바라본다'는 일이 중요했다. 그 잠깐의, 순간 스쳐 지나가는 빨간코를 쓴 내 모습을 통해 내 몸과 마음이 전혀 다른 존재로 전이되는 듯한 경험을 했다. 그때 느낀 건, 만약 거울 속 내 모습을 오래 바라보고 있었다면 어떤 판단이 개입되고 의도를 갖게 되면서 흥미로운 순간을 만나지 못했을 것 같다는 것이다. 이때부터 즉흥의 순간에 관심이 생기기 시작했다.

　　두 번째는 '액션 시어터Action Theater 워크숍'이었다. 대학원 동기들 여럿이 모여서 《액션 시어터》| 루스 자포라, 박명숙 옮김, 현대미학사, 2004 | 를 들고 워크숍을 한 게 배우 인생의 전환점이 되었다. 내 안에 잠재되어 있던 불 같은 에너지와 다른 존재로 전이되는 경험을 하고 나서, '이게 뭐야? 내가 이런 경험을! 나한테 이런 가능성이?' 하는 발견을 했다. 이후 '뭐지, 나를 변화시킨 이건 뭐지?' 하면서 빠져들었다. 이 경험을 정리하고 싶어서, '액션 시어터'로 논문을 썼다. 주위에서 다 논문이 안 된다, 뭔지 모르겠다고 했고, 심지어 나도 뭔지 모르겠지만, '나를 변화시킨 뭔지 모르는 그것'을 논문으로 쓰고

싶었다. 사실 논문이 안 된다고 했던 가장 큰 이유는 내가 액션 시어터의 창시자인 루스 자포라Ruth Zaporah를 직접 만나지도 않았고, 자포라의 제자에게 배우지도 않았는데, '너의 주장의 근거는 뭐니?'라는 의문이 있었기 때문이다. 나의 가장 큰 근거는 '나의 변화'라고 말할 수밖에 없었다. 어떤 '즉흥의 순간'에 경험하게 되는 일치감―나의 충동과 호흡, 나의 생각과 말과 움직임이 완벽하게 일치되는 그 순간의 경험이 너무 강렬했다. '현존'이란 말을 책에서만 보다가 처음으로 몸으로 경험했다고 해야 할까……. 《액션 시어터》에 "즉흥은 뒤로 걷는 것과 같다"는 문장이 있다. 내가 어디서 어떻게 걸어왔는지는 확인할 수 있지만 어디로 가야 할지는 알 수 없는 순간이라는 의미 같은데, 그 순간에 두려워하지 않고 한 걸음 한 걸음 내디딜 때 경험하게 되는 나의 본성, 나의 잠재된 세계에 대한 믿음이 나를 계속 배우로 존재할 수 있게 해주는 것 같다. 결국 논문을 썼고, 그 뒤로 의도치 않게 대학 강의나 극단 워크숍을 통해 액션 시어터 수업을 정말 많이 하게 됐다. 반 정도 알고 반 정도 모르는 걸 가르치면서, 오히려 학생들을 통해서 많은 것을 배워나갔다. 그것을 혼자 정리하는 경험을 하게 됐다는 점이 감사하다.

**김신록** 연기 연구의 역사는 결국 내가 경험한 '뭔지 모르는 그것'을 어떻게든 소통 가능한 방식으로 인식해내고 공유하려는 노력의 소산인 것 같다. "살아 있는 경험에서 출발한 연구자는 어떤 가치에 도달하려고 하고, 그것이 곧 자유다"라고 했던 빌렘 플루서 Vilem Flusser의 말이 생각난다.

**이종무** 그런 면에서 아주 짧은 기간이었지만 안무가 밝닝쿨 선생님과의 워크숍도 빼놓을 수 없을 것 같다. 움직임에 관한 즉흥 훈련들―손과 발의 움직임을 일깨워 연결하면서 궁극적으로 몸 전체를 인식하고 운용하기 위한 훈련들이었는데 이후 항상 공연 전 웜업을 이때 배운 것들로 한다. 정말 좋다.

다음으로는 수많은 연기 서적. 연기 서적 읽는 걸 좋아한다. 한동안 가르치면서 무대에 서니까 자괴감이 들 때가 있더라. 학교에서 학생들한테 내가 하는 연기 코멘트를 내가 연습실에서 연출에게서 똑같이 들을 때, '가르치거나 연기하거나 둘 중 하나는 그만둬야 하나' 생각하기도 했다. 이 과정을 지나면서 하나의 철칙을 세웠다. '내가 학생들에게 가르치는 대로 나에게 말했을 때 나도 바뀌어야 한다.' 일종의 언행일치랄까, 일치감이랄까. 연기 서적을 볼 때도, 책 내용이 가르치는 현장에서도 유용하고 연기하는 현장에서도 유용했으면 좋겠다고 생각한다. 지금 떠오르는 건 《액팅 원》ㅣ로버트 코헨, 박지홍 옮김, 경당, 2012ㅣ, 《스타니슬랍스키 배우교육》ㅣG. 크리스티, 윤현숙·박상하 옮김, 동인, 2000ㅣ, 《배우와 목표점》ㅣ데클란 도넬란, 허순자·지민주 옮김, 연극과인간, 2012ㅣ, 《자유로운 음성을 위하여》ㅣ크리스틴 링클레이터, 김혜리 옮김, 동인, 2009ㅣ 등의 책이 좋았다.

지난 학기 대학에서 '호흡과 발성' 1학년 수업을 맡아서, 다시 처음부터 링클레이터 책들을 정리하면서 매일 30분 정도 시간을 내서 훈련을 좀 했다. 알렉산더 테크닉도 더 해서. 특히 알렉산더 테크닉 중에 정말 단순한 과제인 세미수파인 자세를 일주일 정도 매일 해봤는데 몸이 너무 좋은 상태가 되더라. '스스로에게 지시하고, 지시만으로도 몸이 바뀐다'는 명제를 경험했다. 세미수파인 자세를 하고 나서 공간을 걸을 때의 몸 상태가, 액션 시어터 훈련을 하고 나서 공간을 걸을 때처럼 중립, 전표현 상태가 되는 경험을 했다. 수리야 나마스카라ㅣ요가의 '태양을 향한 경배' 동작ㅣ를 하고 무대에 서서 걸어갈 때 액션 시어터 훈련 후에 내 생각과 호흡과 충동이 하나로 탁 만나지는 순간이, 나한테는 다 같은 상태로 느껴진다. '아, 새로운 메소드가 필요한 게 아니고, 추세에 따라 다른 게 필요한 게 아니고, 있는 걸 자기 필요에 따라 꾸준히 하는 게 중요하구나'라고 느꼈다.

요새 이런 주제로 논문을 준비 중이다. 제목은 정하는 중인데 '반응하는 몸을 위한 호흡 훈련의 중요성에 대해서—알렉산더 테크닉과 링클레이터 훈련법을 중심으로' 아니면 '링클레이터 훈련법에 있어서 반응성과 수동성에 대하여' 정도로 생각 중이다. 링클레이터를 다시 공부하고 훈련해 보니 연구개[1] 훈련이든 부비강[2] 훈련이든, 근육을 의지로 움직이려고 하는 게 아니라 근육이 그렇게 반응하도록 '허용한다'가 중요하다는 걸 알게 됐다. 이번에 새롭게 훈련하면서 크게 다가온 '지시받는 것의 자유로움'에 대한 감각을 '수동성'이라고 이름 붙였는데, 정확한 워딩은 '반응하도록 허용한다'이다. 말이 되는 것 같나?

**김신록** |끄덕끄덕|

**이종무** 액션 시어터에서도 '마치 다른 사람으로부터 지시받듯이'라는 주문을 많이 한다. 알렉산더 테크닉에서도 '스스로에게 디렉션한다'는 표현이 있다. 링클레이터에서도 리액션한다가 아니라 '근육을 리액션하게 만든다'가 중요하다. 흔히 능동적인 것은 긍정적, 수동적인 것은 부정적이라고 생각하

---

1 물렁입천장.
2 두개골과 안면 사이의 안쪽 빈 부분.

기 쉽지만, '받아들인다'는 의미의 수동성을 '지시받을 수 있는 몸의 상태', 의지가 들어가지 않은 '지시받는 것의 자유로움'과 연결지어 생각할 수 있다면 좋겠다.

연기는 자발성과 주체성이 중요하다고 여겨지지만, 자존감이 있으면 수동성이 큰 힘이 될 수 있을 것 같다. 자존감이 낮을 때 수동성은 이끌려가고 부정적이게 되는데, 자존감이 있을 때의 수동성은 나에게든 남에게든 이렇게 말할 수 있는 힘을 준다. '정말로 다 받아줄게, 뭐든지 해봐' 혹은 '무대에 나가면 나도 어떻게 될지 몰라. 너 마음껏 해봐. 내가 관심을 가지고 지켜볼게' 이런 마음? 물론 텍스트에 맞춰 플랜을 짜지만 무대에 나갈 때는 항상 '어떻게 될지 몰라. 다 받아들이자' 이런 의미의 수동성을 가지려고 한다. 뭔가 해야 한다는 의지 없이 내 몸이 수동적으로 반응하도록 허용한다는 게 중요하다.

그런데 서론도 시작 못 했다. 옛날에는 이런 생각이 들면 막 누구한테 물어보고 했는데, 지금은 물을 사람이 없어져서…… 누가 이야기 좀 나눠주면 좋을 텐데…….

**김신록** 연기에 대해 대화하는 문화가 없어져서 아쉽다. 배우들끼리도 연기는 각자 알아서 할 일이라고 생각하고, 연출들도 연기는 배우의 몫이니 존중해줘야 한다고 생각해서 다들 조심하느라고 그러는 것 같다.

**이종무** 코로나 때문에 만나는 사람이 제한적이 된 것도 영향이 있고……. 솔직히 나는 이런 대화 나누는 게 재밌다. 그런데 '배우가 몸으로 보여줘봐, 너는 왜 말만', '그건 학교에서나 하는 이야기지 왜 현장에 와서, 선생 같아', '머리로…… 그

건 이론이잖아', '어디 한번 해봐' 이렇게 말하면…… 하하하. 그래서 조심하게 된다. 그렇게 비춰질까 봐. '잘난 척하냐?' 이럴까 봐. 내가 막 연기를 섬세하게 잘하는 사람은 아니라서 떠들고 다니는 게 나한테는 또 '언행불일치야' 이런 생각이 들기도 하고. 그래서 말하기보다는 주로 듣고 그랬는데……. 그래도 더 많이 대화할 수 없는 것이 아쉽다. 왜냐하면 이런 이야기를 통해 내가 그랬던 것처럼, 누군가는 발전할 수 있으니까. 대화하는 문화가 없는 게 편하지는 않다.

    이런 시절에 오히려 본질을 생각하게 되는 것 같다. 요즘 다시 《배우훈련》 | 앨리슨 호지, 김민채 옮김, 동인, 2017 | 을 다시 보고 있는데, 반세기 전의 이야기인데도 그 본질은 여전히 의미가 있고 크게 다가오더라. 연극이 뭘까 고민할 때, '고민하지 말고 대면하자' 같은 것 말이다. 안전이 무엇보다 제일 중요하지만, 온라인 스트리밍이나 무관중은 오히려 본질을 피해가는 것 같다는 생각이 든다. 영상 스트리밍에 반대하는 것은 아니고 새로운 분야로서 필요하다고도 생각하지만 그것이 극장에서의 공연을 대체하는 대안으로 추진되는 것은 아니지 않나 하는 생각을 한다. 같은 공간에서 함께 감각하는 연극과는 다른 것이라는 생각이 든다. '어떻게든 실제 공연을 올리자, 그렇게라도 마음을 먹자' 이런 생각을 했다. 연극을 오래 계속해온 사람으로서 연극의 본질을 어떻게 지킬까 고민되고 마땅한 대책은 잘 모르겠어서 무기력해지기도 하는데, 어쨌든 지키고 싶다. 더 '연극연극' 하고 싶다.

## 연극은 즐겁게

자기에 대한 성실한 발견으로, 무엇이든
다 받아들이고 반응하겠다는
긍정적인 수동성으로, 나에게 필요한 것을
꾸준히 해나가는 묵묵함으로 기록되었던 이종무
배우의 인터뷰를 다시 읽다 보니,
이번에는 '일치감'이라는 단어가 눈에
들어옵니다. 2022년 5월 10일에 다시 만난
이종무 배우는 여전히 배우고, 가르치고,
실천하는 배우의 삶 속에서 언행일치를 실천하고
있었습니다.

2022.5.10.

| A | | S | 2 |
|---|---|---|---|
| 15 | | | |

**이종무**  요새도 똑같아. 수업 마치고 올라와서 연습하고, 연습 마치면 심야버스 타고 내려가서 아침 수업하고, 수업 마치면 또 버스 타고 올라와서 연습하고. 수업 없는 날은 집안일 하면서 연습하고.

처음 인터뷰했을 때보다 배우라는 정체성을 잃고 싶지 않은 마음이 더 커졌어. 솔직히 말하면 불러주는 기회도 예전보다 더 많아졌고, 현재 대학로에 40-50대 중년 배우들이 많이 없대. 다 매체로 가서.ㅣ웃음ㅣ 그런데 나는 연극을 더 하고 싶은 마음, 연극으로 마음껏 뭔가를 더 해봐야겠다는 마음이 계속 생기는 것 같아. 연극을 더 잘하고 싶은 마음이 안 떠나네.ㅣ웃음ㅣ 더 좋은 작품과 더 좋은 작업을 더 하고 싶어. 가능하면 더 해보자 싶고.

기본적으로 연극을 좋아하는 거지. 연극을 시작했던 어렸을 때 가졌던 무언가, 연극을 하면서 찾아지는 무엇이, 나는 정말 좋다는 생각이 계속 드는 거지. 사실 연극 여건이 어디를 가도 어렵잖아. 그럼에도 이렇게 함께하고 즐겁게 하려고 했을 때 사람들이 의기투합되고 마음을 나누는 것들이 자꾸 좋은 것 같아. 어릴 때는 '괴로움을 즐겁게' 뭐 이런 게 있었다면 지금은 약간 오버일 수 있는데, 나와 함께하는 사람들을 더 즐겁게 해주자는 마음이 있는 것 같아. 연극은 즐겁게 하는 거라는 사명감 같은 걸 지키고 싶기도 하고. 연극은 즐거운 거라는 가치를 학생과 현장에서 지켜내주고 싶은 게 조금 있긴 한데…….

전에 인터뷰했던 내용을 학생들에게 적극적으로 권하고 있어. '너희도 한번 해봤으면 좋겠다. 새로운 걸 많이 하려고 하는 것도 중요하지만, 수리야나마스카라든 뭐든 꾸준히 했을 때 본인들의 감각이 어떻게 달라지는지 경험하는 시간을 가졌으면 좋겠다' 공연팀이나 수업팀에게 레포트로 이런 걸 내줘. 수리야나마스카 동영상을 보고 최소 일주일은 매일, 혹은 한 달 동안 하루 30분씩은 꼭 훈련을 해보고 어떤 변화가 있었는지 글로 써보는 거. 나도 2-3일에 한 번씩은 30분씩 시간 내서 해보고. '학생들한테 시키니까 나도 해야지' 이러면서.

황
순
미

연극 〈집시들〉(2019), 〈너에게〉(2019), 〈이게 마지막이야〉(2020),
〈물고기로 죽기〉(2021), 〈홍평국전〉(2021) 등 다수의 무대에서 열연했다.
〈홍평국전〉으로 2022년 백상예술대상 연극부문 여자연기상을 수상했다.

| A | 16 |

# 내가
# 나를 놀라게 하는

2020.10.8.

이 글을 읽는 독자님, 내가 나를 놀래키는
순간을 경험한 적 있으신가요?
'어? 나한테 이런 표정이? 이런 감정이? 이런 면이?'
자신에게 익숙한 사고와 감정의 패턴을 벗어나
모르는 길을 찾고 싶다는 황순미 배우를 만나 이야기를
나누어보았습니다.

| S |
|---|
| 1 |

| A | 16 |
|---|---|

**김신록**　　연기에 대해 어떤 화두를 가지고 있나.

**황순미**　　20대 때 어떤 배역이든 다 해보고 싶으니까 혼자서 이런저런 희곡을 소리 내서 읽었는데, 문득 '난 왜 뭘 읽어도 똑같이 읽는 것 같지?' 그런 생각이 들었다. '아, 나한테 어떤 패턴이 있구나.' 얼마 전에는 내 사고 과정에 대해서도 비슷한 생각을 한 적이 있다. '나라는 사람의 사고 과정, 내가 감정을 느끼는 방식에도 어떤 패턴이 있을지 몰라.'

　　공연 연습을 할 때도 대본을 분석하다 보면 내가 생각하는 방식이나 패턴, 찾아가는 과정이 매번 유사하게 느껴지거나 좀 지겨워질 때가 있다. 그래서 연습 때 작품 주제나 내용과 관련 있는 책이나 영화를 보기도 하지만, 일부러 작품과 전혀 관련 없는 글·그림·영화 같은 걸 보기도 한다. 스스로 패턴을 바꾸는 게 어려우니까 '외부에서 오는 예상치 못한 자극을 받아보자' 하는 거다.

　　어느 날 뜬금없이 어떤 영화가 떠오르면 그냥 보려고 노력한다. '그 길로 가보자. 전혀 연결이 없다고 생각되는 길로도 가보자. 감각으로 오는 것들을 더 믿어보자.' 그러다 보면 즉흥적으로, 감각적으로 여러 가지가 합쳐지면서 내가 나를 놀래키는 순간이 생기지 않을까. 그래야 다른 사람들도 나의 다른 모습을 볼 수 있지 않을까.

**김신록**　　'내가 나를 놀래키는 순간'이라는 말이 좋다. 내가 으레 가는 길 대신 다른 길, 가보지 않았던 길을 찾아보려는 노력인 것 같다. 내가 한 말인지 남이 한 말인지도 잊어버렸는데, 연기는 '내 안의 오솔길을 찾는 일'인 것 같다.

**황순미**  몰랐던 길……. 무대에서도 일상에서도, '내가 이런 웃음을 처음 웃었네!' 이럴 때가 있는 것 같다. 몰랐던 나를 발견하는 거다. 한 인물을 만들어갈 때 '이 사람은 이럴 것 같다'고 규정하거나 결정해버리면 새로운 가능성이 닫혀버리는 것 같다. '어떤 표현을 할지 모르는 순간'이 안 열리는 거다. 모든 사람은 다 자기도 모르는 의외의 모습을 갖고 있지 않나. 그런데 내가 '이 인물은 이래'라고 연기하다 보면, 내가 나한테 안 놀란다. 나는 나한테 놀라고 싶다. '아! 그 사람이 이렇게 웃을 거라는 건가!' 이런 의외의 순간, 생경한 것들이 합쳐졌을 때 리얼하다고 느낀다. 리얼하면 폭 빠져든다. 사람으로 보이기 시작한다. 내겐 〈이게 마지막이야〉|2020|를 같이 했던 이지현 배우가 그렇다. 상대 배우로서 혹은 관객으로서 무대에 선 이지현 배우를 보면 이런 생각이 든다. '어떤 삶을 사는 사람인지 궁금하다.' 그런 배우가 되고 싶다.

**김신록**  '리얼하다'는 게 어떤 원본을 재현하고 있다는 느낌이 아니고, 어떤 실제가 내 감각으로 확 만나지는 느낌인가 보다. 그래서 궁금하고 알고 싶고 나하고 관련 있다고 느끼고.

**황순미**  그럴 때 무대에 있는 배우가 사람 같다, 사람. 배우가 아니라. 난 배우가 무대에서 환상적으로 보이는 것보다, 무대가 객석에 앉은 나와 분리되는 것보다, 나한테 다가와 닿을 때 더 이입된다. 그래서 인물을 큰 틀 안에서 더 열어놓고 이렇게 저렇게 찾아보려고 한다. 어떤 의외의 순간을, 내가 나를 놀라게 하는 순간을.

2019년에 극단 '907'의 〈9월〉이라는 작품을 재공연할 때, 무대가 '공론장'이라는 설정으로 배우와 관객이 함께

둥그렇게 의자를 놓고 앉아서 공연했다. 그때 이유는 잘 모르겠는데 고개를 이렇게 꺾어서 옆으로 삐딱하게 하고 사람들이 하는 말을 듣게 되더라. 비뚤어진 채로 앉아 있게 되는 나와 삐뚤어진 기울기로 보이는 세상과…… 그 순간이 좋았다. 이유도 모르고 의미도 모르지만 그 어떤 것이 나를 이렇게 만들었다는 생각이 들었고 '그 인물의 시선을 만났다'고 느꼈다. 그런 순간이 좋다.

**김신록** 텍스트 전체에 대한 이해가 있을 때 그 텍스트를 횡단하고 종단하는 몸짓이나 표현 방식들을 찾아낼 수 있는 것 같다. 혹은 반대로 감각으로 즉흥으로 발견되는 원인 불명의 몸짓들을 통해 텍스트에 대한 이해가 확장되고 전체를 관통하는 감각이 발견되기도 하고. 그런 의외의 순간을 만나기 위해 노력하는 본인만의 방식이 있나.

**황순미** 연기할 때, 인물이 하는 말뿐만 아니라 하지 않고 있는 말, 하고 싶은데 못하고 있는 말, 대본에 없는 말이 뭘까 생각한다. 나만 해도 마음속에는 생각과 말들이 끝없이 돌아다니니까. 〈쉬지 스톨크〉|2020|라는 작품을 할 때도 많이 생각했다. '쉬지 스톨크'라는 인물이 말을 되게 많이 하는데, 자기 마음을 직접 표현한 말이 아닌 게 많다. 그런데 말의 양이 너무 많으니까 상대는 이 사람이 하고 싶은 말을 다 하고 있다고 생각할 수도 있는 거다. 진짜 자기 말, 진짜 하고 싶은 말은 안 한 것일 수도 있는데. 그렇다면 인물이 희곡에 나와 있지 않은 순간에, 혹은 말을 하고 있는 순간에, 혹은 침묵하는 순간에, 마음속에서 정말 하고 있을 진짜 말이 뭘까 생각해보는 거다.

**김신록**    대사가 징검다리라면 그 돌멩이 사이사이로 흐르는 마음들, 말들을 따라가보는 건가.

**황순미**    같은 목적지여도 구석진 골목길 후미진 곳을 거쳐 거기로 갈 수도 있으니까. 그리고 그 길목에서 의외의 순간을 만날 수도 있으니까.

**김신록**    보르헤스 소설에 나오는 '틀뢴'이라는 도시가 떠오른다. 틀뢴 언어에는 명사가 없고 모든 것이 형용사나 부사, 동사의 형태로 표현된다고 한다. 명사는 존재를 규정하고 이름 붙이고 그 이외의 상상이나 가능성을 배제해버리지 않나. 예를 들면, 여기 이 '조명'은 틀뢴 언어로는 '가늘고…… 듬성듬성하고 라운디한 바깥을 한…… 밑이 뚫린…… 위에 매달린…… 빛이 난다' 정도가 될 수 있을까?

**황순미**    '얇게 내려오는…… 되게 많은 아이가…… 빛나는 투명한 아이를 둘러싸고 있는데 가운데로 그 투명한 아이가…… 떨어질 수도 있다.'

**김신록**    '애들'은 어떻게 할 건가.

**황순미**    ……하하하.

**김신록**    뷰포인트 훈련에서 공간을 바라볼 때도 의자, 커튼, 조명, 자몽 등과 같은 사물의 이름 대신 색깔, 질감, 선, 명암, 부피, 깊이, 배치 등 사물의 형태와 디테일, 구성을 보는 훈련을 하기도 한다.

**황순미**  재밌다. 이렇게 다른 사람들이 말하고 생각하는 방식을 듣는 것도 도움이 된다. 사람마다 소통하는 방식이 다 다르지 않나. 다 다른 방식으로, 어떻게든 소통해내려는 그 어려움, 그걸 딛고 결국 소통해내는 데 아름다움이 있는 것 같다. 어떨 때는 구체적으로 파고들지만 어떨 때는 그냥 모든 게 한순간에 해결되기도 한다.

〈너에게〉|2019|라는 작품을 연습할 때, 문화적인 차이로 감각적으로 바로 와닿지 않는 단어나 문장 등을 적절하게 바꾸는 과정을 신중하고 섬세하게 거쳐서 공연 대본을 만들어갔다. 텍스트 하나를 놓고 연출자나 배우 번역자까지 다 같이 달려들어서 치열하게 소통해가는 과정이 너무 좋았다. 반대로 마지막까지 잘 안 풀리던 장면이 있었는데, 리허설 때 연출가가 '그냥 언니가 어떨 때 나를 위하는데, 속상해서 툭 말할 때 있잖아요. 그런 거 같아요.' 그 순간, '알았어. 뭔지 알 것 같아' 하고는 그 장면이 다 해결된 적도 있다. 소통을 꼭 대본 놓고 분석해가며 하지 않아도 서로가 이해할 수 있는 지점을 만나기만 하면, 큰 이야기로 만나 배우가 디테일을 만들기도 하고, 연출이 아주 작은 이야기를 해줘도 배우가 큰 우주를 만들어오기도 한다.

하지만 어떤 경우든 '무슨 이야기를 하고 싶은지'에 대한 소통이 되는가가 가장 중요한 것 같다. 그것에 대한 이해와 합의가 충분치 않은 상태로, '더 빨리, 더 크게' 같은 디렉션만 받다 보면 배우는 결국 '표현 끼워 맞추기'만 하게 된다.

**김신록**  작품을 통해 정말로 하고자 하는 이야기가 뭔지, 그 이야기를 구현하기 위해 각 장면에서 일어나는 핵심이 뭔지에 대한 논의가 치열하지 않으면 사실 배우, 연출, 스텝, 관객 모두 헛심을 쓰게 되는 것 같다. 처음부터 모든 것을 다 알고 정하고 갈 수는 없어도, 만들어가는 과정에서, 무대에 오를 때까지, 공연이 올라가고 나서도, 하고자 하는 말이 계속 발견되고 변하더라도, 그것을 놓치지 않고 추적하고 추구하는 것이 중요한 것 같다.

**황순미** 맞다. 그게 너무 중요하다. 그것이 초석이 되지 않으면 모래 위에 집을 짓는 것과 같다. 그런데 사실 치열하기가 쉽지 않다. 각자 다른 생각들을 다 듣고, 다시 생각하고, 나눠야 하고, 그 시간을 견뎌야 하고……. 가끔은 내가 연습을 자꾸 지연시키고 방해하는 사람처럼 보일까 봐 눈치도 보이고 할 말도 안 하게 되는 경우도 생기고. 하지만 우리가 서로 이해시키지 못한 것들은 관객 역시 이해시키지 못한다.

연출과 배우가 서로 생각하는 것에 대해 이해를 하든 양보해서 합의하든 소통이 이루어졌을 때, 무대와 관객도 소통이 되는 것 같다. 소통이 덜 된 채로 무대에 오르면 관객들에게도 물음표가 뜬다. 그러니 서로에게 어려운 방식의 소통이어도 도전해서 해내봐야 한다. 그 과정을 배제하고 갈 수는 없다. 그 소통의 시간을 잘 견디면 우리가 하고자 하는 이야기를 할 수 있게 된다고 믿는다. 어떤 방식으로든 그곳으로 같이 가게 된다고, 헛심이 아니라 좋은 힘을 쓰게 된다고.

## 만났다

2022년에 다시 이 인터뷰를 읽으니 마지막 부분의
'소통과 이해'에 대한 제 생각이 많이 바뀌었다는 게
느껴집니다. 저는 요새 제대로 된 소통이나
이해가 가능하다고 믿지 않아요. 하하하. 그게 절망적인
감각은 아니고요. 기본적으로 아주 작은 단위부터 큰 단위에
이르기까지 수신인과 발신인 사이에는 반드시
다른 이해와 오해가 발생할 수밖에 없다는 것을 인정하는
단계랄까요? 심지어는 발신인인 '나' 안에서도 의도와 말,
말의 내용과 형식 등 그 사이에 어긋남이 발생해버리잖아요.
'이런 말을 하려고 한 게 아닌데' 같은 순간이요.

2022.5.22.

그냥 애초부터 정밀한 이해란 불가능한 것 같아요.
발신인이 모든 것을 완벽하게 정리해 전달한다고 해서
| 일단 이런 전제부터가 불가능이지만 | 수신인이 뭔가를 이해하고,
그 반대라고 해서 수신인이 이해하지 못하는 것도
아니라고 생각해요. 특히 수치와 증명의 영역이 아닌
예술의 영역에서는요.. 그러니 예술이 지향할 바는 오히려
이해시키려는 의도나 이해하려는 노력이 없는 순간 발생하는
관통의 감각 같은 게 아닐까요? 2022년 5월 20일에
다시 만난 황순미 배우가 말했던 만남의 감각, 중첩의 감각도
사실 이런 관통의 감각이 아닐까 생각해봅니다.

**황순미**   요새 공연하고 나서 계속 생각나는 건데, 내가 배우로 무대에 서 있을 때, 관객으로 공연을 보면서 느꼈을 사유나 감각이 배우인 내게 겹으로 한 번 더 지나가는 것 같은 생각이 들어서, 그게 뭘까 생각해보고 있어요.

나는 코로나 여러 사회문제, 너무 아름답지 않은 것들과 절망적인 것들을 깊이 알게 되는 게 싫었는데, 팬데믹 때 가족도 못 만나고 식당도 못 가니까, 연기라는 내 일이 삶과 연결되지 않을 수 없더라고요. 누군가의 죽음이나 태어남, 이런 어마어마한 삶의 일들 앞에서 '연기를 잘할 수 있을까?' 이런 게 도대체 무슨 큰 의미인가, 이런 생각이 들었어요.

〈홍평국전〉|2021|은 모든 것이 사라지고 기능을 잃은, 예전에 교회였던 곳에서 공연을 했어요. 이런 세상에서 누군가 함께 모여 이야기를 들려주고 듣는다는 생각을 했던 것 같아요. 나같이 현실을 외면하고 싶은 사람에게도 어마어마한 일들이 일상적인 환경이 되어버린 상황이니까. 〈홍평국전〉은 조명 대신 건물 창문으로 들어오는 실제 햇빛으로 공연을 했거든요. 그래서 관객들 얼굴이 다 보였고, 4면 무대였고, 관객과 눈빛을 마주치지 않으면 안 되는 상황이었어요. 일반적인 공연 환경과는 달랐죠. 작품 속에서도 관객들을 '팬데믹의 세상 속에 놓인 사람들'로 상정했기 때문에 가능했어요. 그런데 이상하게 공연 이틀째, 커피숍에 앉아서 '아무 일 없이 지금이 지나가고 있는 것이, 하루를 산다는 것이 참 기적이다' 이런 감각이 들었어요. '내가 연기를 어떻게 해서 뭘 어떻게 보여주느냐'보다 이 위험함을 이기고 여기 와서 앉아 있는 사람들과 딱 마주친다는 감각이 더 생생하고 컸어요. '내가 연기한다.' 이런 생각이 들지 않았어요. 그냥 뭐랄까, 내가 거기 서서 사람들과 똑같은 빛 안에 있는데, 그 인물이 좌절하거나 부끄러움을 갖거나 했을 때, '나'라는 사람도

그 좌절이나 부끄러움을 같이 느낀 것 같아요. 한때는 공연 내용 때문에, 혹은 내가 연기를 뭔가 다른 방식으로 해서 그랬나보다 생각했는데 그런 게 아닌 것 같아요.

하루는 박수진 배우가 관객으로 앉아 있었고, 내가 수진이와 눈이 마주쳤는데요. 관객이 배우를 보고 배우가 관객을 보는 게 아니고, 황순미가 박수진과 마주친 거예요. 두 감각이 겹치면서 내가 관객과 다른 존재로 무대에 서 있는 것이 아니라 뭔가 같은 존재로 마주했다고 느낀 것 같아요. 나랑 친한 박수진이 객석에 있는데 내가 인물로서 관객을 보는 게 아니라 내가 수진이를 보고 있고, 수진이도 관객이 배우를 보는 게 아니라 수진이가 순미를 보고 있는 느낌. 내가 단지 '배우'로서만이 아니라 '관객'으로서도 이 공연을 보고 듣는 것 같은 감각이 동시에 들었던 것 같아요. 그전에 반대로 내가 수진이가 출연하는 〈우린 농담이 아니야〉ㅣ2020ㅣ를 보러 갔는데, 공연을 보다가 '왜 수진이가 나 같지?' 하고 느낀 적이 있어요. 둘이 아주 어릴 때부터 알았거나 작업을 많이 하지도 않았거든요. 다만 언젠가 작업에서 만났을 때 너무 좋았고 '또 만나고 싶다' 이런 사이죠. 서로 속속들이 알지 못하는데도, 신기하게 수진이도 내 공연을 보다가 그런 생각을 한 적이 있다고 하더라고요.

예전 같았으면 없었을 감각이에요. 늘 누군가를 만나고 맥주를 마시고 친해지고 했잖아요, 코로나 전에는. 근데 요즘은 누군가를 어렵게 소중히 만나고 헤어질 때는 아쉽고. 그래서인지 오히려 마음을 느끼는 게 중요하다는 걸 알게 된 것 같아요. 팬데믹을 거치면서 몸과 몸이 이 위험 속에서 같이 모여 앉아 있다, '만났다'는 것이 중대한 일이 되니까 이야기 이전에, 연기 이전에 그 만남 자체가 중요해진 것 같아요. 이 감각은 코로나로 인한 제약들이 풀리고 객석이 많아지고 만남이 쉬워져도 잊어버리고 싶지 않은 것 같아요.

예전에는 내 옆에 있는 사람과 '계속 좋은 관계로 같이 할 수 있을까?' 이런 걱정이나 두려움이 있었어요. '잘 만나져야 하는데', '긍정적인 요소가 있어야 하는데' 하면서 뭔가를 더 찾는 거죠. 근데 마흔이 넘어서 그런 것도 있지만, 삶이 계속 이어질 것이라는 생각보다는 저 앞에 죽음이 있다고 생각하니까, 그 내리막길을 같이 간다고 생각하니까, 감각이 달라졌어요. 환경 이야기가 무서워서 그런지, '언젠가는 상황이 더 좋아질 거야'라고 믿고 살았던 것을 더 이상 믿을 수 없게 되니까, '좋은 일이 더 많이 생겨야 해', '앞으로 잘 지내야 해' 이런 생각에서 '지금 잘 지내면 되는 거 아닌가?'로 바뀌었어요. 좋아져야 한다는 강박보다 '서로 없어지지만 않고 같이' 이런 식으로요. 이게 절망적인 이야기로 느껴지진 않았어요. 인간도 결국 죽고 지구도 죽어가고 있고……. 지구 시계가 겨울이라고 하잖아요.

이제는 작업하면서 생각을 나누지 않으면 어려운 것 같아요. 요즘에는 함께하는 사람들의 연기술이 어떻다는 것보다 가치관이나 어떤 걸 어떻게 생각하는지가 궁금하고 중요한 것 같아요. 그런 걸 서로 모른 채로 어떤 장면을 어떤 식으로 할지 합의하는 게 어디까지 가능할까 이런 생각도 들고. 옛날과 정말 달라진 것 같아요. 어릴 때 극단생활 할 때를 생각해보면 작업환경이 계속 변화해온 것 같고 지금과 그때는 너무 다르다고 느껴져요. 처음 극단생활 할 때는 선배님, 선생님들이 많았는데, 설유진 연출가를 만나면서 내 또래 배우들과 연기하게 된 것 같아요. 항상 원했던 거였어요. 나눌 수 있는 이야기가 다르니까.

미투 이후가 또 다르고, 달라지는 것 같아요. 가끔 다른 일 하는 친구들과 통화해보면 그 친구들도 비슷한 이야기를 하는 게 재밌어요. 예를 들면 의상 일을 하는 친구는 직원을 만나는 방법이, 춤추는 친구는 춤의 가치가 어떻게 달라지고 있는지 이야기해줘요. 요즘에는 가치가 중요하다, 동료와 가치를 나누는 게 중요하다, 이렇게 이야기하면 자기들 업계에서도 그렇다고 이야기해요. 정말 다른 뭔가가 생겼구나 싶어요.

형훈

연극 〈아직 끝나지 않았다〉(2011)를 시작으로 다수의 무대에서 연기하며
뮤지컬, 영화, 드라마로도 활동 영역을 확장해나가고 있다.

| A | 17 |

# 정확하게
# 그러나 살아 있게

2020.12.3.

직업인으로서, 취업 준비생으로서, 학생으로서,
아르바이트생으로서, 혹은 무엇이 되었든
'어떤 일을 하는 사람'으로서, 오늘 어떤 경험과 도전과
탐색을 하셨나요?
배우라는 직업인으로서 항상 새로운 환경과 장르에 자신을
위치시키고자 노력하는 이형훈 배우를 만나
이야기를 나누어보았습니다.

| A | 17 | S | 1 |

**김신록**   〈조씨고아, 복수의 씨앗〉|2018|,〈오만과 편견〉|2019|,〈죽음의 집〉|2020|으로 이어지는 이력을 보면 소위 말하는 국공립 제작 단체의 공연, 민간 극단이나 개인 예술가들의 공연, 상업극에 두루 출연하고 있다고 느껴진다.

**이형훈**   사실 난 다 상업이라고 생각한다. 모두 관객의 돈을 받아서 다음 공연을 위한 종잣돈을 마련하는 거 아닌가. 창작의 시발점이 민간이냐 국공립이냐 차이만 있는 것 같다. 다만 국가지원금을 받은 작업들의 경우는 관객 수익에서 어느 정도 자유로울 수 있으니 다양한 시도를 해볼 수 있는 것 같기는 하다. 하지만 중요한 건 모든 공연이 어떤 방식으로든, 관객이 보기에 흥미로워야 한다는 것이다. 그래야 지속될 수 있다.

**김신록**   연극계는 워낙 소자본이 움직이는 시장이라 상업이라는 말로 업계를 분류하고 분리하는 것이 우습기도 하다. '상업극'이라는 말 대신 '컴퍼니 연극'이라고 부르기도 하더라. 다양한 환경의 프로덕션에서 두루 작업하는 건 하다 보니 그렇게 된 건가, 아니면 의도적인 면이 있나.

**이형훈**   2013년도에 〈레슬링 시즌〉과 〈반신〉에 연이어 캐스팅되면서 국립극단과 처음 작업을 시작했다. 그리고 나서 〈히스토리 보이즈〉|2013|라는 컴퍼니 연극과 연이 닿았다. 어떤 프로덕션에서 공연하느냐에 따라 관객층이 완전히 다르더라. 국공립 같은 경우는 배우 지망생들, 연극 관계자들, 여러 단체, 국공립 공연을 특히 좋아하시는 분들이 많이 온다. 반면

컴퍼니 연극은 또 다른 마니아층이 있더라. 나는 컴퍼니 공연에서 만난 관객들이 '나'라는 배우를 통해 국공립 공연도 봤으면 좋겠다. 반대로 국공립에서 나를 본 관객들이 컴퍼니 연극을 보러 대학로에 오실 수도 있지 않을까. 그래야 관객들이 더 섞이고 통합되고 더 다양성이 생기지 않을까. 지금도 목표는 이거다.

**김신록** 국공립뿐만 아니라 통칭해서 '대학로'라고 부르는 곳도, 민간 극단 연극과 컴퍼니 연극이 제작진들부터 관객층까지 완전히 분리되어 있는 것 같다. 지리적으로도 여러 신생 극장이 모여 있는 혜화역 2번 출구 쪽과 연극실험실 혜화동1번지, 연우무대 소극장, 선돌극장 등이 있는 1번 출구 쪽의 연극이 완전히 분리되어 있는 형국이다. 올해 〈마우스피스〉 | 2020 | 라는 컴퍼니 연극에 참여하면서 우스갯소리로 "2번 출구 연극에 처음 출연한다"라고 했다. 어떤 배우는 연극실험실 혜화동1번지에서 '세월호 페스티벌'[1] 공연을 본 관객들이 연우무대에서 하는 '권리장전 페스티벌'[2] 공연으로 그대로 이어지는 걸 보

---

1 혜화동 1번지 소극장과 해당 극장의 동인들을 중심으로 2015년부터 매년 열리고 있는 페스티벌로, 페스티벌 기간 동안 세월호와 관련된 공연들이 릴레이로 혜화동 1번지 소극장 무대에 오른다.
2 '권리장전'은 2016년 문화예술계 검열과 블랙리스트 사태에 맞서 기획된, 일종의 연극인들의 권리선언 프로젝트로, 공연을 넘어 토론회, 릴레이 시위 등으로 확산되었다. 2016년 '권리장전_검열각하'라는 주제로 연우무대를 중심으로 펼쳐졌던 공연 페스티벌인 권리장전 페스티벌은, 이후 국가본색(2017), 분단국가(2018), 원조적폐(2019), 친일탐구(2020)로 이어지면서 검열의 뿌리를 한국 현대사를 통해 추적해가는 작업들을 선보였다.

면서 2번 출구 쪽 인기 배우가 캐스팅됐다면 그 배우를 따라 새로운 관객들이 유입될 거라고 아쉬워하더라. 실제로 형훈 배우를 따라 관객이 섞이고 있나.

**이형훈** 미약하나마 그런 분들이 있다. 〈죽음의 집〉의 경우 소극장이고 객석 간 거리 두기를 해서 객석도 많이 안 나왔다. 컴퍼니 연극은 손익분기점이 있기 때문에 이런 작고 좁고 친밀한 환경을 조성할 수가 없다. 관객과 밀착된 소규모의 공연, 이걸 본 관객들이 '삶의 한 부분을 본 것 같다', '생활연기', '서사를 따라가는 게 재밌다'는 등의 표현을 하시더라. 민간 극단의 작업은, 어떻게 보면 더 본질적이고 더 동시대 한국에 밀접한 이야기를 할 수 있는 것 같다. 공연도 더 다양해지고 사람들의 입맛도 더 다양해지면 좋겠다. 하나만 먹는 건 재미가 없지 않나. 한식·중식·일식도 먹고 싶고, 세상에 얼마나 재밌는 맛이 많은가. 이런 맛들을, 이런 세상들을 소개해주고 싶다. 배우라는 직업을 통해서.

**김신록** 〈브라더스 까라마조프〉ㅣ2020ㅣ, 〈세자전〉ㅣ2020ㅣ 등의 필모그래피를 보면 연극뿐만 아니라 뮤지컬과 음악극 등 출연하는 장르도 다양하다.

**이형훈** 배우 입장에서는 다양한 프로덕션 환경이나 시스템에도 적응해야 하지만 그 아래 또 세부 장르라는 게 있다. 연극, 이머시브 시어터, 뮤지컬뿐 아니라 요새는 음악극이라는 장르도 생겼다. 각각의 환경과 장르에 따라 어떤 연기술을 가지고 어떻게 존재해야 하는지 항상 고민이고 어렵다. 요새는 영상매체에서 연기할 일도 종종 있지 않나. 영상도 드라마와 영화가 다르고, 드라마도 일일 드라마와 단막극과 시트콤이 다르고, 영화도 멜로인지 액션인지에 따라 다 다를 것 아닌가. 이 모든 변화하는 환경과 장르에 적응해야 하는 게 배우의 숙제다. 왜냐하면 배우는 직업이고 그러므로 지속성이 있어야 하니까. 그래서 일부러라도 환경과 장르를 다양하게 만나려고 한다. 이번에 1인 다역을 했으면 다음엔 인물의 서사를 처음부터 끝까지 만들어내는 걸 해보려고 한다. 〈누군가 올 거야〉ㅣ2018ㅣ, 〈죽음의 집〉 등에 참여한 것도 이런 이유다. 그래야 배우로서 함정에 빠지거나 함몰되지 않고, 새로운 작업을 위한 상태를 만들 수 있지 않을까. 그리고 일단 같은 곳에서 같은 것만 계속하면 재미가 없지 않나.

**김신록** 다른 환경과 매체와 장르에 따라 다른 연기술이나 다른 존재 방식이 필요하다는 데 동감한다. 〈마우스피스〉에서 더블 캐스팅을 경험한 것이 나한테는 큰 도전이자 연기적으로 배우고 훈련할 수 있는 좋은 기회였다. 관객들 입장에서는 여러 배우의 조합으로 같은 공연을 보는 게 정말 재미있을 것 같기도 하고.

**이형훈** 컴퍼니 연극에서 더블, 트리플 캐스팅은 거의 필수인데 요새는 네 명, 다섯 명까지 늘어나기도 한다. 젠더 프리까지 더해지면 상대해야 할 배우의 조합이 더 복잡해진다. 이렇게 캐스팅 조합이 계속 돌아가다 보면 적응하는 시간이 필요하다. 연습해서 공연을 올리면 끝이 아니라 공연마다 배우 스스로 준비하는 시간과 열린 마음이 필요하다. 내가 공연 전체를 관통하는 스코어를 가지고 있어도 상대에 따라 스코어를 다시 짜는 유연성이 필요하다. 무엇보다 처음과 끝을 관통하는 길이 외길이 아니라는 열린 마음이 중요하다.

다만 어떤 공연이든 시작점은 대본 아닌가. 그리고 연출 및 스태프들은 원 캐스팅이다. 모두가 텍스트 하나를 놓고 목표 지점을 향해 시작부터 끝까지 함께 가는 건 똑같다. 이걸 해치지 않고 얼마만큼 자신의 색깔을 낼 수 있는지, 이것이 컴퍼니 연극에서 배우가 가져야 할 제일 큰 숙제가 아닐까. 사실 더블, 트리플이 나는 재미있다. 더블 배우가 나와 같은 역을 하는 것을 밖에서 볼 수 있는 것은 배우로서 경험하기 힘든 기회 아닌가. 초 목표나 비트ㅣ텍스트 혹은 연기를 쪼개는 단위ㅣ는 같아도 장면을 해결하기 위한 작은 전략들은 다를 수 있고, 거기서 다양성이 나오는 것 같다. 배우에게도 관객에게도 재밌는 기회다. 다만 전제가 되는 것은 작품이 가려고 하는 방향에 대한 합의가 잘 이루어져 있어야 한다는 것이다.

난 공연이라면 사회에 던지고자 하는 화두가 반드시 있어야 한다고 생각한다. 그게 중요한 것 같다. 이 방향성이 정해지면 그걸 파고드는 것은 배우와 연출부의 몫이다. 내가 이 연기 잘하니까, 왼쪽 얼굴이 예쁘니까 이렇게 해야지가 아니라, 작품이 지향점으로 가기 위해 내 인물을 어디에 어떻게 위치시켜야 할지가 중요하다. 장르나 환경을 떠나 배우의 공통된 숙제다.

**김신록** 장르나 매체를 막론하고 연기상으로 지향하는 바가 있나?

**이형훈** 언제나 시도하고 있는 것은 '정확하게 말하기'다. 어떻게 해석하고 표현할 것이냐. 의도와 서브와 의지를 모두 포함한 말의 의미를 정확하게 전달하는 게 가장 중요하다고 생각한다. 자연스럽게 말하기는 어려운 일이다. 장르별로 자연스러운 게 다르니까. 형식적으로 말하는 게 자연스러운 작품도 있고, 몸이나 뉘앙스로도 말할 수 있다. 이 모든 것을 포괄한 말하기가 작품 전체가 가고자 하는 바에 기여할 수 있도록, 나의 말하기가 정확한 방향으로 가고 있어야 한다고 생각한다. 항상 신경 쓰는 부분이다.

하지만 동시에 살아 있어야 한다. 살아 있게 말하기에서 제일 중요한 것은 배역이 아닌 '배우가 어떤 상태인가'다. 왜냐하면 상황이나 현장을 받아들이는 사람은 배역이 아니라 배우니까. 가끔 무대에서 발견하는 순간이 있다. 이 발견의 순간을 반영할 수 있는 것은 그 순간의 살아 있는 말하기다. 정확하게 말하기는 해석이 다 되어 있고 어떤 길을 거쳐 종착지로 갈지가 내비게이팅 되어 있는 상태라면, 살아 있는 말하기는 막히는 곳에서 어떤 샛길을 찾아갈 것인가에 해당된다. 이 두 가지는 늘 함께 가야 한다고 생각한다.

**김신록** 요새는 연기에서 어떤 것을 탐색하고 있나.

**이형훈** 무대에서 마이크를 쓰는 게 아직 어색하다. 극장에서 마이크를 쓰는 건 카메라 연기에서 마이크를 쓰는 것과 또 다르더라. 연극은 극장이나 무대 사이즈에 따라 호흡과 발성과 말하는 방식이 다 달랐는데, 마이크를 쓰는 공연은 극장의 공간성을 무시하고 오히려 똑같이 말해야 한다. 그런데 몸은 여전히 공간성과 현장성을 가져가야 한다. 마이크가 요구하는 몸과 말의 격차를 해결하는 게 도전이고 숙제다. 계속해보는 수밖에 없다. 하면서 찾는 거다.

이번에 주연으로 단편 영화를 처음 찍어봤다. 〈칠흑〉|2021|이라는 작품인데, 이 작품을 찍으면서 좋았던 게 긴 호흡으로 작품 전체에 걸쳐 나오니까, 스코어를 짜면서 연출과 조율이 가능하더라. 감독이 '다음 장면이 이렇게 붙으니까

이 장면에서는 화를 덜 내셔도 될 것 같아요' 하는 말을 듣고 '아, 연극하고 완전히 다르구나. 단역과 조단역일 때와 주연일 때와는 또 완전히 다르구나' 생각했다. 공연도 연극, 뮤지컬, 음악극 등 표현 방식이 다르듯이 영상은 컷, 디졸브 등 그들의 언어가 있다. 이 언어를 이해하고 적응하려면 결국 해보는 수밖에 없다.

**김신록**  연기할 때 어떤 마음가짐으로 임하나.

**이형훈**  '배우는 기능만 수행할 수도 있다.' 그걸 받아들여야 한다. 기능적으로만 쓰면 문제지만, 배우를 하다 보면 기능적인 것을 요구받을 때도 있다. 〈조씨고아, 복수의 씨앗〉 1막에서 말로 출연했다. 아무도 그 말이 나인지 모른다. 그 장면에 말이 필요하고, 나밖에 할 사람이 없으면 하는 거다. 프로덕션이 어떤 방향으로 가야 하는데 그게 필요하다면 하는 거다.

**김신록**  위치, 방향, 지향점, 전체, 기능, 역할……. 큰 그림 안에 자신을 위치시키는 걸 좋아하는 것 같다. 2020년이 연극사뿐만 아니라 연기사적으로 중대한 전환점이라는 생각이 든다.

**이형훈**  연극사는 항상 시대를 대변하면서 바뀌어 왔지 않나. 언택트라는 새로운 시대가 도래한 거다. 그런데 우리는 대면해야 하는 예술가 아닌가. 콘서트나 공연이 영상으로 대체되기 시작했다. 대면하는 공연도 제4의 벽, 마스크라는 벽, 거리 두기라는 벽까지 겹겹의 벽에 가로막혀 있다. 문진표 작성, 열 체크, 거리 두기 등으로 관객들 사이의 예민함도 높아졌다. 코로나 이후에 공연은 어떻게 어떤 방향으로 지속되어야 하는가. 그렇다고 NT라이브처럼 한 번 찍어 틀어주는 것을 위해서 한 달, 두 달 연습할 건가. 어떻게 해야 하는가. 생각해봐야 한다.

> **김신록** 2020년 이후에 연기는 무엇이 되어야 하고, 연기 훈련은 어떻게 되어야 하나 고민이 깊다. 만약 이런 팬데믹이 정말 반복되고 지속된다면 연습복을 입고 한 공간에서 땀 흘리며 뛰고 구르고 이러는 게 가능한가, 혹은 이러는 게 맞나 싶기도 하다.

**이형훈** 요새는 콘텐츠가 많아지지 않았나. 넷플릭스, 웨이브, 왓챠, 각종 숏폼까지. 직업인으로서 배우는 이 모든 변화를 기민하게 받아들여야 한다. 그러나 동시에 배우 스스로가 자신의 몸에 대한 인식을 키우고 연기술을 익히는 건 여전히 중요하다고 생각한다. 자기로서 자기 말을 하는 것도 여전히 중요하고. 그러기 위해서 배우 훈련은 반드시 필요한 것 같다. 다만 지향점이 무엇인지가 중요하다. '배우는 자기 몸을 잘 알아야 한다'는 그 씨앗 같은 한마디에 매달려 이제까지 배우들이 그렇게 훈련을 해왔던 거 아닌가. 우리가 선지자들의 말을 따라 어떤 배우가 되어 있다면, 이제는 우리가, 이 언텍트 시대를 개척해내야 하는 것 같다.

# 삶의 사고

2022년 5월 24일에 다시 만난 이형훈 배우는 여전히
몹시 바빴습니다. 그 '바쁨'에서 달라진 점이라면,
휴직이 끝나고 출퇴근하는 아내를 대신해 육아의
한 부분에 온전한 책임을 지고 있다는 점이랄까요?
2020년에 '배우이자 배역'에 대한 이야기를 나눴던
배우는 이제 '배우이자 아빠'인 자신에 대한 이야기를
들려주었습니다. 시간이, 삶이, 흘러갑니다.

2022. 5. 24.

| A | 17 | S | 2 |

**이형훈**  촬영은 간간이 하는데 연습하고 공연하고, 사실 애 보느라 바빠요. 아내가 복직을 해서요. 아침 6시에 일어나서 9시에 등원을 시켜야 해. 등원시키고 출발해도 11시 연습에 늦기도 한다니까. 오늘은 아침에 '밥전' 해주고 왔어. 밥전 알아요? 밥전? 하하하. 기저귀 갈고 옷 입히고, 오늘은 뭐 입혀야 할지 날씨 보고. 팬데믹 때문인지 '삶의 사고'가 흘러가는 것 같아. 내가 뭐 했지? 싶다가도 뒤 돌아보면 어쨌든 발자국이 있어. 내 경우엔 아이가 자라고 있고, 기저귀 사이즈가 달라지고, 옷이 달라지고. 필모도 하나씩 쌓이고. '뭔가 하고 있구나, 살아 있구나.'

〈죽음의 집〉을 3년 전 서울연극제 때 초연했는데, 재공연을 하면 들리는 대사가 다르잖아. 이번에 〈죽음의 집〉 할 때 "나는 하고 싶은 게 없어요. 해야 할 것들만 있어요." 이 대사가 너무 꽂히는 거야. 아무래도 피로하고 방전됐나 봐. 번아웃이라고 하잖아. 이런 게 좀 올 때가 됐나, 이런 생각도 들고. 하고 싶은 걸 하고 있었나, 해야 하는 것들만 하고 있지 않았나, 싶기도 하고. 책임감이 더 생겨버린 거지. 그런데 이 안에서 내가 즐거움을 찾아야지, 나의 선택이었으니까. 이 일을, 이 길을 내가 선택했으니까.

재능이 뭘까? 누군가 나에게 주신 달란트도 재능이긴 한데 내가 이 일을 정말 좋아하면 잘할 수밖에 없지 않을까? 감사하게 즐겁게 재밌게 흥미를 느끼면서 하자고 마음을 먹었어. '감사하기'가 제일 큰 것 같아. 무대에 선다는 것, 카메라 앞에 선다는 것, 누군가 나를 보러 온다는 것을 정말 감사하게 생각해야 할 것 같아. 언젠가 관성으로 연기를 하거나 출근하듯 극장에 간다는 건 생각만으로도 죄스러워. 그래도 피곤한 건 어쩔 수 없고……

〈렛 미 플라이〉 공연 보고 누가 나한테 물어보는 거야. '너는 매번 그렇게 눈물이 나와?' 모르겠어. 그렇게 화려한 기술이 있는 사람이 아니라 그런지 매번, 매 순간 진심을 다해야 한다는 생각을 해. 그래서 너무 힘들어. 너―무 힘들어. 그러면서도 매번 진심을 다해서 하고 있나 생각해. 매번, 그 순간, 그 상황에. 옛날에 오순택 선생님께서 이런 말씀 하셨잖아. "Acting is reacting, reacting is doing, doing is being." 우리는 배우잖아. 김신록이고 이형훈이고. 배역이면서 배우잖아. 그래서 연기하면서도 자문하고 있는 거지. 연기하면서 존재하고 있느냐고 묻는 거야. 근데 촬영은 잘 모르겠어. 카메라 앞에서 존재하는 게 너무 어렵더라고. 새로운 환경을 맞닥뜨리니까 임기응변이랄까, 열려 있는 즉흥성이 중요해지더라. 이게 영상이라는 매체가 갖고 있는 특성이라고 느끼는 거야.

좋은 연기는 뭘까? 정말 모르겠어. 항상 고민이지. 내가 어떤 배우가 되고 싶고, 어떤 사람이 되고 싶은지 모르겠어. 엄청 유명한 뭔가가 되고 싶다가도 그게 과연 행복할까 싶다가도 그렇게 안 되면 속상할 것 같고. 이런 생각 다 집어치우고 진심을 다해 연기하면 되지 않을까, 하다가도 돌아보면 내 삶에 대한 책임감이 있고. 문득 '아, 내가 나이 들어가고 있구나, 그럼 잘 나이 들었으면 좋겠다' 생각해. 그래도 언제나 행복하고 싶고. 나는 내가 좋은 사람이라고 생각 안 해. 되게 이기적인 것 같아. 나는 내가 하고 싶은 걸 해야 하는 사람인 것 같아, 진짜, 작은 것부터. 내가 먹고 싶은 거 먹어야 하고, 내가 나가고 싶을 때 나가고 쉬고 싶을 때 쉬어야 하고. 조율이라고 해야 하나 선택이라고 해야 하나. 내가 하고 싶은 것과 해야 하는 것 사이에서 매 순간 조율하고 선택하는 거지.

# 강보람

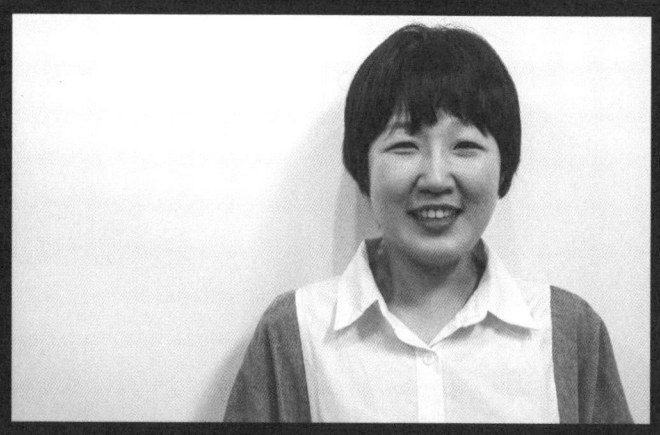

극단 '애인' 소속 배우. 극단 '애인'의 대표 레퍼토리 〈3인 3색 이야기 시즌 1.5〉 (2017)의 미현/수영 역을 시작으로 〈푸른색으로 우리가 쓸 수 있는 것〉(2018), 〈인정투쟁: 예술가 편〉(2019), 〈어느 마을〉(2021), 〈제4의 벽〉(2022) 등에서 다양한 연기를 선보이고 있다.

| A |
|---|
| 18 |

# 내가 한다

이 글을 읽는 독자님, 내가 지금 하고 있는 일,
내가 느끼는 감각에 확신이 있으신가요?
늘 더 좋은 취향이나 더 나은 선택이 있을 거라는 불안과
의심이 있지는 않으신가요? 극단 '애인'의
강보람 배우를 만나 '내가 보는 대로, 내 몸이 이끄는 대로
움직이고 살아간다'는, 자기만의 확신을 찾아가는
이야기를 들어봤습니다.

2021.2.18.

| A | S |
|---|---|
| 18 | 1 |

**김신록**   2019년 연말 영상으로 송출된 '극단 애인'의 〈1인 무대〉에서 '놓다'라는 제목의 공연을 봤다. 발의 여러 부위가 지면에 닿는 감각에 몸을 온전히 맡기며 움직일 때 "발을 보고 웃는다. 불균형을 즐긴다"라는 음성해설이 나왔다. 어쩌면 이 문장이 이 공연의, 혹은 이 공연을 만들고 실연한 배우가 깨달은 핵심이 아닐까 생각했다.

**강보람**   2018년 '0set 프로젝트'의 〈나는 인간〉이라는 작품에 참여하면서 나를 쳤던 질문이 "왜 나는 똑바로 걸으려 했을까?"였다. 똑바로 걷는다는 게 뭘까? 사람들은 왜 내게 '허리 펴고, 엉덩이 넣고' 이렇게 말했을까? 〈놓다〉는 이 질문을 이어온 결과물이다. '똑바로 걷는다는 게 뭐지? 사람이 넘어질 수도 있는 건데, 넘어지면 왜 아픈 것보다 창피해해야 하지?' 이런 식의, 생각을 뒤집는 메시지를 던지고 싶었다. 웃는 것은 그냥 그 상태를 즐기기 위함이 컸다. 넘어졌는데 창피해하기보다는 웃고, 넘어질까 봐 조심하기보다는 넘어지고 또 넘어지고, 그러면서 '넘어진다는 건 뭘까?' 질문도 생기고, '넘어질 수도 있지. 넘어지면서 사는 거 아니야?' 이런 마음도 들고……. '넘어진다, 위험하다, 힘들어 보인다' 같은 말들도 다 엎어버리고 싶었다. 프레임을 엎어버리고 싶었다.

　　장애가 있는 내 몸을 있는 그대로 받아들이면, 그 불균형 자체를 받아들이면, 더 자유롭게 살 수 있는데 나는 왜 스스로를 가두고 살았을까? 맨날 '위험하다. 하지 마라'는 말을 들으면서 살다가, 내 몸을 주체적으로 움직여보니까 재미가 붙었다. 해방감이 느껴졌다. 감정이나 신체에 대해 스스로 억눌렀던 것들을 놓아버릴 때의 해방감이랄까? 사실 '놓다'보다는 과감하게 '놓아버린다'는 의미가 더 맞는 것 같다. 그

해방감을 계속 느끼고 싶고 관객들과 나누고 싶었다.

**김신록** '놓아버린다', '불균형 자체를 받아들인다'는 말은 큰 이야기인 것 같다. 예전에 휄든크라이스 수업에 참여했을 때, 교과서적인 바른 몸에 대한 강박을 내려놓으라는 말을 들은 적이 있다. 나의 몸은 나의 타고남과 자람의 역사와 굴곡을 그대로 반영하므로 '일방적인 바른 몸'이라는 것은 없다는 취지였다. 그러면서 김연아 선수는 평생 한쪽으로 빙판을 계속 돌아왔기 때문에 장기가 한쪽으로 다 쏠려 있다는 말씀도 하셨다. 그런데도 상하좌우의 대칭과 균형, 정위치, 효율과 기능의 강박에서 벗어나기가 쉽지 않다. '엎어버린다'라는 말이 시원하다.

**강보람** 〈놓다〉에 서서 먼 곳을 바라보는 장면이 있다. 시선을 받는 것이 아니라 내가 시선을 던진다. 처음에는 시선이 내 안에 있었다면 그 시선이 조금 더 열려 내 몸을 보게 되고 결국 공간, 세상으로 내던져지면서 확장된다. 남들이 나를 보는 것이 아니라 내가 나를, 남을, 공간을, 세상을 본다. 내가 주체가 된 것이다. 그 순간의 발견이 좋았다. 내가 보는 대로, 내 몸이 이끄는 대로 움직이고 살아간다는 이야기를 하고 싶었다.

**김신록** 외부 시선의 대상이 아니라 시선을 가진 주체로서 자신을 자각한 순간인 것 같다.

**강보람** 이번 작업에서 스스로 몸을 움직이면서 가장 크게 온 메시지는 나 자신에 대한 확신이었다. 내가 움직임을 하고 있다는 행위 자체에 대한 확신, 내가 의도한 시선이나 내 몸이 빚어내는 움직임 하나하나에 대한 확신. '내가 한다, 내 마음대로 움직인다.'

고등학교 때까지만 해도 오늘의 나를 생각할 수 없었다. 내성적이고 눈도 못 마주치고 말도 못 붙이고 발표도 잘 못했다. 내가 내 몸과 말투를 받아들이질 못한 거다. '난 느리니까 말 못하니까' 하면서 자존감이 굉장히 낮았다. 터닝 포인트가 두 번 있었다. 대학과 극단 '애인'을 만난 것이다. 대학 때 문예창작을 전공했는데, 내가 쓴 수필을 소리 내서 읽지 못하고 떨며 서 있으니까 교수님께서 "여기 있는 사람들은 다 보람이를 기다려줄 준비가 되어 있는 사람들이니까 천천히 편하게 읽으면 된다"고 하셨다. 그때 그 한마디에 힘을 얻었고 성격이 바뀌기 시작해, 3학년 때는 과 임원을 할 정도로 자신감이 붙었다. 교수님과는 지금까지도 연락을 주고받는다.

그리고 극단 '애인'을 만나면서부터 타인의 시선을 먼저 생각하고 타인의 말에 의해 수동적으로 살다가 점차 주체적인 사람으로 변해가는 것 같다. 나는 연기도 움직임도 깊게 공부해보지 못했다는 생각에 늘 '이게 맞나?' 자신 없어 하고 '어떻게 보일까' 걱정을 많이 했었는데, 이제는 남이 봐주기 전에 스스로 내 작업을 바라보면서 '이건 좋았고 이건 아쉬웠다'를 구분할 수 있는 정도의 힘이 생긴 것 같다. 이 과정에서 이소영 안무가에게 큰 도움과 힘을 얻었다.

**김신록** 자기 작업에 대해 '이건 좋고 이건 아쉽다' 확신한다는 건 쉽지 않은 것 같다. 늘 더 좋은 취향이나 선택이 있을 거라는 불안과 의심이 든다. 안무가와는 어떤 방식으로 작업했나.

**강보람**  장애의 몸을 잘 알고 지도해줄 분을 만나는 건 어려운 일이었다. 교과서적으로 장애의 몸을 대하는 분을 만나면 더 어려울 것 같았다. 사실 〈놓다〉는 2년에 걸친 작업이었는데 2019년 '모래 위에 서다'라는 제목의 첫 쇼케이스를 마치고 회의가 들었다. 첫해 작업은 내가 대본을 쓰고 그 대본 내용을 움직임으로 표현하려고 동작을 하나하나 만들어서 그걸 구현하려고 했는데, 어렵고 잘 안 되고 재미도 없었다. 그래서 두 번째 해에는 직접 여러 움직임 워크숍에 참여하면서 '불균형'과 '해방감'이라는 키워드만 놓고 나머지는 열어두는 시간을 가졌다. 코로나로 서울 지역 수업들이 문을 닫기 시작할 때는 제주도까지 가서 다섯 명의 움직임 선생님들이 마련한 '내 안의 춤으로부터'라는 워크숍도 들었다. 거기서 이소영 안무가님을 처음 만났고 첫 수업을 듣고, 정말이지 '몸이 열리는' 경험을 했다.

 이 만남을 인연으로 이소영 안무가와 〈놓다〉를 함께 만들어나갈 수 있었다. 40여 일 동안, 주로 몸으로 먼저 만나고 나눈 후에 말로 나누고 정리하는 시간을 가졌다. 어떤 동작을 만들고 배우는 게 아니라, 내가 내 몸을 잘 들여다볼 수 있도록 이끌어주시고 바라봐주셨다. 한번은 안무가가 인상적인 미션을 주셨는데, 런 스루를 돌고 난 후에 스스로에게 피드백을 남기라는 것이었다. 좋았던 점과 아쉬웠던 점을 구분해 적어보되, 아쉬운 점은 종이에 적으면서 종이에 버린다고 생각하고 좋았던 점은 기억하고 발전시키라고 하셨다. 이 과정을 거치면서 내 움직임에 대한 확신이 더 강해지는 걸 실감했다.

**김신록**  '몸이 열린다'는 건 구체적으로 어떤 감각이었나.

**강보람**　하루는 바닥에 누워 호흡을 온전히 바라보면서 안무가님이 터치해주시는 몸의 부위로 호흡을 내 쉬는데 몸 안의 울림이 느껴졌다. 터치가 발끝부터 머리칼까지 진행되었는데 터치가 멈춘 후에도 몸 안에서 꿈틀거리는 무언가로 인해 계속 움직이게 됐고, 움직임이 점차 확장되어 몸을 일으키게 되고 서게 되고 자연스럽게 즉흥 춤을 추게 되었다. 그날의 감정과 감각이 아직도 몸 안에 살아 있다. '어떻게 움직여야지'가 아니라 '몸이 먼저 간다'고 해야 할까?

　　이날 연습이 끝나고 다음 장소로 이동하려고 혼자 햄버거 가게에 갔는데 내가 떨림이 하나도 없이 햄버거를 먹고 있는 거다. 너무 신기했다. 경직이 이완되었다! '장애가 있는 몸도 이완되는구나' 깨달으면서 새삼 내 몸에 놀라게 되고 내 몸을 다시 바라보게 되었다. 같은 장애라도 사람마다 다른데 막연하게 '나는 장애가 있으니까 경직이 있어'라고 당연하게만 생각했던 거다. 몸이 굳거나 이완되는 정도도 그날그날 컨디션에 따라 다른데…… 자연스럽게 빚어지는 나의 몸, 나의 움직임을 더 잘 들여다보고 싶어졌다. 최근의 화두는 '내 몸의 경직과 이완은 어디에서부터 오는 걸까' 그리고 '내 몸을 움직이게 하는 동력은 무엇인가'다.

**김신록**　완성형인 움직임의 모양을 먼저 생각해서 정해놓고 그것을 구현하려는 첫해의 방식 대신, '나'라는 아주 구체적인 고유한 몸에서 우러나는 움직임을 따라가는 방식으로 작업 과정이 역전된 것 같다. 위와 같은 질문을 가지고 '스페이스 몸'이라는 그룹과 함께 '몸 기록' 작업을 진행하고 1월 말에는 백일관에서 전시도 하지 않았나.

**강보람**  50일간 매일 하루 15분 정도 시간을 내서 내 몸을 들여다보고, 움직이고, 이때 들었던 생각을 벽에 붙이는 작업을 했다. 이 프로그램에서 제시한 루틴은 약 15분 동안 누워서 호흡하다가, 점점 일어났다가, 다시 눕는 과정이었는데 이 과정에서 호흡에 집중했다. 단순한 움직임이지만 그 시간에서 발생되는 매번 다른 감정이 반가웠다.

**김신록**  하루 15분 동안 매일 자기 몸을 들여다본다는 건 정말 어려운 일이다. 전에 이종무 배우와 대화를 나누고는 나도 매일 15분씩 '세미수파인 자세'를 하고 누워 있어 보려고 했는데 안 되더라. 내가 멋대로 몸을 휘두르는 것보다 내 몸을 들여다보는 게 훨씬 힘든 것 같다.

**강보람**  정말 쉽지 않다. 그래도 똑같은 루틴으로 움직이면서 그날그날의 컨디션이나 몸 상태에 따라 들어오는 감각이 달라지는 것을 느끼니까 '몸을 들여다보는 시간이 중요하구나, 이게 나를 알아가고 찾아가는 과정이구나' 느낀다. 앞으로도 끊임없이 몸에게 묻고 답하고 들어보고 싶다. 그리고 몸에 대한 깨달음을 바탕으로 드라마 속 인물들도 연기하고 싶다. 극단 애인의 김지수 연출가가 쓰고 연출한 〈한달이랑 방에서 나오기만 해〉 |2018| 의 진주, 〈알록달록 한땀한땀〉 |2019| 의 진 역할을 다시 해보고 싶다. 지금까지 올렸던 작품들 중에 가장 기억에 남는 작품이면서 연기적으로는 아쉬움이 남는 작품이다. 내가 내 몸과 호흡을 조금이라도 더 알고 나서 이 인물들을 다시 연기한다면 어떻게 달라질까 궁금하다. 반대로 여전히 그대로일까 두렵기도 하고. 하하하.

## 경로 이탈

2020년 첫 인터뷰 당시 강보람 배우는 한창 왕성하게
몸과 관련된 작업을 하던 중이었습니다.
2022년 5월 17일, 1년여 만에 다시 만난 강보람 배우는
큰 감정의 파고를 겪고 난 후였습니다. 출판사 사무실에서
마주한 그녀가, 자신의 관심과 믿음이 스러지고,
다른 곳으로 이동하고, 다시 서는 과정을 담담하게
들려주었습니다.

2022.5.17.

| A | S |
|---|---|
| 18 | 2 |

**강보람** 백신 맞고 몸이 많이 안 좋았는데 3월에는 코로나에 걸려서 하루도 밖에 못 나갈 정도로 아팠어요. 원래 체력이 좋아서 거의 집에 있지 않는 편이었는데 코로나 때문인지 웬만하면 집에서 안 나가는 것 같아요. 사실 그사이 엄마가 돌아가셨는데 엄마랑 워낙 친구 같았기 때문에 타격이 너무 컸어요. 감정이 어지러웠어요. 내 몸의 좌우 불균형에 대한 극작을 해보려고 하다가 도저히 집중이 안 돼서 방향을 틀어서 〈경로이탈〉이라고, 엄마가 돌아가시고 겪는 감정을 글로 썼어요. 그걸 유튜브를 통해 사운드극으로, 자막과 음성으로만 일주일 정도 송출했는데 그 경험이 많은 도움이 됐어요.

부모님은 이혼하셨고 저는 장애가 있다 보니까, 장례식장에서 손님들이 엄마를 애도해드려야 하는데 다 제 걱정부터 하는 거예요. 그래서 감정을 막았던 것 같아요. 감정이 막히니까 몸이 아팠던 것 같고요. 살도 급격하게 확 빠지고. 감정이 막히니까 몸까지 막히는구나, 몸과 마음이 이어지는 게 확실하구나, 어떻게 내가 날 잘 돌볼 수 있을까 생각하는 계기가 됐어요.

〈경로이탈〉을 쓰면서 생각이 많이 정리되고 지난 작업을 되짚어보게 됐어요. 지난 작업이 몸과의 연결, 마음과의 연결에 대한 것이었다면 지금은 속도에 대한 해방감을 찾아가는 과정 중에 있는 것 같아요. 특히 비장애인들과 협업할 때 내 속도를 놓쳐버리는 일을 겪으면서 내 속도를 잘 찾아가는 과정을 고민 중이에요. 그동안 무의식적으로 비장애인 속도를 따라가며 살았던 거죠, 내 속도가 분명히 존재하는데. 특히 비언어장애 배우와 호흡을 주고받다 보면 나도 모르게 그 호흡을 따라가고 있다는 걸 뒤늦게 깨닫게 되는데, 나만의 호흡을 잘 가져가는 게 지금 화두예요. 2년 전 인터뷰 이후에 극단을 벗어나서 외부 작업을 많이 하게 되며 속도에 대해 생각하게 된 거죠.

베리어프리가 공연을 보는 장애 관객들만을 위한 것이 아니라 제작 과정이나 제작 환경에까지 적용되는 추세 속에서 속도에 대한 고민도 하게 된 것 같아요. 예를 들면, 공연 티켓 예매할 때도 장애인들은 속도가 느릴 수밖에 없는데, 장애인 우선 티켓 발권도 시도되기는 하지만 주로 시청각장애인 위주로 시스템이 적용되거든요. 뇌병변 장애인의 경우도 있는데. 티켓 끊는 방식에도 다양한 속도에 대한 배려가 필요한 거죠.

2021년 12월에 출연했던 〈어느 마을〉이라는 작품에는 뇌병변장애인, 지체장애인, 시각장애인, 청각장애인 이렇게 다양한 장애 유형의 배우들이 함께 출연하다 보니까 무대장치가 달라질 수밖에 없었어요. 무대 바닥에 점자블록이 설치됐었고, 수어자막이 설치됐었고. 근데 그 무대 위 점자블록이 시각장애인에게는 필수인데 저나 지체장애인분들에게는 위험요소인 거예요. 이걸 어떻게 조율할 수 있을까 고민도 하고. 편하거나 불편한 부분이 다를 수밖에 없는 거죠.

우리 극단에는 지체장애인들밖에 없어서 몰랐던 부분들을 다른 유형의 장애를 가진 분들과 만나면서 좀더 열어놓고 많은 고민을 나누게 되는 시기인 것 같아요. 작년에는 우리 극단에서 장애 연기와 관련한 연구 모임을 했는데 올해는 외부 극단의 장애배우들을 초대해서 같이 시도해보는 자리를 마련했어요. 가장 중요한 것은 대화가 편하게 꾸준히 이어지고 당사자에게 직접 묻고 말하는 시간이 이어지는 일인 것 같아요. 나는 이렇게 하는 게 편하고 이게 나에게 맞는 속도고 서로서로 직접 찾고 감각하는 게 제일 정확하고 좋은 작업이지 않을까, 그런 생각을 하게 됐어요. 비장애인 배우들을 기준으로 말하는 연기에서의 중립이라는 게 장애인 배우들에게는 성립하지 않아요. 내 몸에 맞는 '나만의 기본값 찾기'가 중요하다는 생각이 들어요.

감정연기를 해보고 싶다고는 했지만 최근에 감각적으로 연기하다 보니까 순간순간 만나고 있는 것들이 더 재밌는 것 같아요. 그때그때 다르기도 하고 감각적으로 만난다는 것이 중요하구나 생각하기도 하고. 감정연기에 미련이 좀 남는 것은 거의 연기 시작 초반에 만난 연기들이 다 감정연기였고 너무 못해서 부끄러웠던 기억이 나기도 해서 그런 것 같아요. 그런데 지금은 재현만이 연기는 아니라는 생각이 들어요. '연극은 시대의 거울이다', '일상을 재현한다'는 말은 사실, 연극이 다른 장르에 비해 늦게 변하는 것에 대한 익스큐즈이기도 했어요. 시대를 재현하지 않고 앞질러 실험할 수 있는 연극도 존재할 수 있는 것 같아요. 그럴 때 무대는 실험의 장이에요. 〈어느 마을〉의 작업에서의 경험이 그걸 보여주는 것 같아요.

극단 내부에서 공연을 올린 지 너무 오래됐어요. 그래서 올 하반기에 있을 극단과의 작업이 기대돼요. 단원들 각자가 외부 작업을 하다가 오랜만에 만나게 되는 거라 극단 '애인' 작업이 제일 기대되고요. 요새 연구 모임을 하면서 단원들을 만났는데, 팬데믹 때문에 느슨해졌던 연결 고리를 품을 들여 다시 맺는 시간을 보냈어요. 배우들이 2년여 동안 어떤 생각의 변화와 체력과 에너지와 외모의 변화를 겪어내고 있는지 보는 것도 큰 위안이 됐고요. 품을 들여 고리를 회복하는 일이 나를 다시 단단하게 땅에 발 딛게 하는 것 같아요. 몸이 힘들어서 연기를 할 수 있을까 고민하긴 했지만, 어떻게 생각하면 이렇게 꾸준히 놓지 않고 예술을 하고 있기에 이 시간을 견딜 수 있었던 것 같다는 생각이 커요.

이봉련

뮤지컬 〈사랑에 관한 다섯 개의 소묘〉(2005)로 데뷔한 이후,
다수의 연극, 드라마, 영화에서 활약했다. 2022년 연극 〈햄릿〉의 햄릿 역으로
백상예술대상 연극부문 여자 연기상을 수상했다.

# 거기 있다

연기에서 혹은 일상에서, 삶에서, '그냥 거기 있다' 혹은
'존재한다'는 건 뭘까요. 여러 매체에서 활발하게
활동하고 있는 이봉련 배우를 만나 자기만의 경험과 언어로
풀어내는 '거기 있는' 이야기를 들어보았습니다.

2021.3.25.

| | A | | S |
|---|---|---|---|
| 19 | | 1 | |

**김신록**   2020년 말부터 2021년 초에 걸쳐 넷플릭스 오리지널 〈스위트홈〉|2020|의 명숙, JTBC 드라마 〈런 온〉|2020|의 매이 언니, 국립극단에서 제작한 〈햄릿〉|2021|의 햄릿을 연기했다.

**이봉련**   코로나로 〈런 온〉 촬영이 밀리고, 〈햄릿〉 개막이 늦춰지면서 공교롭게도 세 작품이 거의 같은 기간에 오픈되는 바람에 배우로서 다양한 모습을 한 시즌에 보여줄 수 있었던 것 같다.

**김신록**   〈햄릿〉이 여러 우여곡절 끝에 결국 온라인 극장으로 오픈되면서 그곳에서 관객 혹은 시청자를 만났다. 사실 연극 무대에 설 때는 관객을 직접 대면하는 위험함, 아슬아슬함이 있지만 반대로 극장에 모인 사람들끼리 하고 보고 끝난다는 안전함이 있지 않나. 오늘 실패해도 내일 잘해 볼 기회가 있고, 공연이 끝나면 다 사라지고. 영상을 통해 연극을 한 기분은 어땠나.

**이봉련**   국립극단 약력을 보니까 〈햄릿〉에 대해 "2021년 3월 온라인 극장으로 초연됐다"는 문구가 적혀 있더라. 그걸 보니 '이 작품은 공연되었구나' 실감이 났다. 공연을 '한 거다.' 코로나, 극장 화재 등 여러 악재로 꽉 채워 3개월을 연습한 끝에 결국 카메라 몇 대가 객석에 섰다. 기록물로서만 존재하던 공연 영상이 관객을 만나는 일을 배우로서 처음 경험했다. 국립극단에서 내부 시사회를 한다고 관계자들이 모여 불 꺼놓고 스크린으로 함께 연극을 보는데 '맨정신에 볼 수 있을까' 싶더라. 그런데 막상 보니까 생각보다 낯설지 않았다.

처음으로 연극하는 내 모습을 모니터링하는 경험이었다. 말하는 안면 근육, 윤곽, 습관 등 '배우가 무대에서 자기가 어떻게 하는지도 알아야겠다'는 긍정적인 생각도 들었다.

친한 언니는 공황장애가 있어서 극장에 못 가는데 온라인 극장을 한다니까 너무 다행이라며 연락을 해왔다. 자기 같은 사람한테는 온라인 극장이 너무 좋다고. 우리 엄마도 '공연 못 해 어쩌냐' 하면서도 주변 엄마 친구들과 어찌어찌 예약해서 온라인 극장으로 봤다고 했다. 생각지도 못했던 대구 경산 어머님들이 〈햄릿〉을 본 거다. 엄마 카톡에 지인들이 햄릿 공주님 너무 잘 봤다면서 엄마가 박수받으시고……. 그러면 된 거다.

온라인 극장을 생각지 못한 층이 공연을 즐기는 방식으로 받아들일 것인가, 그저 비운이고 불운으로 볼 것인가. 좀 멀리 생각해보면 온라인도 괜찮은 것 같다. 온라인으로 송출되는 연극도 정식 공연으로 받아들여야겠다는 마음이 생겼다. 무책임하게 '그냥 영상으로 내보내고 말았어', '직접 봤으면 훨씬 좋았을 텐데 아쉬워' 이러고 말 게 아니다. 온라인 극장에 참여하는 배우가 할 일은 찍는다니까 수동적으로 찍히는 것이 아니라 마이크 사용 등의 음향이나 시점 등 기술적인 문제를 이해하는 것, 초상권이나 개인이 영상 송출을 거부할 수 있는지 등의 권리 문제, 상영 회차 및 예약 방식 등 시스템을 이해하는 일인 것 같다.

**김신록** 여자 햄릿을 제안받았을 때 어떤 기분이 들었나.

**이봉련** '너무 설레!' 이런 기분은 아니었다. '세상이 바뀌어서 이런 역을 하게 되는구나' 이런 생각도 안 했다. '그렇지. 해도 되지. 아닐 게 뭐야.' 이런 생각을 하긴 했다. 나는 햄릿이 왜 여자여야 하는지는 별로 궁금하지 않았고 '왜 나여야 하는지'가 궁금했다. 나는 언제나 성비보다 그 배우의 고유성으로 캐스팅되는 것이 중요하다고 생각했다. 이번 〈햄릿〉도 캐스팅 성별 전복이 이 작품이 가진 본질을 덮어버리지 않을까 걱정도 했다. 여성 서사나 젠더 문제 등에 무책임해서가 아니고……. 나는 예쁜 여자도 아니었고 작고 왜소했다. 그런데 선배 언니들이 "봉련아, 여기 있는 역할들 중에 남자 역할도 여자 역할도 네가 못할 게 없다"라고 말해줬다. 그때 열렸던 것 같다. 어떤 인물이 남자일 필요도, 할머니일 필요도 없다는 걸 알게 됐다. 극단 '골목길'에 들어갔더니 분장이나 음성변화를 통해 소위 '몸을 만드는 것'에 크게 관심이 없더라. 그전까지 나는 몸을 만들어서 연기해왔는데. 극단에서 연극하면서 나보다 어린 후배가 내 엄마가 되는 경험을 하면서 성별이나 나이 같은 제약에 대해 자유로웠던 것 같다. 그리고 예전에는 발성 좋고 예쁘고 잘 갖추어진 배우가 주연으로 섰지만, 이제는 전환점을 맞이하고 있는 것 아닌가. 영화로 치면 송강호 선배, '거기 그냥 존재해버리는' 인물이 등장한 거다.

**김신록** 그냥 존재해버리는 인물이란 어떤 것인가.

**이봉련** 이창동 감독의 영화 〈버닝〉|2018|에 주인공 언니 역할로 잠깐 출연한 적이 있다. 이창동 감독님이 "주인공 둘 빼고는 전부 단역이다. 힘들 거다" 하시면서 "리딩 때 한 번 읽고 현장에 와서 연기해버려야 되지 않겠냐. 이거 한 회차면 끝나고 어려운 거 안다. 근데 그런 사람으로 존재해주기를 바란다" 이렇게 이야기하셨다. 사실 죽 출연하는 인물보다 단타로 치고 빠지는 인물이 더 어렵다. 더 긴장하게 되고. 주인

공이 어떻게 흘러가고 있는지도 잘 모르니까. 존재하라는 건, 그 인물이 식당 아줌마니까 순간적으로 그냥 거기 있어달라는 거다. 존재한다는 개념을 너무 추상적으로 생각하지 않기로 했다. 보는 사람이 그냥 잠깐 넋을 놓고 그 장면을 넘길 수 있어야 한다. 그냥 믿고 슥 지나가야 한다. '무슨 식당 아줌마가 저래' 소리 안 나오게.

반면 햄릿은 해낼 게 더 많지 않나. 그럼에도 보는 사람들이 혹은 내가 '사람이 저렇게 저러다 보면 저럴 수 있겠구나' 그랬으면 좋겠다. 햄릿이 정의를 향해 달려가지만 결국 칼을 써버리는 걸 보면 사실 햄릿은 당황한 거다. 그렇게 처음 잘못됐을 때 바로잡지 못하고 그 길로, 잘못된 신념으로 달려가버리는 인물이지 않나. 왕, 햄릿 이런 편견을 떠나서, '그래 사람이 저럴 수 있지, 저럴 수 있겠어'라고 이해된다면 난 거기 존재한 거라고 생각한다.

**김신록** 〈햄릿〉을 영상으로 보면서, 또 다른 드라마에 출연한 이봉련 배우의 모습을 보면서, 외부와 내부 혹은 원경과 근경 사이의 레이어에 대해 생각하게 됐다. 나는 에너지가 구조나 상황, 외부, 설득해야 할 대상으로 빠지는 스타일이다. 에너지가 상대를 향해 치고 나갔다가 다시 나라는 베이스캠프로 돌아오고, 치고 나갔다가 돌아오고. 그런데 봉련 배우의 에너지 혹은 존재의 층위는 근경 혹은 본인의 내부 가까이 머물러 있다는 생각이 들었다.

**이봉련** 에너지가 약간 누워 있죠? |웃음| 난 그냥 거기 있는 것 같다. 물론 무대에서 소리를 내야 할 때는 다소 다른 에너지를 쓰지만 기본적으로 누구를 설득해야겠다는 생각이 딱

히 없다. '제가 생각을 해봤는데……' 하면서 다시 시작은 잘 안 하는 것 같다. 그냥 거기서 이야기한다. 원래 있던 데서. 맨날 머물러 있는 즈음에서 얘기하고 생각하고 '아니면 말아' 하는 것 같다.

**김신록**　영상 매체 연기에는 근경이나 내부 가까이의 에너지를 운용하거나 내부 에너지를 더 강력하게 작동시키는 게 더 적합할 것 같다는 생각도 했다.

**이봉련**　난 영상 매체에서 연기할 때도 발산하고 꺼내야 했다. 단역이니까. 그런데 연기하고 나면 '작게 해라'라는 소리를 듣는다. 그런데 내가 어떨 때 작게 하는 날이 있는데, 그건 그냥 그럴 만한 역할인 거다. 그런 역할을 맡으면 힘 안 들여도 마이크랑 카메라를 들이다 봐준다. '크다. 작게 해라. 연극했냐. 소리 줄여.' 이런 말을 들으며 지내왔다. 그때 집에 오면서 생각하는 건, 내가 작게 했다고 한들, 내게 주어진 대사는 '당신 미친 거 아냐?' 하나뿐인데 '너 목소리 크다'는 평가에 휘둘릴 일이 아니지 않느냐는 것이었다. 그냥 내가 원하는 것을 하면 되는 거다. 준비해 간 것을 충실히 잘하고 오는 거다. 무대에서든 촬영현장에서든 '여긴 이렇고 저긴 저렇고' 나누지 말아야겠다는 생각이 든다. 여기서 하든 저기서 하든 그 갭을 없애는 것이 목표다. 요새는 '무대에서는 이렇게 해야 한다'는 것도 별로 없지 않나. 점점 그 경계가 무너지고 있는데 내 스스로 계속 경계를 만들면 이상해지는 것 같다. 색깔도 없어지고.

**김신록**　많은 배우가 영상 매체로 넘어가면 연극 활동이 뜸해지지 않나. 그에 비해 연극 작업을 꾸준히 하는 편이다.

**이봉련**    내 경우 매체 하면서 공연을 한 게 아니고, 공연하면서 매체를 했다. 매체보다 공연 기획가 더 많았다. 여기서 일을 더 하고 싶다. 여기가 토양이니까. 이곳에서부터 출발이니까. 공연해야 한다가 아니라 공연은 늘 해왔던 거니까. 그리고 무대에 서는 건 참 괜찮은 일이지 않나.

나는 쉴 때, '운동하고 나를 가꾸고 나를 들여다보고' 하는 방식 말고, 무대에서 훈련을 해야만 나를 꺼낼 수 있다. 버튼 누르면 바로 연기가 되는 배우가 아니다. 일정상 정말 안 되는 건 나도 안 한다. 양쪽 팀에 불안함과 민폐를 끼칠 필요는 없다. 하지만 조율 가능한 건 할 수 있다. 요즘 부쩍 코로나라는 예기치 못한 일 때문에 장소 섭외 문제나 확진자 발생에 대한 우려 등으로 한 작품만 해주기를 바라기도 하지만, 조율할 수 있다면 해보는 거다.

어느 한쪽에 대해 '시간이 되면 돌아올 거야'라거나 '이쪽은 많이 해봤으니까 이제 매체를 좀 해봐야지'가 아니라 양쪽 다 같은 일이라고 생각하고 싶다. 같이 잘해나가고 싶다. 나는 지금까지 연극을 통해서 드라마와 영화 기회가 왔었다. 거의 전부. 그랬기 때문에 무대의 힘을 믿는다. 물론 현장에 가면 좀 다르게 연기하고 접근해야 하는 부분도 있지만 그 무대에서의 에너지를 믿고 배우를 캐스팅했던 거니까 완전히 다른 일이라고 생각하고 싶지는 않다. '자꾸 안 한다, 안 한다, 하면 나중에 전화 안 한다' 이런 마음 때문에 조급했던 적도 있었다. '못해요, 못해요' 하면 정말 바쁜 사람처럼 인식되는 게 신경 쓰이더라. 그런데 그것도 벗어던졌다.

**김신록**    2021년에도 극단 골목길의 〈코스모스: 여명의 하코다테〉라는 연극에 출연했다.

**이봉련**  오랜만에 골목길 공연을 하게 돼서 좋았다. 결과가 좋으면 더 좋지만 결과를 떠나 만나서 어떤 걸 만들어낸다는 것 자체가 좋다. 나 혼자 있으면 뭔가를 만들어내고 정해진 시간에 뭘 올리는 게 어렵지 않나. 집중력이 없어서 1년에 책 한 권도 읽기 힘든 내가 함께 뭔가를 만들어낸다는 건 큰 성과고 에너지를 비축하는 일이다. 욕먹어도 괜찮다. '뭘 했으니까, 결과물을 냈으니까 이런 말이라도 듣겠지' 하면서.

여전히 막판까지 머리를 맞대고 공연을 만드는 일이 힘들지만, 사실 나는 '내 감정선에서 그건 힘들어요'가 별로 없다. 내 감정선이나 흐름보다 외부에서 괜찮다고 하면 나는 내가 못 할 건 없다고 생각한다. 물론 나도 할 때마다 힘들다. '넌 골목길이니까 다 할 수 있잖아'라는 말을 가끔 듣는데 사실 아니라는 걸 공식적으로 밝히고 싶다. 나는 조심조심하고 겁도 많다. 나도 연습을 많이 해야 하는 배우고 시간도 많이 걸린다. 빨리 가는 줄 아는 분들이 있던데 나도 오래 걸린다.

연기가 더
나의
'일'이었으면 좋겠어

2021년 위 인터뷰 후에 이봉련 배우는 〈햄릿〉으로
제57회 백상예술대상 연극부문 여자 연기상을 수상했습니다.
여자 배우가 남자 배우의 상징이라고 할 수 있는 '햄릿'
역으로 받은 최초의 연기상이자 한국 연극사에서 온라인
상영작에게 시상된 첫 상이라는 점에서 의미가 컸습니다.
2022년 5월 17일에 다시 만난 이봉련 배우는 〈포미니츠〉라는
뮤지컬 공연을 연습 중이었습니다.
연습이 끝난 후 정동극장 앞에서 만나 이런저런
이야기를 나누다 저를 자기 차에 태우고 집까지
데려다주었습니다.

2022.5.17.

|  | A |  | S |
|---|---|---|---|
| 19 |  | 2 |  |

출출해서 집 앞에 있는 파스타 집에 들러 메뉴를 네 개나 시켜 남김없이 나눠 먹었습니다. 저는 빠른 81이고, 봉련이는 80인데, 저는 99학번인데, 봉련이는 학교를 늦게 가서 학번이 더 낮은데, 누구누구 배우가 나에겐 선배인데, 봉련이와는 친구를 먹는데…… 하다가 둘이 그냥 친구하기로 했습니다. 그날 이후로 공연하다가, 드라마 찍다가 어려움이 닥치면 문득문득 봉련이 생각을 합니다.

**이봉련**  〈포미니츠〉 연습 중이에요. 〈4분〉| 2007 | 이라는 독일 영화가 원작인데 2021년에 초연했고 저는 올해 재연에 참여하고 있어요. 엄마가 내가 무대에서 노래하는 걸 상당히 좋아하시는데, 어릴 때는 나 좋은 거 하느라, 전부 나 좋은 것만 하고 나 만나고 싶은 사람만 만나고 그러느라 엄마 말에 신경을 못 썼어. '무대에서 노래하는 거 너무 보고 싶어.' 이렇게 슥슥 흘리던 가족들의 말이 이제야 진심으로 들리기 시작한 거지. 우리 엄마가 웃을 수 있다면, 엄마가 이 정동길 걸어 들어와서 '우리 딸이 여기서 노래한다' 생각하고, 당신 딸이 퇴근길에 관객들에게 휩싸여서 '공연 잘 봤습니다' 이런 이야기 듣는 걸 본다면 나 또한 너무 기분이 좋을 것 같아. 코로나가 어느 정도 물러난 이 5월에 진짜 관객이 와서 앉아 있을 수 있는, 객석이 가득 차 있는 공연이 너무 오랜만일 것 같아. 물론 관객들이 찾아준다면. 커튼콜도 하고 박수도 좀 받고 싶고. 막이 내리면 울리는 그 박수소리를 듣고 싶어. 우리 엄마도 모시고 싶고. 내가 다시 뮤지컬에 복귀했음을 우리 엄마한테 알리고 싶고. '아직 노래할 수 있다.' 들려드리고 싶고.

　　이런 게 내 바람인 것 같아. 내 만족을 위해 하는 연기보다 남이 봤을 때를 생각해. 내 만족은 늘 떨어지잖아 만족할 수 없으니까. 근데 공연이라는 건 철저하게 보라고 만드는 것이고 관객이 있어야 하는 거잖아. 코로나 거치면서 나한테는 더 중요한 문제가 됐어. 광장에서 외쳐본들 보러 와주는 사람이 없다면 의미 없는 일이구나 이것은. 나 혼자 동영상 찍어 쌓아놓을 수도 없고. 관객이 있어야 하는 직업이구나 하는 생각이 들면서, '오늘 이런 걸 알았어'라는 내 만족보다 보는 사람이 그걸 느꼈다면 내가 그걸 표현했나 보다 하고 믿을 필요도 있지 않을까 생각해. 나는 내가 만족스럽지 않으면 내가 표현한 것도 믿지 않았던 것 같거든. 요즘 그런 생각 많이 해. '내가 생각하는 내 연기, 내가 규정지었던 내 한계에 대해 관대해지자.' 내가 아무리 너무 못했다고 생각해도 잘 본 사람이 있다면 그 사람이 본 것을 무시하지 말자. 내가 느끼지 못하고 넘어간 것을 본 사람이 있다면 소중히 들어. 내가 기억하지 못하더라도 어떤 누군가는 무엇을 느끼고 봤을 수 있겠다는 생각, 그런 생각을 많이 해. 나 혼자는 좀 버거워. 내 판단으로 모든 걸 다 판단하지 말아야겠다. 나는 내가 남들 기대에 못 미쳐서 압박감이 있는 줄 알았는데 생각해보니까 나 또한 나에 대한 기대치가 높아졌던 거야. 요즘 내 화두는 '나'예요 나. 철저하게. 이게 더 나의 '일'이었으면 좋겠어. 어떻게 들릴지 모르겠지만 철저하게 더 일이면 좋겠어. 이 생각이 어떻게 나왔냐면 '이게 내 꿈이고 이상이고 내 전부야!'라는 시간을 계속 보내왔으니까, 그건 죽는 날까지 당연한데, 난 이걸 오래하고 싶은데, 오래하려면 어떤 방법이 있을까 생각해봤어. 취미로 하자니 그 무게감이 좀 가볍게 느껴지고, 일은 책임감이 생기니까. 연기라는 걸 이상, 희망 사항, 내 모든 것, 전부로 여기는 생각을 잠깐 멈추고 일로서 오랫동안 책임감을 가지고 해나가고 싶어. 요즘 들어 정말 철저하게, 지켜야 할 직업이자 일로서 더 철저하게 연기를 대하고 싶다는 생각이 들어. 하여튼 그런 좋은 의미로 일, 더 일로서, 이제는 삶과 일을 좀더 분리시키고 싶은 거지. 오히려 그래야 내가 좋아하는 일을 오래할 수 있고, 연기에 대한 고민도 이어갈 수 있을 것 같아. 연기 고민을 온종일 365일 해버리면 하루에 일어나는 모든 일이 연기에 대한 고민이 되어버리니까 좀 지치고 심도도 얕아지는 것 같아. 인물에 대해서도 마찬가지고. 인물이 무슨 생각을 할지 365일 아무 의심 없이 기꺼이 시간을 할애했는데, 이제는 그것을 하지 않을 때의 내 생각을 관찰하고 싶다는 생각이 들어.

명
주

극단 '실험극장'과 '코끼리만보'를 거쳐 2018년 이래로 소속 극단 없이 활동하고 있다. 〈쿠니, 나라〉(1992), 〈말들의 무덤〉(2013), 〈천국으로 가는 길〉(2013), 〈먼지섬〉(2014), 〈코리올라너스〉(2016), 〈피와 씨앗〉(2018), 〈히스토리보이즈〉(2019), 〈SWEAT스웨트〉(2020), 〈인간이든 신이든〉(2021) 등의 무대에 섰다.

| A | 20 |

# 악보가 먼저,
# 해석은
# 그 위에 온다[1]

2021.6.24.

이 글을 읽는 독자님, 텍스트를 '분석'한다,
'해석'한다는 것의 반대편에는 무엇이 있을까요?
강명주 배우를 만나 텍스트를
온전히, 그대로, 만나는 것에 대해 이야기를
나누어보았습니다.

| A | 20 | S | 1 |

**김신록**    출연작 중에서 극단 '코끼리만보'의 여러 작품, 박해성 연출가의 〈코리올라너스〉|2020|, 김정 연출가의 〈인간이든 신이든〉|2021|을 봤다. 작품들이 형식적으로 실험적인 면이 있다 보니 연기적으로도 다양한 시도를 해왔을 것 같다. 얼마 전 출연한 〈인간이든 신이든〉의 경우도 김정 연출 특유의 신체성이 두드러진 작품 아니었나. 그 연극 양식을 신체적으로 과감하게 시도하고 소화하는 모습이 인상 깊었다.

**강명주**    〈인간이든 신이든〉이 굉장히 연극적인 작품이지 않나. 그런데 이 작품에서 내가 맡은 역할이 내 딸 또래의 아들을 둔 중년 여성이다 보니 '드디어 제대로 만나본 적 없는 리얼리즘적인 일상연기를 해볼 수 있지 않을까' 하고 기대했었다. 연극을 '실험극장'에서 시작했다. 화술 위주의 정통 리얼리즘을 지향했지만 젊은 단원들이 무대에 설 기회가 많지 않은 곳이었다. 연구단원으로 들어가서 '정통 화술 워크숍'을 들은 뒤에 처음이자 마지막으로 브레히트의 〈사천의 착한 사람〉을 이상우 선생님이 번안·각색·연출한 〈쿠니, 나라〉라는 작품으로 무대에 올랐다. 그 작품 역시 정통 사실주의는 아니었다. 일상적 말하기와는 다른 색채의 실험극장식 화술이 그다지 도움이 되지 않았던 기억이 있다.

    〈인간이든 신이든〉은—고연옥 작가와 김정 연출가의 콜라보니까—그렇게 될 리 없으리라는 걸 알면서도 초반 리딩에서 인물의 상태와 감정에 집중하기도 했었다. 결국 일

---

**1** "The notes first, your interpretation comes on top of them." 영화 〈샤인〉 중 파크스 교수의 대사다.

상적으로 풀면 이야기가 너무 작아질 것 같다는 연출가의 판단 아래, 아주 연극적인 방식으로 작업했다. 연출가의 방식을 오픈 마인드로 받아들이려고 했고 어려웠지만 재밌었다.

**김신록** 연기적으로 어떤 시도를 했고 어떤 경험이 됐나.

**강명주** 기본적으로는 몸과 말을 분리해내는 작업이었다. 내가 맡은 '여자'라는 캐릭터가 괴롭고 격정적인데, 그 감정이나 상태에 말이 휩쓸리지 않도록 분리하는 동시에 일상적인 움직임에 말이 붙지 않도록 분리하는 작업이었다.

그간 | 한국 창작극보다 | 번역극을 많이 해서, 작업할 때 항상 원문도 찾아보고 말의 의미를 따지고 대사를 정확하게 고치고 파고들면서 연기를 해왔다. 텍스트에 대한 이해가 충분하기를 원했고 이를 위한 토론 시간이 필요했지만 늘 부족하다고 느끼기도 했다. 내 역할의 말을 정확히 알고 나면, 다른 역할의 말도 제대로 알아야 하고, 서로가 장면에 대해 같은 이해에 도달할 때까지 텍스트를 파고들어야 그나마 말이 의심 없이 나한테 '탁 붙어서' 나왔다. 이 과정이 충분하지 않을 때는 '연기하는 나를 보는 나'가 너무 잘 느껴져서 방해받았다. 차라리 초독일 때는 감정이든 뭐든 잘 붙어 나오는데, 연습하고 나면 말이 더 안 붙고 자꾸 자의식이 생겼다.

〈인간이든 신이든〉이 흥미로웠던 점은, 평소처럼 '텍스트에 대한 이해가 더 필요한데……', '시간이 부족한데……' 하는 태도로 접근하지 않았다는 것이다. '작가의 말을, 이야기를, 오롯이 관객에게 전하자'에만 신경 쓰고 몸으로 부딪혔다. 아이러니하게도 텍스트를 들고파지 않았던 이 작업에서 자의식이 발동하기보다는 '자기 모니터링'이 됐던 것 같다. 모니터링은 연출가가 제안한 방법인데, '여러분 모두 잘하고 계시니까 제가 밖에서 모니터링해드릴게요'라거나 '스스로 자기를 모니터링하라'는 주문이 도움이 됐다.

> **김신록** 자의식과 모니터링은 한끝 차이일 것 같다. 모니터링은 일종의 로우-파이로 작동해 나를 바라보는 의식이라면, 자의식은 하이-파이로 작동해 나를 방해하는 의식인 것 같다. 자의식이 '나'를 보는 감각이라면, 모니터링은 나의 '행위'를 보는 감각인 것 같기도 하다.

**강명주** 맞는 말이다. 가령 〈인간이든 신이든〉을 하면서는 내가 맡은 엄마라는 인물이 감정적으로 고통스럽거나 격정적인 상태로 빠지는 것을 경계했기 때문에 그렇게 흘러가지 않도록 스스로 모니터링했다. 기술적으로나 표현적으로 연출이 의도한 톤으로 가고 있는지 모니터링하는 과정은 자의식이 그랬던 것처럼 연기하는 나를 방해하지는 않았던 것 같다.

> **김신록** "초독일 때는 감정이든 뭐든 잘 붙어 나오는데, 연습하고 나면 말이 더 안 붙고 자꾸 자의식이 생긴다"는 말이 굉장히 흥미롭다. 일종의 해석이나 분석을 거쳐 말의 의도와 의미가 선명해지고 나면 이런 과정을 거치기 전보다 발화하는 배우에게 자의식, 즉 일종의 자기 평가나 자기 점검 같은 불편함이 생긴다는 것 아닌가. 내가 느끼기에도 소위 텍스트 분석을 마치고 그 분석을 구현하기 위해 연기를 하면 텍스트가 가지고 있는 폭넓은 경험 가능성, 감각적 소통 가능성을 역설적으로 축소시킨다고 느껴졌다.

그렇다고 분석을 안 할 수는 없지 않나. 그런데 요새는 더 극단적으로 '텍스트는 분석할 수 없다'는 생각도 든다.

**강명주** 이런 말이 답이 될지 모르겠다. 나는 고연옥 작가가 하려는 이야기가 참 좋다. 연극이 세상을 바꿔야 할 이유는 없지만, 내가 이 세상에 생명체를 둘이나 내놓은 사람이라 그런지는 몰라도, 고연옥 작가의 작품을 보면 좋기도 하고 고맙기도 하고 죄책감도 많이 든다. '이런 세상에서 좋은 엄마가 되기에는 너무 밑천이 부족한 사람이 아니었을까' 생각하며 두 딸을 키워왔다. 세상에 생명을 내놓고 그 존재들이 행복하게 살아갈 수 있도록 나는 충분히 도와줬는가? '어린 시절 내가 느꼈던 결핍만 채워진다면 아이들과 행복하게 잘 나아갈 수 있지 않을까?' 하는 순진한 환상으로 엄마가 되어버린 것은 아닐까? 그래서 괴로움이 굉장히 많다. 건강에 문제가 생기고부터는 아이들에 대한 어쩔 수 없는 책임감, 엄마로서의 책임감이 나를 조급하게 만들곤 했다. 분명 사랑하기 때문에 갖는 책임과 관심인데 그게 오히려 관계를 망치고 있다는 것을 뼈아프게 느끼기도 한다.

고연옥 작가의 작품을 보면 어느 가정, 어느 개인이 저지른 끔찍한 과오를 그들의 잘못으로만 미루지 않고 사회가 함께 고민해야 할 문제로 눈여겨보는 진심이 담겨 있다. 그런 글을 써줘서 참 감사한 마음이 든다.

〈인간이든 신이든〉에서는 작가의 말을 잘 전달하지 못하면 안 된다는 생각에—누구도 부담을 주지 않았지만—스스로 부담을 느꼈다. 다행히 연출가가 이야기를 정말 소중하게 생각하고 이를 제대로 전달하기 위해 애쓴다는 것을 알았기에 그가 제시하는 길을 열심히 따라가겠다는 자세로 임

했다. 그래서 〈인간이든 신이든〉 텍스트는 처음에 읽고 '이런 이야기를 하는구나' 하고 이해한 다음에는—연습 중간에 어떤 대사를 이해 못 해서 질문하는 친구들이 있을 때도—작가의 글쓰기 스타일 그대로, 처음엔 어색하더라도 이렇게 쓴 의도가 명확하다는 것을 믿고 받아들이면 어느 순간 알게 될 거라는 믿음을 갖고 나아갔다.

공연 후 어느 날 연출가가 영화 〈샤인〉의 한 장면을 캡처해서 내게 보내줬다. 교수가 학생을 지도하면서 하는 대사였는데 "쓸데없는 것은 마음에서 지우고. 악보가 먼저, 해석은 그 위에 온다"였다. 그게 〈인간이든 신이든〉 작업을 하면서 가졌던 태도였던 거 같다고 하니 연출가도 공감하더라. 사실 작가가 대본을 주면서 "명주 씨 이거 여자 연기하기 힘들 거예요. 이걸 논리적으로 파기 시작하면 너무 어려울 거예요"라며 걱정스럽게 이야기했었다. 그래서 어떤 의심이나 반감을 갖지 않고 텍스트를 충실히 따라가려고 했다. 텍스트를 다 이해해야 하고, 그 말이 뭐였고 등이 충분히 해결되지 않아서 너무 괴로웠는데 〈인간이든 신이든〉에서는 텍스트를 붙들고 고민하지 않고 일단 그대로, 그대로, 그대로 한 것이 좋았던 것 같다.

**김신록** 텍스트의 세계는 나보다 거대하고, 텍스트가 담고자 하는 세계는 텍스트보다 거대하다는 생각이 든다. 언어가 현상이나 실체를 온전히 담지 못하는 것처럼 텍스트를 발화하는 배우 역시 텍스트를 의미적으로, 감각적으로, 형식적으로, 혹은 경험적으로 온전히 장악할 수 없다는 것을 인정해야 하는 것 같다. 텍스트라는 경험의 세계를 어떻게 '분석'이라는 논리의 세계로 온전히 이해할 수 있겠나. '그대로, 그대로, 그대로'라는 표현이 마음에 든다. 연기술이란 어쩌면 미처 알 수 없는 세계를 더 온몸으로 만나내기 위해 고안된 방법론들이 아닌가 싶다.

**강명주** 실험극장 이후에 결혼해서 아이 낳고 기르면서 작업을 할 수 없는 상황이 됐었다. 그런데 김동현 선배와 2010년 '21세기 여인'이라는 워크숍을 함께한 후에 선배의 제안으로 2011년 '코끼리만보'에 정식으로 입단했다. 워크숍을 하며 얻은 경험들이 '다시 연극을 해도 되지 않을까' 하는 이유를 만들어주었다. 한국전쟁 전후로 우리나라에 있었던 양민학살 사건을 리서치하는 공동 창작 작업이었다. 양민학살 같은 일을 생각하며 살 기회가 없었던 내가, 자료를 찾고 이야기를 만들어가는 과정에서 우리 사회의 어떤 면들은 이런 사건들과 떼어서 생각할 수 없는 문제라는 걸 깨달았다. 적잖은 충격을 받았었다. 무대에서, 극장에서, 내가 발 디디고 사는 이 세상에 어떤 일들이 벌어졌는지, 그것이 우리 사회에 어떤 흔적을 남겼는지를 고민할 시간을 만들어주는 이야기를 전할 수 있을까. 그렇다면 연극 일을 다시 해도 좋지 않을까 생각했다. 지금은 1년에 한 편이라도 참여하는 걸 행운으로 여기는 사람인지라 일이라는 게 주어지는 것이 감사하다. 힘들지만 재밌다. 연극을 통해, 배우로서, 좋은 주제나 서사, 좋은 이야기를 건넬 수 있다는 것이 내 보람이다.

## 아주 행복한
## 기분을 느껴

2022년 5월 27일, 〈인간이든 신이든〉 재공연 중인
강명주 배우를 1년 만에 다시 만났습니다. '그대로, 그대로,
그대로'를 이야기했던 첫 인터뷰 때의 마음을 여전히
잘 지키고 있었던 걸까요? 삶이든, 관계든, 지금은
약간 이해가 안 되고 어색하더라도 일단은 악보를 따라가
보는 마음으로 부딪혀내고 있는 걸까요?
강명주 배우는 팬데믹 안에서 흘러가는 일과 삶 속에서도
'아주 행복한 기분을 느낀다'고 말해주었습니다.

2022. 5. 27.

| A | 20 | S | 2 |

**강명주**  〈인간이든 신이든〉 재공연을 해보니까, 처음에는 어려웠는데 머리로 생각했던 것들이 실시간으로 탁 나를 통해 가는 느낌 있잖아, 깨닫게 되는 게 '그래 내가 이건 줄 모르고 하지는 않았지만 이런 건가?' 이렇게 딱 깨닫는 경험을 했던 순간들이 있었어. 이런 경험을 한 뒤로는 '내가 뭘 어떻게 전달해야겠다.' 이런 걸 놓고 그냥 흐름대로 잘 내어 맡기려고 하고 있어. 근데 오늘은 진짜 힘들더라. 작년보다 어쨌든 정서적으로 힘을 좀 쓰기로 하고, 연출적으로 양식도 힘을 줘서 해야 하고, 신체 액션도 있고. 연출이 요구하는 만큼 더 쫙 이렇게 하고 싶은데 내 손아귀 힘이 지금 진짜 안 받쳐주는 게 있으니까 실수할까 봐 안전하게 하느라고 연출 요구만큼 못 해주는 게 있어.

　　이 와중에 첫 주 공연에는, 머리에 붕대 감는 장면에서 눈까지 가리고 했다가 두 번짼가 세 번째 공연에서 이석증이 와서 공연 중간에 빙빙 돌고 토할 것 같고. 그러고 나니까 무서워서 눈은 안 가리기로 했어. 이석증은 약이 없거든. 빠진 돌을 집어넣는 체조 같은 거 하고, 쉬면서 살살 달래서 지금은 괜찮아졌어. 다행이야, 진짜 공연 접나 했어. 우리 공연이 시작 전에 고사를 지냈거든? 고연옥 작가가 축문 써와서. 그때 '나는 천주교 신자다' 이러면서 약간 빠져 있었는데, 아프니까 급하게 '연극의 신령님 살려주세요' 막 이러면서. 하하하. 다행히 공연 후반에 인물 자체가 아프고 힘드니까 좀 감춰진 게 있지.

　　올해는 이 공연 말고는 약속된 게 없어서, '일이 없네?' 이러고 있어. 그러다가 요새 단역으로 드라마 좀 하고 그러고 있어요. 회사랑 계약 같은 건 안 하고 그냥 연락 오면 프리하게 나가서 하고 오고. 이 흰머리로 할 수 있는 역이 있으면 하려고 했는데, 나이 든 엄마 역도 회상으로 젊은 시절이 나오고 하니까 젊은 머리 가발도 하나 맞추고.

  이래저래, 봄이라서 한창 마당 가꾸면서 봄 타고 있어요. 기후 변화를 아주 실감하고 있어. 올봄에 추위가 굉장히 오래 가다가 한순간에 여름 햇빛이 나니까 꽃들이 막 겹쳐서 동시에 피고, 우리 마당에서도 그런 게 보이고, 벌들도 잘 오지 않고. 암튼 초보 가드너인 나한테 봄은 최고로 바쁘고 신나는 계절이라 극장에 나오기까지 마당에서 이것저것 심고 가꾸다 오는데, 바질 씨앗 왕창 뿌린 게 거의 다 싹을 내서 텃밭 상자가 빼곡해졌거든. 솎아줘야 잘 크는데 새싹들이 너무 소중해서 그냥 뽑아버리지 못하겠는 거야. 그래서 공연 팀 동료 중 원하는 사람들에게 모종을 만들어서 나누고 있어. 날마다 집에서 극장까지 바질 모종이랑 다른 허브를 섞어 담은 바구니를 들고 걸어오다 보면 마음이 살랑살랑하면서 아주 행복한 기분을 느껴.

# 어린이 배우들

김소원  백송시원  이도원  조인

A
21

# 다 같이
# 긴 줄넘기를
# 해요

이 글을 읽는 독자님, '연기는 놀이이고 배우는 어린아이 같아야 한다'는 쉽고도 어려운 말을 다들 들어보셨지요? 연극 〈시소와 그네와 긴 줄넘기〉[1]에 출연한 네 명의 어린이 배우, 김소원 |6세|, 백송시원 |8세|, 이도원 |6세|, 조인 |7세|을 만나 연극과 연기에 대한 우문현답을 나누어보았습니다.

**김신록**　각자 자기소개를 부탁합니다.

**조인**　저는 사랑이고요, 진짜 이름은 조인이라고 합니다. 인이라고 불러주세요.

**이도원**　무대에서는 산이고요. 원래는, 집에서는 도원이에요.

**백송시원**　저는 무대에서는 우주지만 실제 이름은 백송시원입니다.

**김소원**　저는 무대에서는 하늘이라고 하지만 집에서는 소원이라고 해요.

**김신록**　저도 배우지만 공연을 하면 어려운 점이 많은데…….

**조인**　에?

**김신록**　어려운 점이 없었나요?

**조인**　있긴 있었어요. '제29조'[2] 들어갈 때 어려웠어요. '언제 들어가지? 언제 들어가지?' '평가되지 않습니다.' 할 때 들어가야 해요. 산이 엄마 대사 듣고 들어가요.

**백송시원**　저는 어려운 점이 없었어요. 모든 점이 재미있었는데, 특히 마음이 편한 점이 있었어요. 저만 쪽방에 살고 동생들이 좋은 집에 사는 점이, 저처럼 쪽방에 살지 않아서 마음이 편해요.[3]

**김신록**  시원 배우가 맡은 우주라는 인물은 부모님이 안 계시니까 다른 아이들이 다 떠나고 무대에 혼자 남는 순간이 많았잖아요. 그때 어떤 마음으로 무대에 있나요?

**백송시원** 자기 자신한테 집중해요. 자기 자신을 믿는 그런 느낌.

**김소원**  소원이는 무대에서 힘든 점이 엄청 많아요. 왜냐하면 소원이가 연습할 때 목소리도 너무 많이 쓰고 많이 돌아다녀서 너무 힘들었어요. 근데 이제 안 힘들어졌어요. 제31조 이게 옛날에는 어려웠는데 이제 잘하게 되었어요. 많이 연습해서요.

---

1 〈시소와 그네와 긴 줄넘기〉는 어린이 배우가 출연했지만 아동극은 아니며 어린이 관객이 함께 볼 수 있는 공연이다. 공연에 출연한 성인 배우들과 해당 공연의 작/연출가가 어린이 배우들의 실제 엄마들이다. 공연은 총 17개의 장으로 110분간 진행되었으며, 어린이 배우들은 이 중 총 13개의 장에 출연해 극을 이끌어간다. 어린이 배우들은 본 공연이 처음인 배우와 한두 편의 연극에 출연한 경험이 있는 배우가 섞여 있다.
2 공연 중에 어린이 배우들이 직접 〈유엔아동권리협약〉의 조항을 암기해 읊는다. "유엔아동권리협약 제13조 표현의 자유. 우리는 말이나 글, 문화예술을 통해 우리의 생각을 표현할 권리가 있으며 국경을 넘어 모든 정보와 생각을 서로 주고받을 수 있는 권리도 있습니다"와 같이 개념어가 가득한 문장이 발화될 때 '저걸 어떻게 외웠지?' 하는 놀라움이 있었는데, 연출가에 따르면—본인 역시 공연 2주 전 삽입된 조항을 어린이 배우들이 외울 수 있을까 걱정했지만—우려와 달리 어려움 없이 해냈다고 전했다.
3 극 중 같은 어린이집에 다니는 아이들 가운데, 우주는 조손가정으로 할머니와 쪽방에 살고 있으며, 한부모가정인 사랑이와 산이는 엄마와 함께 같은 아파트 내 분양동과 임대동에 각각 살고 있다. 바다 역시 한부모가정으로 아빠와 함께 살고 있지만 어떤 집에 살고 있는지 알 수 없다. 다둥이가정인 하늘이는 다세대 빌라의 반지하에서 엄마, 아빠와 함께 살고 있다.

**김신록**　막상 공연을 해보니 연습과 공연이 어떻게 다른 것 같나요?

**조인**　공연은 신나는 것 같고 연습은 어려운 것 같아요. 연습은 계속하고, 실수하고.

**백송시원** 공연이 좋아요. 연습은 하고 하고 또 하고 또 하고 해야 하잖아요. 공연은 사람들이 보고 있으니까 좋아요. 사람들이 있는 게 저는 좋아요. 사람들이 없으면,

**조인**　쓸쓸한 마음?

**백송시원** 아니, 연습할 때는 '아는 사람들이다' 그러는데 공연 때는 '새로운 사람들이다! 새로운 사람들!!!' 이래요. 사람들이 저희 공연을 많이 봤으면 좋겠어요. 사람들에게 저랑 하늘이랑 산이랑 사랑이랑 공연하는 멋진 모습을 보여주고 싶어요.

**김소원**　소원이는 공연하는 게 너무너무 즐겁고 신나는 마음이에요. 관객이 공연을 잘 보고 끝나면 축하해줘서 너무 좋아요. 또 공연 안 할 때 무대에서 노는 게 너무 좋아요. 그네를 계속 탈 수 있어요.[4] 근데 공연 때는 안 타고, 안 타고, 안 타고, 타고, 타고, 해야 해요.

---

4　무대에는 그네와 시소를 이용해 아파트 놀이터를 구현해놓았다.

**김신록**   도원 배우가 맡은 산이라는 인물은 극 중에서 말을 거의 안 하잖아요,

**이도원**   아빠가 떠나서요.

**백송시원** '산아 이따 보자' 하고 갔는데, 갑자기 아빠가 안 오고 엄마가 온 거예요. '엄마, 왜 엄마가 왔어?'라고 말해봤더니 엄마가 아빠가 떠났다고 하는 거예요. 집에 가보니까 아빠가 없는 거예요. 근데 계속 기다리니까 아빠가 와요.

**이도원**   그냥 자신 때문에 아빠가 떠난 것 같아서 그래서 산이가 말을 안 하게 된 거예요.

**김신록**   무대에서 산이가 아닌 도원이로서 말하고 싶은 순간은 없나요?

**이도원**   없어요. 지금은 도원이에요.

**조인**   지금은 진짜 인이고, 연극할 때는 진짜 사랑이에요.

**김소원**   소원이도 연극 할 때는 진짜 하늘인데요. 지금은 진짜 소원이에요.

**백송시원** 제가 사랑이라고 말하고 싶어서 사랑이라고 지었고, 하늘을 보고 있어서 하늘이라고 지었고요. 하늘이 동생 노을이는 하늘이랑 노을이 잘 어울려서 노을이라고 지었어요.

**김소원**   노을이는 인형인데 인형이라고 말하면 안 돼요. 진짜

노을이처럼 보여야 돼요. 연극에서는 원래 그래요.

**김신록**   노을이가 인형이라는 걸 아는 관객이 없을까요?

**김소원**   없어요.

**김신록**   어떻게 그래요?

**김소원**   옷을 입히고 신발을 신기고 얼굴에도 우는 표정을……

**백송시원** 그거 내가 만든 거야. 우는 얼굴.

**김신록**   연기가 뭐라고 생각해요?

**조인**   마음을 담아서 하는 거.

**백송시원** 관객들 만나는 거.

**이도원**   연습하고 사람들이랑 눈을 마주치고 연기하는 거.[5] 흐흐흐.

---

5   모든 어린이 배우가 연기하면서 상대 배우뿐만 아니라 객석에 앉은 사람들과도 자연스럽게 자주 눈을 마주쳤는데, 도원 배우는 특히 관객들을 둘러보며 즐거워하는 순간이 많았다.

**김신록**   왜 웃음이 나요?

**이도원**   재밌으니까요.

**김소원**   진짜로 하는 게 아니라 가짜로 하는 거요.

**김신록**   그럼 배우는 뭘까요?

**김소원**   공연하는 사람.

**조인**   마음을 담아서 공연하는 사람.

**백송시원**   관객들 앞에서 씩씩하게 말하는 거요.

**이도원**   공연하고 그런 사람.

**김신록**   그럼 공연은?

**조인**   공연은 재밌는 거.

**김소원**   무대에서 좋은 마음을 가지고…….

**백송시원**   공연은 재밌고 관객들이 와서 너무 좋아요. 공연하는 모든 게 너무 재밌어요.

**이도원**   사람들 앞에서 하는 거.

**김소원**   소원이는 맨날 맨날 삼촌이랑 맨날 맨날 많이 와서 너무 기뻐요. 보고 싶었던 사람들이 너무 많아요.

**김신록**  제목이 '시소와 그네와 긴 줄넘기'입니다. 관객에게 무슨 이야기를 하고 싶은 걸까요? ǀ 이 질문에 배우들은 극 중 한 장면의 대사를 서로서로 읊어댔다. 해당 장면은 다음과 같다. ǀ

**조인**  "원래는 보라카이에 가기로 했는데 코로나 때문에 못 가서 엄청 속상했어요." "집에만 있느라 답답했지?" "아니요. 보라카이 대신 제주도 갔는데요."

**김소원**  "바닷가에서 유채꽃도 봤어요."

---

**보육교사2**  오늘은 어린이날 연휴에 우리 친구들 어떻게 보냈는지 가장 기억에 남는 장면을 집에서 그려오기로 했어요.

**아이들**  네네 선생님.

**보육교사2**  누가 먼저 이야기해볼까?

**사랑**  ǀ 집에서 그려온 그림 들어 보여주며 ǀ 원래는 보라카이 가기로 했는데 코로나 때문에 못 가서 엄청 속상했어요.

**보육교사2**　　집에서 보내느라 많이 답답했지.

**사랑**　아니요! 보라카이 대신 엄마랑 제주도에 갔다 왔어요!

**보육교사2**　　뭐가 제일 기억에 남았어?

**사랑**　사람이 엄청 많았어요.

**보육교사2**　　또?

**사랑**　엄마랑 바닷가에서 게도 잡고 조개껍질도 주웠어요. 모래가 반짝반짝 빛이 났어요. 유채꽃도 보러 갔어요.

**하늘**　|그림 보여주며| 저는 엄마랑 아빠랑 노을이랑 아빠 차 타고 공원에 소풍 갔어요. 사람이 진짜 많았어요. 거리 두기 하고 김밥 먹었어요. 진짜 맛있었어요.

**보육교사2**　　엄마가 맛있는 김밥 싸주셨구나.

**하늘**　아니요. 사 먹었는데요. 아빠가 엄마 힘들다고 사먹자고 했어요.

**보육교사2**　　하늘이 아빠 참 자상하시다.

**하늘**　공원에서 다람쥐 봤어요. 엄청 귀여워요. 저는 다람쥐 그렸어요.

**우주**　|그림 보여주며| 저는 집에서 TV 봤어요.

**보육교사2**   코로나 때문에 집에만 있느라 많이 답답했지.

**우주**   네. 어린이집 오는 날만 기다렸어요.

산이, 놀이터 그림에는 엄마가 크게 그려져 있다.

**보육교사2**   산이는 엄마랑 놀이터에서 놀았구나!

**산이**   |고개 끄덕인다.|

**보육교사2**   엄마랑 같이 시간 보내서 행복했겠네.

**산이**   |웃으며 고개 끄덕인다.|

**보육교사2**   그림은 제자리에 놔두고, 바깥 활동 나갈게요.

아이들 나간다.[6]

**백송시원** 놀이터에 있는 시소와 그네와 긴 줄넘기. 맨 마지막에 긴 줄넘기거든요. 이게 긴 줄넘기거든요.[7]

**조인** 어린이들이 놀이터에서 놀아야 하니까.

**이도원** 시소와…….

**김소원** 다 같이 긴 줄넘기를 해요.

---

6  〈시소와 그네와 긴 줄넘기〉 중 대사 일부 발췌.
7  극 중 돌봄이 부족한 아이들이 시간을 보내는 아파트 단지 놀이터가 감염병(코로나)으로 인해 폐쇄된다. 임대동이나 아파트 외부 아이들에게는 출입이 자유롭지 못하던 곳이기도 하다. 극 후반 아이들은 그네와 시소를 묶어놓은 줄을 풀어 서로서로 도와가며 긴 줄넘기를 넘는다.

잘 지냈어
아주
잘 지냈어

첫 인터뷰 때 연극, 연기, 배우, 인물, 공연 등에 대한
어린이 배우들의 생각이 너무 명쾌해서 신선하고 시원했던
기억이 납니다. 아울러 더 많은 어린이의 이야기와
어린이 배우들을 무대에서 만날 수 있다면 좋겠다고
생각했습니다. 2022년 5월 3일에 백송시원[8] 배우가 출연한
〈2014년생〉을 봤고 몇 달이 지난 9월 26일에
백송시원 배우를 다시 만나 근황 토크를 했습니다.
새로운 서사란 대단한 상상력의 산물이 아니라, 새로운
당사자가 주인공 자리에 설 때 비로소, 자연스럽게, 쓰일 수
있다는 생각을 하게 된 시간이었습니다.

2022.9.26.

| | A | |
|---|---|---|
| 21 | S | 2 |

**백송시원** 잘 지냈어. 아주 잘 지냈어. 학교에서 친구들이랑 꿈을 발표했거든? 내 꿈이 탐험간데 탐험가를 발표하는 건데, 그걸 1학기 때 했단 말이야? 그걸 2학기 때 선생님이 다시 한다고 하셔서 뭘 할까 고민하다가 또 탐험가를 하는 건 아쉬운 것 같다. 그래서 우리 반 전체 친구들한테, 여자애들한테만 연극하겠냐고 물어봤더니 하자고 해서 연극을 연습했는데, 엄마가 도와줬어. 내가 불러주는 대로 엄마가 받아 적었어. '무서운데 재밌는 이야기'를 다 같이 했어. 엄마가 라면을 사러 갔어. 왔어. 엄마가 손이 없어서 문을 열어달라고 한 거야. 문을 쪼금 열어봤더니 엄마야. 그래서 들어오라고 했어. 엄마가 아닐 수도 있잖아. 이런 거. 또 한 명이 엄마한테 핫도그를 달라고 해. 그 친구한테 핫도그를 줘. 먹어. 손에 케첩이 묻어. 펜션 유리창에 닦았다? 엄마가 저게 뭐냐고 기겁을 하고 '이거 내가 묻힌 케첩인데?' 이런 거.

⟨시소⟩[9]는 동생들이랑 같이 하는 게 재밌고 여러 사람이랑 하니까 부끄럽지 않고. 나리 이모[10]는 그래도 자주 만나는데 동생들은 자주 못 만나고 진짜 가끔 어쩌다 1년에 한 번 보는 거거든. 그래서 재밌게 연극했던 것 같아. 학교 다니는 애들도 있고 안 다니는 애들도 있고 잘 지내.

---

8  ⟨시소와 그네와 긴줄넘기⟩와 ⟨2014년 생⟩에 출연했다. 강아지 칸쵸를 키우고 있다. 사실은 임보 중이지만 너무 입양하고 싶다. 탐험가가 꿈이지만 만약에 대통령이 되면 모든 학교를 없앨 것이다. 회사도 없앨 거다.
9  ⟨시소와 그네와 긴 줄넘기⟩ 지난 인터뷰 각주 참조.
10 ⟨2014년생⟩에 함께 출연했던 이나리 배우.

〈2014년생〉[11]은 관객들이랑 같이하는 즐거움, 이런 게 있었어. 맨 처음 게임할 때 관객들이랑 게임을 하니까, 새로운 사람들이랑 게임을 하니까 너무 재밌었어. 연습 때는 다 아는 사람들하고 게임하다가 새로운 사람들하고 하니까 너무 좋았어. 익숙한 사람은 매일 같이 놀다 보니까 지루해지고, '오늘은 관객님이 오실까? 오늘은 어떤 관객님이 오실까?' 그런 기대감? 문 언제 열지? 문 언제 열지? 지금 열어? 아니! 지금 열어? 아니! 지금 열어? 와-!

나는 어린이라고 사람들이 부를 때 나는 이제 어린이가 아니라 초등학생인데 어린이라고 부르는 게 기분 나빴어. 초등학생이면 초등학생으로 불러주고 어린 동생들은 어린 동생이라고 부르면 이모 입장에서 생각해봐. 이모가 길을 가고 있는데, 이모가 3학년인데 어린이라고 부르면 좋아? 9세부터 24세까지 청소년이래. 초등학생은 초등학생이라고 불러줘야 마땅한 것 같아. 어린이가 어린 사람을 차별하는 말 같아서 나는 싫어.

제주도에 갔다가 전에 갔었던 밥집에 못 들어갔어. 거기 이름이 당당이라는 카페거든. 예전에 이모 친구들이랑 갔는데 그때는 노키즈존이 아니라서 먹었는데, 이번에 또 엄마랑 제주도에 가서 갔더니 그때는 노키즈존이라서 못 먹는다고 해서 서운했어. 케이크, 팬케이크 진짜 맛있는 게 있거든. 진짜 맛있었어. 바나나 구운 거 있잖아, 그 위에 아이스크림과 체리 얹고, 라즈베리랑 블루베리 섞은 잼이랑, 팬케이크인데 핫케이크라고 해야 하나, 되게 두툼하게 되어 있어. 근데 엄청 부드럽고 엄청 폭신하고, 위에 크림인데 휘핑크림 그런 게 아니고 녹아내리는 그런 크림 있잖아. 그런 거를 붓고 위에다가 살구를 반으로 잘라서 뒀는데, 진짜 맛있어. 노키즈존이 없어져서 제주도 애들이 거기 갈 수 있었으면 좋겠어.

여행 온 애들도 갈 수 있었으면 좋겠어. 그때 이야기했었어야 했는데 부끄러워서 이야기 못 했어.

요새 이모 삼촌들 공연 보면서 새로운 관심이 생겼어. 수어를 배우고 싶어. 청각장애인과 대화하려면 수어 통역을 해야 하잖아. 그래서 그걸 배워서 청각장애가 있는 사람에게도 이야기하고 싶어. 시각장애와 청각장애가 다 있는 장애인하고는 어떻게 대화하지? 이런 생각도 들었고.

---

**11** "2014년에 태어난 이와 2014년에 살아난 사람, 그리고 배우 이나리가 함께 여행을 떠났다. 2014년, 그리고 8주기. 제대로 떠나보내지도 못하고, 떠나보내도록 강요하는 이 사회를 2014년생 시원이의 시선으로 질문한다." 신촌극장 SNS 공연 소개에서 인용(2022.4.28.–5.7. 신촌극장).

에필로그

# 다음 이야기

에필로그

오늘은 2023년 1월 12일입니다. 인쇄소로 원고가 넘어가기 직전에 이 글을 쓰고 있어요. 2018년 겨울, 배우들을 만나 연기 이야기를 나누고 그 대화를 어딘가에 글로 남기겠다고 생각한 때로부터 4년여가 지났습니다. 때로는 벅찼고 때로는 너무 고됐던 4년여의 과정을 여러분과 나눌 수 있어 다행입니다.

그런데 어제 우연히 윤계상 배우를 만나 작품 이야기, 연기 이야기를 하다가, 무대가 아닌 카메라 앞에서 더 많은 시간을 연기해온 배우들을 만나 연기 이야기를 나누고 싶다는 생각을 처음 했습니다. 그 대화들이 어딘가 또 글로 남고 언젠가 또 책으로 엮여 여러분 앞에 놓일 수 있다면 좋겠습니다.

연기의 과정을, 삶의 과정을 나누는 초대에 응해주셔서 고맙습니다.

우리 언젠가 또 만나요!

봄을 기다리며,
신록

배우와         배우가

©김신록, 2023

초판 1쇄 발행 2023년 1월 25일
초판 6쇄 발행 2024년 12월 25일

**펴낸곳**
(주)안온북스

**펴낸이**
서효인·이정미

**출판등록**
2021년 1월 5일 제2021-000003호

**주소**
서울시 마포구 월드컵로14길 28 301호

**전화**
02-6941-1856(7)

**홈페이지**
www.anonbooks.net

**인스타그램**
@anonbooks_publishing

**디자인**
텍스토
textor.kr

**제작**
제이오

**표지·본문 사진**
김지성

**ISBN**
979-11-92638-06-5 (03810)

- 이 책의 내용을 재사용하려면 반드시 사전에 저작권자와 (주)안온북스의 서면 동의를 받아야 합니다.
- 인쇄, 제작 및 유통 과정에서의 파본 도서는 구입처에서 교환해드립니다.